アルジェリア危機の10年

その終焉と再評価

渡辺 伸

文芸社

前書きに代えて

＜この本の生い立ちの記＞

　私は駐アラブ首長国連邦大使を1992年7月より3年10ヵ月間務め、1996年5月に帰国、同年7月、駐アルジェリア大使の発令を受けて8月下旬アルジェリアに赴任、約4年半にわたって同国に勤務し、2001年3月に帰国した。いわゆるアルジェリア危機と呼ばれるものは約10年続いたので、その3分の1以上の期間、現地に身を置いてアルジェリア情勢の展開を追うことができた。

　発令の内示を受けてからアルジェリアについて勉強を始めた。もちろん、アブダビ在勤中もアルジェリア情勢に無関心ではなかったが、現地や日本の新聞で報じられることには限りがあり、1991年議会選挙の中断の後、要人の暗殺等が頻発し、テロで国が荒れているといった程度の知識しか持っていなかった。

　外務省担当課よりブリーフィングを受けたが、最も参考になったのは当時のスリム・デバガ駐日アルジェリア大使からいただいた多くの資料であった。それらはゼルアール大統領の演説、国内重要会議の総括文書、国際会議での外相演説等、全てアルジェリア産の生の一次資料であった。

　勉強を進めていくうちに次第にわかってきたことは、アルジェリアは90年代初頭の旧ソ連、東欧諸国と同じような政治、経済両面での体制変革に挑戦したこと、しかし、イスラム原理主義の波に洗われて軟着陸に失敗、テロの時代を招来したということであった。同時にアルジェリアの国家体制が非民主主義的な軍事独裁政権と見なされ、その"民主化"が国際的に――但し"国際的に"と言っても、欧米先進諸国のことであるが――強く求められていることも知った。

　当時のゼルアール大統領の重要政治課題は複数政党制に基づく議会制度をどう再構築していくかであった。大統領は過去の失敗の轍を踏まないよう、先ず憲法を改正してから議会選挙を実施する方針

を打ち出し、二院制議会の創設、宗教の政治目的利用の禁止、大統領権限の制限と強化等を含む憲法改正草案をまとめ、それを国民投票に付すことを決めた。着任した私の最初の仕事は1996年11月29日と布告されたこの国民投票を追うことから始まったが、それは私に新鮮な驚きを与えた。

改正草案に対して国内で賛否両論激しい議論があり、特に議論が集中したのは大統領権限の強化に関する部分であった。当時、民主主義政党と呼ばれた一群の政党は、改正草案は大統領独裁制をもたらすとして強硬に反対、それどころか、国民投票自体のボイコットを呼びかける政党もあった。政府提案に反対し、更には投票ボイコットまで主張する政党の存在が認められるアラブの国が他にあるだろうか、アルジェリアで起こっていることが民主主義でなくて何であろう、しかしアルジェリアの体制は非民主主義的な軍事独裁政権として国際的に責め立てられている、直感的に、これはおかしいと思わずにはいられなかった。このような気持ちに動かされ、着任の年の末、私は「アルジェリアは軍事独裁政権か」を書き、これをいく人かの先輩大使や友人に送ったが、それに添えた手紙（1996年11月29日付）に次のように記した。

「アルジェリアに着任して早くも3ヵ月になります。アルジェリアについては外からはわからない、と同時に、中に入って知れば知るほどわからなくなるということが最近よくわかってきました。外交団の同僚から『絶対にわかったと思うな、必ず間違えるから』とよくアドバイスされます。

ただ、目下のこの国を巡る情勢が大変面白いことは事実であり、大きく間違えることを覚悟で一文書いてみました。一つは、今起こっていることの事実関係について、自分だけのものにしておくのはもったいなく、我が国のアルジェリア研究者にも知ってもらいたいこと、もう一つは、アルジェリア危機が余りにも固定化された観念で見られている（民主主義勢力の軍事独裁政権に対する戦い）と思われるので、これらとは違った見方を提供したい、この二つの動機から、どこか、中東関係の研究誌にでも載せてもらえればと思って書いてみた次第です」

どの雑誌に掲載してもらうか、ためらうことなく私の頭に浮かんだのは中東調査会の月刊『中東研究』であった。長い付き合いの水

口章氏にこれを話すと二つ返事で快諾していただいた。そして上記論文を出発点として、その後"アルジェリア・ノート"と題して情勢の節目節目に書き綴り、2000年8月の時点で15号までいった。その間、日本アラブ協会の季刊『アラブ』、中東協力センターの『中東協力センターニュース』にも書かせていただいた。但し、現役大使が任国の政治情勢について実名で書くわけにはいかないので、山路悠（中東問題研究家）という今から30年以上も前、中東調査会の『中東通報』（『中東研究』の前身）に中東情勢について寄稿していた頃に使った名前を復活してこれを使った。

かくして全体としてかなりの分量の書き物になったが、中東調査会の水口、中島勇氏やわが国における長年のアルジェリア研究者、小堀巌国連大学顧問、宮治一雄恵泉大学教授、福田邦夫明治大学教授（日本・アルジェリア協会事務局長）から一冊の本にまとめたらどうかとのお勧めがあり、また、私も外交官生活の一つの締めくくりとしてそれができたらと思い、㈱文芸社の協力を得て出来あがったのがこの本である。

＜この本の情報源＞

この本に書かれていることは、ほとんど大部分、新聞、雑誌、研究書等のいわゆる公開情報によっている。特に、政府系の『エル・ムジャーヒド』紙は基本情報の宝庫であったし、また、多くの仏語紙は同紙がカバーしない出来事について報じ、あるいは情勢の判断・分析の材料として重要であった。公開情報を克明に追うだけで量的にこれだけの本が書けること自体、アルジェリアにおける言論や政治活動の自由が並のものではないことを示している。

新聞記者の中では、『Liberté』紙のアブルース編集長、『El Watan』紙のメラード編集委員、『La Nouvelle République』紙のジャクーン編集長、フリーランサーのタメルト記者達と親しくし、頻繁に話を聞き、意見交換を行った。前者2人はアルジェリアでいうデモクラットの系統に属する仏語紙の記者で、「アルジェリアに西欧型民主主義を今すぐにでも」と主張し、舌鋒鋭い体制批判派、『La Nouvelle République』紙も流れとしてはこの系統であるが、「今直ちにと言ってもそれは無理」とより現実的、タメルト記者はもちろん仏語もで

きるが、アラビア語に強いこともあってイスラム勢力の動向に詳しく、記事の投稿先も専らアラビア語紙である。彼ら3人の話を聞くことにより、総じてバランスのとれた情勢判断・分析ができたと思う。彼らには私がアルジェリア・ノートを書いていること、できれば一冊の本にしたいと話してきたので、彼らも本の仕上がりを待っていると思う。仏語版にもして欲しいとも言われているが、これは荷の重い仕事である。

　ここで一言、アルジェリアのプレスについて触れておきたい。彼らは「第四の権力」を自負し、体制を厳しく監視、大統領は最も厳しい批判の対象である。しかし、彼らの時としてのセンセーショナルな報道や国内情勢分析はしばしば国益を損なうことになっており、これらの記事がフランスにおける偏ったアルジェリア情勢分析のもとになっていることも紛れのない事実である。

　大使にとって重要な情報源は同僚大使との意見交換である。着任後の表敬訪問でひとしきりの自己紹介的な挨拶を交わした後、「さて、今のこの国の情勢をどう見ておられるか」と切り出すのは我々の職業的本能である。私は、欧米、アジア、アラブはもちろん、ほとんどすべての私より先任の大使を訪問して廻った。アフリカの一部公館は、当時アルジェ市内で"熱い地域"と言われた場所にあり、館員からは「危ないから」と訪問を止められたこともあったが、それを押し切ってほとんどすべてのアフリカ諸国大使も訪問した。これらの訪問は総じて有益であったが、私の目からは、西側諸国大使の意見はアルジェリアの体制は民主化される必要がある、実権は軍が握っている等、欧米紙の一般的潮流であった見方と軌を一にするものであり、あまり参考にならなかった。より役に立ったのは、エジプト、両隣のテュニジア、モロッコ大使、及びマリやセネガルといったアルジェリアと国境を接し、あるいは距離的に近い仏語圏西アフリカ諸国大使の観察であった。マリ大使は「アルジェリアの体制の強靭さに驚く。これだけのテロに見舞われれば、普通の国なら潰れるところだ」と言い、セネガル大使は「アルジェリアは政治の大実験室」と喝破した。エジプト大使は97年秋口、アルジェ近郊で大規模なテロが続発し、フランスのアルジェリア専門家が『Le Monde』紙とのインタビューで「武装イスラム勢力の次のターゲットは首都攻略」と書いた頃、「何がそんなに問題なのだ。体制はそん

なに弱くない」とこれを一笑に付した。結果的にその後の情勢の展開はこれら大使の判断の通りとなった（国際メディアの世界ではこのような少数意見が報じられることはまずないが）。

　仕事やパーティの場で会う政府高官は、現役、OBを問わず、最も重要な意見交換の相手であった。通常は、駐在国の国内情勢についてその国の政府関係者とは突っ込んだ話はしないのが外交官としての常識であり、また、礼儀でもあるのだが、こと、アルジェリアに関しては、まさに「アルジェリア危機」の故にその点は完全な例外であった。「自分の国で起こっていることが国外で正しく理解されていない。それを少しでも正したい」という気持ちが彼らにあって当然であろう。大統領外交補佐官といった人が夕食会を含め大使の集まり（私は少人数の大使と情報交換のためのグループを作っていた）によく出てきてくれ、外交問題は全く二の次にして、テロを含む国内情勢、選挙の時期には選挙の見通し等、我々の遠慮のない質問に率直この上なく答えてくれた。私がもっとも頻繁に会う機会のあったセミシ外務省アジア局長は、赴任直後の表敬訪問の際、「民主主義は時間のかかる過程、アルジェリアの民主主義は10年にも満たない。新聞の書くことは、政党やインテリ階級の意見の反映ではあっても全国民のごく一部の声にすぎない」と情勢判断を新聞報道に頼りすぎることの危険を指摘してくれた。高い見識と能力のあるこのような高官や中堅が政府中枢にいる限り、この国がテロでつぶれることなどあり得ないと当時強く印象づけられたことであった。また、駐フランス大使を最後に引退し、その後上院議員、そして首相に任命されたハムダーニ氏、大蔵大臣、上院議員から首相に任命されたベンビツール氏もアルジェリアの歴史を含め危機の根元にまで遡ってのよき解説者であった。最近駐ルーマニア大使に任命されたライシュービ氏（元労働大臣、国民議会議員）は1999年4月の大統領選挙の際、政党RNDの幹部としてブーテフリカ選挙参謀の一人であったが、彼からは、車で1週間に数千キロの地方遊説を行った話などを聞くことができたし、アルジェリア・マグレブ現代史の第一人者スリマン・シェーク氏（元アルジェ大学学長。現在、駐エジプト大使）からアルジェリア危機の複雑さについて学ぶことも多かった。

　日本企業が深い関係を持つソナトラック社（アルジェリア炭化水素公社）について一言触れる必要がある。同社の歴代3人の社長及

び幹部とは、アルジェのみならずアルズー工業地帯やサハラ砂漠のサイトでかなり頻繁に会う機会があった。同社は政治やテロにはおよそ無関係で、微動だにしなかった。パイプラインの爆破事故が何件かあったが、何ら驚くことなく、「守りは堅い。破壊行為に対しても数時間から最大限2日で修復可能」と常に自信を示し、危機の10年を通じ、テロは石油・ガス生産や巨大プロジェクトの遂行には一切影響を与えなかった（例えば、1997年秋、米ベクテルによるマグレブ・ヨーロッパ・パイプラインの完成、98年春石播・伊藤忠グループによるアルズーの年間総生産能力720万トン、ジャンボLPGプロジェクト竣工）。「原理主義者は政権をとったときに備え石油・ガス施設を温存するため、それへの攻撃は差し控えている」といった、いかにももっともらしい解説が国際的にまかり通っていたが、事実は簡単、テロリストに攻撃能力がなかっただけのことである。

　国会議員や政党関係者とも党首を含め多くの懇談の機会があった。1999年4月の大統領選挙ではブーテフリカ以外に6人の候補者がいたが、ブーテフリカを除いて、選挙キャンペーン中、彼らもよく大使に会ってくれた、と言うより自ら進んで会いたがった。将来大統領になるかも知れない人に会っておこうと、本国政府の訓令によるのかどうか定かではないが、これら候補者に次々に会いに行く大使も少なくなかった。候補者の中では当然人気度（大統領になる確度）に差があり、その人気度が最も低い候補者が、「『日本大使は自分のところに挨拶に来ない』と言っている」と人づてに聞いたこともある。私の属する大使グループは3〜4人の大統領候補者と食事をしながら長時間の会合を持ち、私もそのうちのいくつかに出席した。しかし将来大統領ともなろう人が選挙運動期間中、外国の大使と会ってなんになるのか、と私はむしろ彼らの見識を疑った。さすがブーテフリカが大使の訪問を受けた、あるいは大使と懇談したという話は一切聞かなかった。他のアラブの国では、レバノンを除いては大統領選挙に複数候補者がいることはないので、この種のことはあり得ないことも確かではあるが。

　アブデルマリク・ベンハビレス氏についても一言触れたい。同氏は、1958年8月FLN（アルジェリア解放戦線）アジア極東代表部次席代表（ついで代表）として東京に赴任、初代駐日大使、その後外務次官、テュニジア、スイス大使を歴任、1977年、司法大臣、そし

て1989年には大統領が欠けた際の大統領代行順位第3位の憲法評議会議長の要職につき、アルジェリア・日本友好協会会長としてご健在である。この間1990年11月、アルジェリア政府代表として即位の礼に参列した。時の体制の中にありながら歯に衣を着せぬ率直な物の言い方をした方で、司法大臣の頃、同省玄関口で一人の老婦人から「一体、この国に正義はあるのか」と詰め寄られ直訴されたとき、「この国に正義（justice）はないよ。司法省（Ministère de la justice)の建物ならここにあるが」と答えたという逸話が残っている。この調子で折に触れこの国の情勢についてわさびのきいたコメントをされ、私はなるほどと感心したり、ヒントを得ることも多かった。

＜この本の効率的な読み方＞

　この本は中途半端である。まず専門的な学術研究書ではないし、かと言って、任国事情の紹介といった種類の本でもない。私が頭に置いている読者はアルジェリア研究の専門家、イスラム原理主義研究者、マスコミの分野で同様の関心を持っておられる方々である。
　上に書いたことから明らかなように、この本は最初から構想を練って一気に書き下ろしたものではなく、その時々の大きな出来事をその都度書いたものである。それぞれの稿は独立しており、全体としては重複の多い書き物になっている（もちろん、重複部分はできるだけ削除し、また、必要な加筆・訂正も施したが）。
　そこで私は、この本を効率的に要領よく読んでいただくために次のように示唆したい。最初に目を通していただきたいのは、「序」の2つの書き物である。アルジェ着任直後、大使執務室に保存されていた書類の中から、我が国初代の瓜生復男大使（1964年着任）がマグレブ協会の雑誌『マグレブ』に書かれた「アルジェリアに使いして」という連載ものを発見、同大使の着任から32年を経た第14代大使として一文書きたいと思い、引退しておられる同大使にお断りして同じタイトルを使って外務省『霞関会会報』1997年2月号に寄稿したのが〔その1〕である。アルジェの公邸を手に入れられた瓜生大使のご苦労を紹介し、その公邸が治安情勢厳しい状況下でいかに役に立っているかを大使への感謝の気持ちを込めて書いたものである。〔その2〕は、着任から2年半たった99年4月、かつて非同盟、

第三世界のイデオローグとして名を馳せたブーテフリカ外相が第7代大統領に就任、その間アルジェリア情勢がどう変わったかを書き、それを同会報に同じタイトルで続編として寄稿したものである。この本の導入として適当と思い、この2つを序の部に置いた。

次いでI「アルジェリア危機序説」へ進んでいただければと思う。ここではアルジェリア危機を鳥瞰し、また、その副題の通り、「アルジェリア危機の再評価」を試みた。「アルジェリア危機とは何であったか」に先ず触れ、続いて「アルジェリアにおけるイスラム運動の歴史的展開」を鳥瞰した後、「危機の10年」の流れを追い、「国際報道の問題点」を指摘、「結語」で危機を総括した（先ず「結語」から読んでいただくのも一案である）。この部の副題を「アルジェリア危機の再評価」としたのは、アルジェリア国内に身を置き情勢を観察した者として、西側諸国における定説的な評価（それらはフランスで作られ、そこから世界に発信された）とは全く異なったアルジェリア危機の評価を行ったからである。一口に言えば、過激イスラム原理主義の波に洗われつつも、それを梃子にイスラム政党も含めた複数政党議会制度を確立、他のアラブの国には見られない進んだ民主主義体制を作りあげたという側面をポジティブに評価しようとするものである。定説的評価は、アルジェリア危機を、暴力的過激イスラム原理主義（彼らはしばしば"民主主義の旗手"と見なされ、その見方は今に至るも残っている）と軍部（"民主主義を抑圧する腐敗した悪しき存在"、この見方もなお根強く残っている）との対決と見なすものである。そこでは、テロに怯え、そしてこれと闘う健全な一般国民の存在は全く忘れ去られている。今も守りのない国民を対象にしたテロは続いているが、最早大きな政治の流れとは無関係であり、この国が過激なイスラム原理主義を克服したことは間違いない。それを可能にしたのは、国民の良識とテロへの逞しい抵抗であり、それは軍の勝利ではなく、国民の勝利にほかならなかった。

II「危機の10年の展開」はIの各論であり、この10年を4つの時期に分け、1．は「危機序幕」として、今次危機の直接の前史とも言うべきFLN一党独裁体制崩壊過程——これ即ち、FIS興隆の過程でもあるのだが——を記述した。1998年の10月暴動、89年の憲法改正による複数政党制の導入、地方選挙でのFISの大勝利、FISによるゼネストの呼びかけと失敗、ハッシャーニによるFISの再建と

議会選挙勝利、そして選挙過程の中断と続き、危機の10年の中でも最も波乱に満ちた劇的な情勢の展開の見られた時期である。このあたりのことについては日本ではほとんど知られていないが、その後の情勢の推移を理解する上で絶対に欠かせないところであり、この部分は是非読んでいただきたいと思う（私はこの時期を4幕のオペラに譬えた。もっとも、アルジェリア危機全体が、更には1830年フランスによるアルジェリア占領から今日に至るまでのこの国の近現代史全体が壮大なオペラとも言えるのであるが）。

　国内情勢正常化に向けてのこの5年間の3つの重要な出来事は、1995年の大統領選挙、97年の議会選挙、そして99年の大統領選挙であったが、Ⅱの残りの部分ではこれらを扱った。特に議会選挙は、アラブ世界で初めての本格的な複数政党制に基づく選挙であり、その規模の大きさ、国連オブザーバー・ミッションの選挙監視等について、また、1999年の大統領選挙は選挙の前日、6人の対立候補が一斉に立候補を辞退してクレディビリティに大きな傷がつく選挙になったが、実体はどうであったのか、いずれも現地に身を置いた者でなければ書けないことを書けたと私が自負する部分であり、これらの部分も読んでいただけたらと思う。もう一つ挙げるとすれば、アルジェリアにおける言語の問題――他のアラブの国にはないこの国に特有の問題――を理解する上で重要な「アラビア語化とベルベル問題」である。これら以外については読者の関心と興味に従い、つまみ食い的に読んでいただければ十分である。

　中東調査会は、その会員向け『月刊ビュルテン』として『MENIK INFORMATION』を出しておられるが、その中に我が国の中東諸国駐在大使が駐在国のことを1500字くらいの文章で書く「現地大使便り」というコラムがある。私も折に触れアルジェリア情勢について投稿してきたので、これらの小文を関連するところにちりばめた。

＜FLN東京事務所と宇都宮徳馬氏＞

　この本自体は「アルジェリア危機の10年」であり、日本・アルジェリア関係は扱っていないが、両国関係史上大きな役割を果たされた宇都宮徳馬氏については一言触れておきたい。日本・アルジェリア関係史を振り返るとき、特にアルジェリア側から見て宇都宮徳馬氏

宇都宮徳馬氏とベンハビレス初代アルジェリア駐日大使、1964年在京大使館にて。
額装の写真は初代ベンベラ大統領。(ベンハビレス氏提供)

の存在はきわめて大きい。というのは、宇都宮氏は1955年4月に開催されたバンドン会議に出席、そこにオブザーバーとして出席していたアルジェリア代表団と会われたのであろう、独立戦争のさなか1957年にアルジェリアを訪問、それ以来アルジェリア独立支援の立場を明確にされた。ベンハビレス氏がFLN極東代表部次席として東京に赴任したのが1958年8月(翌月アルジェリア臨時革命政府の設立宣言)、日本マグレブ協会が北村徳太郎氏を会長として設立され、その中に日本アルジェリア委員会が作られ、このような一連の動きの中で宇都宮氏は枢要な役割を果たされた(委員会はその後、宇都宮氏を会長とする日本・アルジェリア友好協会になるが、独立以前から友好協会が存在したのは世界各国との友好協会多しといえどもこれだけであろう)。爾後、宇都宮氏、ベンハビレス氏の間には長い交友関係が続く。その宇都宮氏が2000年7月1日に亡くなられ、私は訃報に接するや直ちにベンハビレス氏に電話でお伝えした。同氏が喪主、ご令息の宇都宮恭三氏に弔電を打たれたのはもちろんであるが奇しくも、アルジェリア独立第38周年記念日、7月5日が葬儀の日になった。

　FLNというれっきとした民族解放団体の代表部設置が当時いかにして日本政府に認められたのか、両国関係史秘話に属する話であるが、きわめて興味深い。なお、代表として東京に赴任したアブデルラハマーン・キワーン氏が外務省や我が国政治家、国内諸団体との接触や諸々の活動について驚くべき克明さで記述した『Des Débuts d'une Diplomatie de Guerre (1956〜1962)、Journal d'un délégué à l'extériur』が昨年（2000年）アルジェで発行されたことを紹介しておきたい。最近、「アルジェリア危機」に関してもアルジェリア人による多くの著作が出てきているが、これらの事実はアルジェリア研究がフランスではなく、現地アルジェリアでなされるべき時代になったことを示唆するものである。

アルジェリア危機の10年
——その終焉と再評価——

目 次

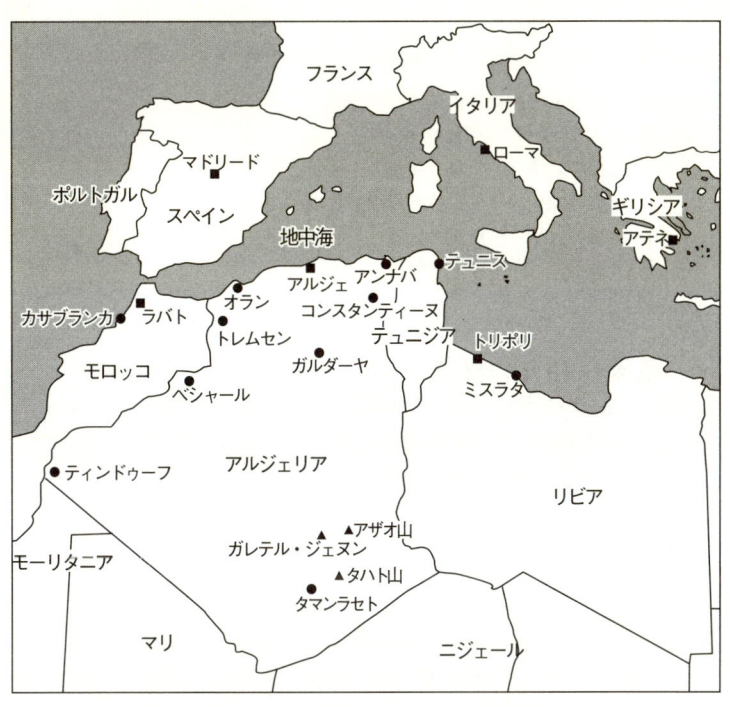

前書きに代えて　/3
　　この本の生い立ちの記　/3
　　この本の情報源　/5
　　この本の効率的な読み方　/9
　　FLN東京事務所と宇都宮徳馬氏　/11

序　アルジェリアに使いして
　〔その1〕アルハンブラ宮殿——アルジェの公邸——　/21
　〔その2〕昔の名前で出ています——ブーテフリカ大統領の登場——　/26

I　アルジェリア危機序説——その再評価——
　はじめに　/35
　1. 危機前史　/36
　　(1) 危機の本質と位置づけ　/36
　　(2) イスラム運動の歴史的展開　/39
　　(3) FISの誕生とその勢力の拡大　/44
　　(4) 暴力的過激派集団の系譜　/47
　2. 危機の始まり、深化、終焉　/55
　　(1) 危機の始まり——議会選挙の中断　/55
　　(2) 危機の深化——国家体制崩壊の危機　/59
　　(3) 危機の終焉——テロの変質　/65
　3. 国際報道の問題点　/71
　4. 結語　/81

II　危機の10年の展開
　1. 1988年10月～1992年1月（危機序幕）　/101
　　(1) 10月暴動とその後の展開　/101
　　(2) FISの誕生と地方選挙勝利　/109
　　(3) イスラム革命前夜　/114
　　(4) FISの議会選挙勝利と選挙中断　/123
　2. 1992年1月～1995年10月（国家崩壊の危機）　/143
　　(1) 本格的テロの時代の幕開け　/143
　　(2) ゼルアール国家主席とFISとの対話の試み　/157
　3. 1995年11月～1999年3月（危機からの立ち直り——民主化過

程の推進)／164
　(1) ゼルアール大統領選出と憲法改正国民投票　／164
　(2) 開発途上国における民主主義の問題
　　　　――アルジェリアのケース　／181
　(3) 国民議会選挙(1)　／187
　(4) 国民議会選挙(2)――選挙1ヵ月前の状況　／200
　(5) 国民議会の成立　／216
　(6) 地方議会選挙　／231
　(7) 国民評議会の成立　／253
　(8) アラビア語化とベルベル問題
　　　　――国のアイデンティティを巡る問題　／272

4. 1999年4月～（文民大統領の時代へ）／285
　(1) ブーテフリカ大統領の誕生　／285
　(2) 危機の終焉　／308

「危機の10年」ランダム・ノート	
第35回OAUサミットのアルジェ開催	30
アルジェリアいじめ	52
アルジェリアのテロとエジプトのテロ	68
国連賢人パネル	78
シドニー・オリンピック	94
宴の後――シドニーが終わって	96
アルジェリア上院の仕組み	250
フランス知識人とアルジェリア	260
退避勧告	266
民主化過程――最後の1周	270
選挙ボイコット	298
テロリストの雑貨屋開業	306
オランの春	314

謝　意　／317
補記　ビンラーデン・グループとアルジェリアのイスラム原理主義　／320
アルジェリア史年表（1830年以降）　／323
仏語版目次　／328

写真協力　APS, Liberté 紙, La Nouvelle République 紙

序　アルジェリアに使いして

[その1] アルハンブラ宮殿

―― アルジェの公邸 ――

 8月末(1996年)アルジェに着任した。初代瓜生復夫大使が着任されたのが1964年、それから32年を経て私で第14代目の日本大使である。

 アルジェの公邸の素晴らしさは前任の荒大使はもとより、先輩諸大使やここを訪れたことのある多くの方より聞いていた。それは私の予想をはるかに上回って素晴らしいものであった。

 アルジェは海に臨む丘と森の町である。公邸は海岸に沿ったアルジェ中心部から南西、直線距離で約3キロ、標高250メートルのベナクヌーンと呼ばれる丘陵の一角に位置している。アルジェ一の地主ベンガナ一族が所有する約20ヘクタールの土地のうち、2.6ヘクタールの中に公邸、大使館、3軒の館員宿舎がある。まず敷地が広い。坪数にして約8500坪、敷地いっぱいに歩くと20分はゆうにかかる。樹齢100年を越えるかと思われる椰子の木が美しい並木道をつくっている。ユウカリ、松、楠、檜等、南仏やギリシャに見られる樹木が群生し、ブーゲンビリアやジャスミンが香ばしい。朝顔もたくましく花を付けている。

 公邸はモーレスク・スタイルと呼ばれる建物である。アラブのアンダルシア征服時代に多く建てられ、その代表がグラナダのアルハンブラ宮殿であることはよく知られているが、マグレブ3国にも一般的に見られる建築様式である。

 私はこの公邸をアルジェのアルハンブラ宮殿と呼びたい。多くの国の公館がこのスタイルの建物を公邸にしているが、建物の歴史的起源(わが公邸は17世紀初めに遡る)、モーレスク様式としての格式、均整美、奥ゆかしさ、そして何よりも広い敷地の中での収まりの良さにおいて間違いなくアルジェ一の公邸である。アルジェリア外務省の歴代儀典長がそう言っているのが何よりの証拠である。

 本稿の目的はこの公邸の良さをこれ以上説明することではない。この公邸を手に入れられた初代瓜生大使のご苦労を振り返り、その

時から30数年を経た現在、これがどんなにありがたく役に立っているかを——着任当初の新鮮な印象が風化しないうちに——この紙面をお借りして披露させていただくこと、そのために筆をとった。

荒大使からの引き継ぎ書類の一つに「アルジェリアに使いして」と題して、瓜生大使が初代アルジェリア大使・日本アルジェリア協会理事長の肩書で、雑誌『MAGHREB』に8回の連載で書かれたものがあった。第1回「アルジェリアとの出合い」(1982年11月)から始まり、第2回から第5回まで「天与の公邸」との副題で4回にわたって公邸探し、家具の調達、改修工事等について書いておられる(本稿の題を「アルジェリアに使いして」としたのは、この公邸を手に入れられ、これをこよなく愛された瓜生大使に因んでのことである。先輩大使のご苦労に思いを馳せ、深い感謝の念を表しつつ、この題を使わせていただくこと、そして、雑誌『MAGHREB』を引用させていただくことについてこの紙面をお借りしてお許しを得たい)。

瓜生大使の着任は1964年4月末、ベンベラ大統領に信任状を捧呈した後、本格的に公邸探しを始められたのは7月になってからであった。「当時の日本は自由陣営で5、6番目の経済大国であった。公邸はその地位にふさわしいものでなければならない。いやそれだけでは十分ではない。日本の地位は将来更に高まるに違いない。公邸は5年先、10年先の日本にとってもふさわしいものでなければならない。また、アルジェリアの重要性も増大し、日本とアルジェリアの関係も緊密になるに違いない。そのことも十分考慮に入れなければならない」と書いておられる。

この時期、アルジェリアの独立から2年を経ており、もともと物件が少なかったこともあってめぼしい物件は既に他の大使館に占められており、大使は公邸探しに大変苦労された。全部で14の物件を見られて、そのうちの一つを候補にあげて本省の許可を求められた。同時期に公邸を探していたのはソ連、サウディアラビアの大使であったが、この物件はサウディと競合、督促の電報を打ったりしてじりじり待つうちに、サウディの大使から「あの物件を借りることになった」と電話で知らせがあり、これは断念せざるをえなくなった。

「途方に暮れていると」、近く離任することになったというアメリカの陸軍武官から話があり、彼のマンションが物件として出てきて、

大使は大車輪でアルジェリア外務省儀典局の許可を取り付けられた。しかし、アルジェリアの農林大臣が入ることになったとして2、3日後にこの許可は取り消されてしまう。「こういうことは当時のこの国ではしようがないことで、私は少しも憤りを感じなかった」と書いておられる。

ここでベンガナ家の登場となる。そして強力な競争相手としてソ連大使も登場する。瓜生大使は早い段階でベンガナの家も見ておられた。しかし、その家が立派すぎること、家主も貸しそうにないということで、この家も一応候補物件に入ってはいたが、特にプッシュはされていなかった。許可が取り消されて暫く経ったある日、突然ベンガナ夫人から大変急いでいる様子で電話がかかってきた。「至急来ていただけませんか」。訳も聞かずに飛んでいくと、夫人はいきなり「今すぐにでもこの屋上に日本の国旗を立てていただけませんか」と言う。「実は今朝ほどお役人が数人やってきて、この家を没収することになったから即刻立ち退くように言い渡されました。あいにく主人はパリに出かけていませんし、どうしてよいかわからず途方に暮れてしまいました。幸いなことに暫くすると、別の家に行くところを間違えて私どもの家に来たことがわかりました。しかし、今回は別の家でも次はこの家がやられるかもしれません。日本の大使がここにいてくだされればそんな目に遭わなくてすみます。どうか明日からでもこの家に入ってくださるようお願いします」と懇願された。

急にそう言われても「勝手に日章旗を立てるわけにはいかない」。ベンガナの家は大使が見られた家の中では最高であったし、既存の他の大使公邸に比べてそのどれにも劣ることはなかった。大使は早速本省に電報を打たれた。本省とやりとりをして数日経つうちに、また、ベンガナ夫人から電話がかかってきて、大使は再び夫人に泣きつかれた。「今日ソ連大使が家を見に来ました。大変家が気に入ったようでした。しかし私どもは、ソ連には貸したくありません。どうか一日も早く日本大使館に借りていただき、ソ連にとられないようにしてください」

当時の時代背景として、ソ連のアルジェリア政府に対する影響力は日本の比ではなかった。大使は本省との交渉を急がれ、同時にいろんな手を尽くされ、結果的にソ連に先を越されることなくこの公

邸を手に入れられたのであった。

　アルジェリアは新しい国の姿を求めて苦悩している。新生アルジェリア生みの苦しみである。ベンベラ、ブーメディエン、シャドリと続いたアルジェリア型社会主義的一党独裁体制が崩れ、複数政党政治体制に移行する過程で軟着陸に失敗、加えて、市場主義経済への移行、それに伴う社会問題等山積でまさに国難の時期にある。最も深刻なのはテロの問題である。複数政党制に移行するための必要条件である責任政党の存在を欠き、また、国民もまだそのような体制への準備ができていないうちに、早急に議会選挙を行ったことが今から見ると大きな誤算であった（この選挙の試みは、旧東欧諸国の複数主義への移行過程よりも1年以上も前に始まったことをアルジェリアの名誉のために記しておきたい）。第1回投票で既にイスラム原理主義政党が絶対多数の優勢となり、第2回投票を実施すればイスラム政権の成立確実という情勢が生まれた段階で政府側はこれを中止し（1992年1月）、このあたりから事態は深刻化した。非合法化されたイスラム原理主義政党から軍事テロ部門が派生し、その他アフガン帰りのグループ等多くのテロ組織が生まれた。テロ・グループは外国人をもテロの対象にすると声明し（1993年9月）、現に今までに100名を越える外国人が犠牲になっている。

　このような状況下、各国大使館とも厳しい警戒態勢を敷いており、鉄条網を張り巡らせた公邸や大使館の中での籠城生活を余儀なくされている。わが大使館の例で言えば、私の外出は公用のみに限り、もちろん防弾車で、助手席に拳銃（それではほとんど用をなさないのだが）を持った現地人警護官、それに防弾の警護車がつく。街の散策など絶対にできないし、週末の郊外ドライブなどもってのほかである（郊外の方が危ない）。若い館員は、クーリエでパリに出る際の空港往復以外はコンパウンドから外に出る機会は皆無と言ってもよいくらい徹底した籠城生活である。

　ここにわが公邸、大使館のありがたみが出てくる。敷地が広いために、公邸に接して大使館事務所を建てることができた（70年代末太田正巳大使の時代）。93年以降街に館員が住むことが危険になり始めたとき、公邸に隣接する東屋のような別棟を新たに借りて次席宿舎と

することができた。その後さらに敷地内に館員宿舎2軒を建てた。この間館員数は13名から私を入れて6名に減った。2軒の館員宿舎に、単身赴任を余儀なくされている単身者と独身者の計4名が合宿生活をするという形ではあるが、ともかくも籠城態勢はでき上がった。

プールはもちろんであるが、より貴重なのは、これもアルジェ外交団一、いやアルジェ一のテニスコートである。テニスコートのない公館が普通であり、荒大使は外交団や政府の役人を招いて館員とともによくテニスをされたという。私もそれを始めている。ここでの生活で、各国の大使が異口同音に一番つらいと言っているのは歩くことができないことである。新機軸として、親しい大使に大使館敷地内を休日等に散歩道として使ってもらうことを考えている。

生活・執務環境とも並外れて厳しい中で私どもが何とか頑張っているのは、瓜生大使が32年前に苦労されて手に入れられた公邸のおかげである。大使もよもやこんな形で公邸が役に立とうとは夢にも思っておられなかったであろう。もしこの公邸なかりせば、今のような形で大使館を維持することは不可能だったし、別の形で大使館を維持していたとしたら、すべてはもっともっと厳しいことになっていたことであろう。

(1996年10月15日　記)

(外務省『霞関会会報』　1997年2月号所収)

〔その2〕昔の名前で出ています

——ブーテフリカ大統領の登場——

　アルジェ着任後の早い時期に「アルジェリアに使いして」という小文を本会報に掲載していただいた。その中で「アルジェリアのアルハンブラ宮殿」たる現公邸を手に入れるにあたっての初代瓜生大使のご苦労を紹介し、併せて、テロ吹きすさぶこの国の情勢に触れ、アルジェリア危機の性格について次のように要約した。即ち、それは、旧ソ連・東欧の改革と同じで、政治的には一党独裁制から複数政党制へ、経済的には中央計画経済から市場経済への転換の試みであった、しかし、イスラム国家樹立を目指す宗教政党の大躍進という（東欧では見られなかった）事態が生じ、政治的軟着陸に失敗してテロの時代を招来、これらの試練をどう克服するか、新生アルジェリア生みの苦しみの過程である、と。

　92年以降、アルジェリア政府は、政治体制の立て直し、経済改革、過激イスラム原理主義との戦いの三正面作戦を余儀なくされたが、幾多の選挙の後二院制議会が創設され、この4月（1999年）には大統領選挙が改めて行われた。かくして、第1の課題、俗に言われる民主化過程は完了した。第3の課題、一時は国家体制崩壊の瀬戸際まで追い込まれたが、今や、イスラム原理主義勢力は政治目的を離れた強盗殺戮集団となり、テロは治安レベルの問題になった。

　ブーテフリカは4月（1999年）の選挙で大統領として再登場した。彼こそは1963年、ベンベラ大統領のもと、27歳で外相就任、ブーメディエンの死の78年までアルジェリアを第三世界、非同盟の雄に押し上げた立て役者であった。74年の国連総会でブーメディエンは新国際経済秩序構想をぶち上げ、ブーテフリカは総会議長として先進国の反対を押し切って、南アの国連からの追放とPLOの国連オブザーバー参加を実現した。翌年には国連資源特別総会を取り仕切った。ブーメディエンの死後、その当然の後継者と目されたが、シャドリ大佐が大統領に選ばれ、同時にブーテフリカにとっては、仏語で美しくも悲しくtraversée du désert（「砂漠の彷徨」）と形容される不遇の20年が始まった。

序　アルジェリアに使いして　27

1999年7月、アルジェで開かれたOAUサミット。(APS提供)

　当初、スイスを生活の本拠にしたが、明日の生活費にもこと欠くような日々もあったと言われる。また、身の危険もあり得たであろう。湾岸に移る。彼を助けたのがクウェイトであり、アラブ首長国連邦であった。ブーテフリカと同時期及びその後も長く外相を勤めたクウェイトのサバーハ副首相は、昔ニューヨークの町を一緒に遊びまわった仲とかで、手厚く面倒を見たと言われる。ブーテフリカは、アラブ首長国連邦の外相を長く務めたアハマド・スウェイディとも同世代で親交があり、外交顧問的役割を務めながらザイド大統領のもとにも身を寄せた。この間、サウディアラビアを含め、湾岸アラブ諸国を頻繁に旅したことは間違いなく、それは、まさに「砂漠の彷徨」であった。しかし、同時に、この時期は彼のアラビア語に磨きをかける絶好の機会ともなった。

　ブーテフリカは、アルジェリア・モロッコ国境の町、今はモロッコ領ウジダの生まれ、18歳で現地のリセ卒業と同時に対仏解放闘争に身を投じた。高等教育を受ける機会は全くなかったにもかかわらず、深い教養に裏打ちされた仏語。アラビア語も然り、格調が高すぎて一般アルジェリア人にはよく理解されないと言われるが、大統

同サミットで演説するブーテフリカ大統領。(APS提供)

領のアラビア語はこうあるべしとの確信と国民のアラビア語の水準を上げるという意図もあってか、そのような批判には耳を貸さない。(大統領には失礼であるが) どうしてこれだけの教養人(homme de culture)になり得たのか、私はこの質問を彼が大臣として外務省に乗り込んだ時の外務次官(その後司法大臣や憲法評議会議長を勤めたベンハビレス初代駐日大使)に聞いたことがある。その答えは、「彼は自分より物を知っている人に質問することを恥じなかった。インテリに対し一切のコンプレックスを持たなかった」というものであった。

私はもう一つ、その秘密を発見したと思っている。今年(1999年)7月OAU首脳会議がアルジェで開催され、佐藤行雄国連大使がオブザーバー・ミッション代表として来られた。ブーテフリカ大統領は会議開始の1日前、佐藤大使を接受した(後で聞いた話であるが、政府部内では当初外相が佐藤大使と会うということであったが、ブーテフリカ大統領就任後の日本からの最初のVIPだから自分が会うと言い、この会談が実現した)。佐藤大使は小渕総理からの2通の親書を大統領に手交された。一通は大統領のOAU議長就任を祝すもの、もう一通は大統領を通ずるOAU首脳会議へのメッセージであった。大統領は、両方で5頁

の親書にじっくりと目を通した。二通目の手紙には、日本政府はアフリカ外交を重視し、最近も橋本特別外交顧問をアフリカに派遣したと書いてあったが、ブーテフリカは「小渕総理には是非アルジェリアを訪問していただきたい」と述べ、しかし、すぐ続けて「もちろん、橋本外交顧問の来訪も歓迎する」と付け加えた。新しいことを後回しにせずにその場ですぐ吸収、物にする能力を持った人との印象を強くした次第であった。

　もう一つ。彼は話の合う人、話のできる人とは時間にお構いなしになる。食事を挟んでの5時間の会談は普通である。先日世銀のマグレブ担当副総裁も5時間の会談を持ったが、「偉い人からは往々にして一方的に話を聞かされるだけだが、彼は我々の話にもよく耳を傾けた」と述べていた。「砂漠の彷徨」の時代の読書（ド・ゴールは彼の愛読書と言われる）と併せ、この辺りにも彼の博識、教養の源泉があることは間違いない。

　テロと闘いながら経済をいかに立ち上げるかが目下の主要課題である。「国が何でもやってくれる」という国民の国依存のメンタリティの変革、積弊の社会主義的官僚主義や非能率の一掃等社会の大改革が必須である。大統領は今年62歳、失われた20年の歳月を一気に取り戻そうとするかのように精力的、大胆にこれらの問題に取り組んでいる。新生アルジェリアがこの残った試練を克服することを祈りたい。

（1999年12月1日　記）
（外務省「霞関会会報」　2000年1月号所収）

第35回OAUサミットのアルジェ開催

　第35回OAUサミットが1999年7月12〜14日アルジェで開催された。会議終了数日後ブーテフリカ大統領は、サミット関係者全員を招いてねぎらいのパーティを行った。「アルジェリア人は秘密の資質を持っている。大きな挑戦に直面するときこれを見事に発揮する。このサミットはこの挑戦だった」と述べて、関係者の労に厚い謝意を述べた。

　しかし、このサミット中、最も激しく肉体と精神を酷使したのはブーテフリカ自身であった。まず、サミット開始の2日前、カッダーフィが飛行機4機を連ねて来訪。その日はカッダーフィの国賓としての接遇に充てられ、夜11時まで公式晩餐会。その翌11日、40名を越える元首が順次アルジェ空港に降り立った。OAUのプロトコルでは、ホスト国元首による空港出迎えは不要、宿泊ホテルでの出迎えで可の由であるが、ブーテフリカはこの日、一日中、空港に張り付いて元首の出迎えを行った。翌日、午前9時からの非公開セッションの後、10時半から開会式。後はナイト・セッションの連続。初日夜8時に予定された大統領主催ディナーは12時に始まって午前1時半終了。会議の合間を縫ってのブーテフリカが出向く形でのバイの会談。議長ステートメントの準備（いずれのステートメントもブーテフリカ色豊かで、彼自身の手が入っていることをうかがわせた）。アラビア語、フランス語を自在に操っての議長としての采配。閉会式後のサリムOAU事務局長との1時間に及ぶ内外記者会見。

　サミットに先行した外相会議も3日間ナイト・セッションどころか、午前5時、6時までの早暁セッションが普通であった。彼らの意思決定は全てトップ・ダウン、事務方に会議を任せることはなく、トップが自ら出席、彼らの体力たるや尋常ではない。

　40名以上の国家元首が（戴冠式等の儀礼ではない）会議のために一堂に会するというのは、国際的にみてもそう例は多くないのではないか。元

首の中には夫人同伴者が約10名、子供連れもいる。各国代表団リストの事前の提出などまずはあるはずがないから、全ては彼らが到着してからが勝負。30分おきくらいに到着する代表団に車を付け、順次モータケードで送り出すのだから、そのロジたるや気が遠くなるような話である。子供付き夫人プログラムもあり、金製品、オリーブ油から子供のオモチャまで、沢山買い込んだ元首夫人もいたそうである。

1968年、31歳のブーテフリカが外相として取り仕切ったサミットから31年後、今度は62歳の大統領としてこれを取り仕切った。シラク大統領は「サミットの成功裏の開催により、アルジェリアは国際社会復帰を果たした」と祝電を送った。

アルジェOAUサミットに"OAU創設の父"として特別招待されたベンベラ元大統領とニエレレ元タンザニア大統領（APS提供）

(1999年7月20日　記)

(中東調査会　MENIK INFORMATION 1999年7月号所収)

I　アルジェリア危機序説
——その再評価——

はじめに

　アルジェリア危機は終焉した。テロは未だ存在するが、最早政治の大きな流れに影響を与えるものではない。アルジェリア危機は、一般には1991年の議会選挙中断から始まったと理解されているが、それは正しくなく、1988年10月暴動をその出発点と考えるべきである。だとすれば、既に10年をゆうに越える年月である。血みどろの対仏独立戦争ですら7年8ヵ月であったのでそれを大幅に越える。「アルジェリア危機の10年」は何であったのか、それを試論として分析するのが本稿の目的である。

　歴史は連続である。アルジェリア危機は、過激なイスラム原理主義との闘いであったが、これを全体として理解するには、アルジェリア近現代史の中で今次危機を位置づけ、その中でイスラム原理主義の展開を鳥瞰し、それが時の流れと共にどのように変質していったか、体制側の対応、時の国際環境、他の地域におけるイスラム原理主義運動との関連はあるのかといった諸点から総合的に考察される必要がある。また、アルジェリア危機はその複雑さの故に多分に誤解されてきた面があり、これを報じてきた国際メディアの功罪も併せ検討される必要がある。アルジェリア危機を現時点で評価するのは明らかに時期尚早であるが、以下それをあえて試みた。

1. 危機前史

(1) 危機の本質と位置づけ

危機の本質

アルジェリア危機とは何か。一般的な理解は次のようなものであると思われる。
「1991年末に行われた議会選挙・第1回投票でイスラム政党FIS（イスラム救世戦線）が圧勝した。第1回の投票で決まらなかった議席を決めるための第2回投票が行われたら確実にFISの政権ができる、そういう状況が明らかになったとき、軍がクーデタを起こし、シャドリ大統領を辞任させて選挙結果を無効にし、第2回選挙も取りやめた。その結果、FISを中心とするイスラム勢力は武力闘争を開始した。悪いのは民主主義の原則に反して選挙を中断したアルジェリア軍事政権であり、それ以降イスラム勢力と軍部の血みどろの抗争が続き、国は長きにわたって内乱・内戦状態にある」

このような理解は単純でわかりやすいが、多くの事実誤認や誤解、先入観に基づく偏見があり、また、重大な欠落もある。いくつかの"神話"と呼ぶべきものも作られた。

アルジェリア危機についての筆者の理解は次のようなものである。
80年代末、それまでアルジェリアを支配したFLN（独立戦争時に作られた民族解放戦線 Front de Libération Nationale）一党独裁体制が政治的にも経済的にも行き詰まり、そこから脱却するため、政治的には一党独裁体制から複数政党制へ、経済的には中央計画経済から市場経済への移行の試みがなされた。それは1989年10月のハンガリー・オーストリア国境の開放に始まったソ連・東欧の体制変革のアル

ジェリア版であった。しかし、政治的な軟着陸に失敗した。イスラム政権の樹立を目指すイスラム勢力——俗に言われるイスラム原理主義勢力——が議会選挙で大躍進をしたからであった。選挙がそのまま継続されればイスラム原理主義政権が成立する、それでも民主主義の手続きを尊重して選挙を継続するか、それとも、イスラム原理主義政権は民主主義的政権ではあり得ない、だからその成立を阻止するために選挙を中断すべきである、の2つに国論は分断され、当時のアルジェリアの体制は後者を選択、それ以降本格的なテロの時代を招来した。激しいテロと闘いつつ、他方、複数主義に基づく議会の再構築を図り、国を立て直す、この全過程がアルジェリア危機であった。国家体制再構築は1994年2月からスタートした。95年11月、ゼルアール"国家主席"が選挙を経て正式に大統領に就任して以降この動きは加速され、下院、上院2つの選挙を経て97年末には複数政党制に基づく議会制度が完成、1999年4月の選挙でブーテフリカ大統領が誕生した。アルジェリアは「危機の10年」を克服し、新しい時代に入った。

アルジェリア現代史の中での今次危機の位置づけ

アルジェリア現代史の中で今次危機はどのように位置づけられるのか。同じマグレブ・アラブの国でフランスの植民地支配下にあったテュニジア、モロッコもイスラム原理主義運動の波から無縁ではなかったが、それを乗り切り、あるいは押さえ込み、独立以来比較的順調に国造りを進めてきた。何故、アルジェリアだけがイスラム原理主義の大波に洗われ、大きくつまずいてしまったのか。

この謎を解くには、結局のところ、国としてのアルジェリア成立の原点——130年間フランスの植民地支配下にあり、8年にわたる壮絶な解放戦争を経て独立を達成した国——に遡らざるを得ない。

独立戦争時まで遡ると、今次アルジェリア危機を含めて国論が大きく分裂したことが3回あった。最初は、FLNが武力蜂起を決定した1954年11月、それまでアルジェリア・ナショナリズムの思想面、政治面での中心的指導人物であったメサリ・ハッジは、時期尚早としてこれに反対、それ以降、FLNは、その傘下で独立闘争を統一的に進めるためメサリ・ハッジ・グループの弾圧に踏み切り、彼には

祖国を裏切った者としての刻印が押される（ブーテフリカ大統領の時代に入った1999年7月"アルジェリア民族運動の父"としてメサリ・ハッジの復権がなされ、故郷トレムセンの空港には彼の名前が冠されることになった）(注1)。

　第2の分裂は1962年3月、フランスとのエヴィアン協定の締結により、事実上アルジェリアの独立が決まるのと時を同じくして表面化した独立達成後の権力の座を巡るFLNの内部抗争であった。ベンヘッダはGPRA（亡命アルジェリア臨時革命政府）の首班としてアルジェに乗り込むが、GPRAに対抗してベンベラはALN（民族解放軍）の第2管区（モロッコ方面展開軍）、ブーメディエン参謀総長の支持のもと政治局を結成、他方、アルジェリア東部展開部隊はカビリ部隊と共同してベンベラに対抗、ALNも分裂する。生まれたばかりのアルジェリアは、中央権力不在のアナーキー状態に陥るが（"62年夏の危機"）、最終的にはベンベラが権力闘争に勝利し、同年9月、FLN単一候補として大統領に選出され、ベンベラの時代が始まった(注2)。

　1965年6月下旬にアルジェにおいて開催予定であった非同盟会議の1週間前、ベンベラはクーデタによってブーメディエンに倒される。しかしこれは宮廷革命とも言うべき無血クーデタであり、大統領こそ代わったものの、軍や国民が割れたわけではなかった（ベン・ベラは15年間幽閉された後、シャドリの時代に入って1980年に釈放された。以後、海外生活を送るが、89年の複数政党制導入とともに帰国し、政党MNAを創設し、国内政治活動に復帰する。同党は見るべき影響力を持たないまま、1997年解散した。ブーテフリカ大統領は1999年7月のOAUアルジェ・サミットにベンベラを特別ゲストとして招待し、彼を名誉回復した）(注3)。

　そして第3の危機が今次「危機の10年」であった。第1の危機は独立戦争のあり方を巡るイデオロギー的対立、第2の危機は独立後の国家権力を巡る闘争、また、ブーメディエンのクーデタもまさに権力闘争そのものであり、これらすべては一般国民とは無関係の指導部内の対立であった。これに対し、第3の危機はイスラムと国家の関わり合いに関するものであり、草の根の国民レベルで国のあり方――アラブ的世俗的国家か、イスラム国家か――が問われるものであった。かくしてこの危機は第1、第2の危機とは根本的に性格を異にし、それだけに深刻、かつ、長期にわたるものとなった。

　アルジェリアにおけるイスラムが心の中の宗教、日常生活を律す

るものとしての宗教を越える政治的表現としての宗教——政治的イスラム——になり、そして激しい暴力的形態をとるようになったのは何故であろうか。

(2) イスラム運動の歴史的展開

イスラムの再興

アルジェリアにおける近代イスラム運動は、1830年に始まるフランスのアルジェリア植民地支配に起源を発する。テュニジア、モロッコもフランスの植民地支配下に入ったが、その時期は、それぞれ1881年(バルド条約)、1912年(フェズ条約)でアルジェリアよりも遅く、また、アルジェリアがフランスに併合されたのに対し、これら両国の地位は保護領に留まった。アルジェリアにおいてはテュニジア、モロッコの場合と異なり、フランス本土の一部として政治、経済、社会、文化等あらゆる面において徹底的な植民政策とフランス化が行われた。その統治は7世紀以来、トルコ時代を含め1100年続いたアルジェリア社会のアラブ性・イスラム性否定の歴史であった。テュニジア、モロッコでは、イスラムは先祖代々引き継がれ、国民の中に根付いた"自然な存在"であった。しかし、アルジェリアにおいては、イスラムはフランス化に抵抗する宗教、植民者に対しての被植民者のアイデンティティを示す宗教となり、その意味でイスラムは"特別な存在"となり、併せてアラビア語も"抵抗の言語"になった。ここにアルジェリアにおけるイスラム及びアラビア語のテュニジア、モロッコ(のみならず、中東アラブ諸国一般)と較べての特殊性がある。

アルジェリアにおけるイスラムの再興は、1830年から1954年の独立戦争開始時までをその萌芽期、イスラム(そしてアラビア語)を中核とするアルジェリア民族主義の確立の時期としての独立戦争時、そしてブーメディエン時代の国家によるイスラム振興期と3つの時期に分けて考えることができる。それぞれの時期のイスラムの問題についてフランス、アルジェリアの歴史家、研究者による数多くの著作があり、深い研究がなされているが、誤謬を恐れずに単純化して

エミール・アブデル・カーデル。（APS提供）

記述すれば、次の通りである。

第1期、独立戦争以前
1832年、アブデル・カーデル（1807－1883）は"イスラム信徒のアミール"として占領軍に対する聖戦を掲げて武力蜂起する。その抵抗は1847年まで16年にわたって断続的に行われるが、当時のアルジェリアは部族社会であり、アルジェリアが全体としてフランス軍に抵抗するところまでは政治的、社会的に成熟しておらず、最終的にはフランスに押さえ込まれその抵抗は終結する。イスラムを政治的に掲げた闘いというよりは、イスラム教徒の占領者に対する闘いであり、所詮は勝つはずのない闘いであったが、彼は「アルジェリア創設の父」となった。

彼の思想を引き継ぎつつ、アルジェリアにおけるイスラム運動の最初の指導者となったのがジャマル・ディーン・アフガーニやムハンマド・アブドの影響を受けたアブデルハミード・ベン・バディース（1889－1940）である。彼が1931年に設立したウラマー協会はその最初の政治的表現であり、彼は「イスラムは我が宗教、アラビア語は我が言葉、アルジェリアは我が祖国」と述べ、来るべき解放闘争を予測させる言葉を残す。ウラマー協会はフランスの弾圧により解散させられるが、その人脈は残り、独立達成後の体制に宗教大臣を送り込む等、国家体制をイスラムの面から支える重要な理論的、宗教的基盤を提供した（注4）。

第2期、独立戦争時

1954年11月のFLN武力蜂起の際の宣言は、「イスラムの原則に基づき、主権的、民主的国家を創設する」と規定した。独立戦争の遂行においてイスラムは決定的に重要な役割を果たす。イスラムは、植民者に対するアルジェリア人のアイデンティティ確立のための、そして独立戦争への動員のためのイデオロギーとなり、それは宗教的であるよりも政治的であった。戦闘員（ムジャーヒディーン）にとっては、戦場で死ぬことは祖国解放のために支払うべき対価であり、同時に、栄光の神に捧げる自己犠牲であり、天国への道が約束されるものであった。

イスラムと並びアラビア語も国民統合の重要なファクターとなった。フランスの占領期間中、アルジェリア人には学校教育の機会はほとんど与えられず、1882年の時点で就学率1％、1954年でも18％に過ぎなかった（植民者子弟については事実上100％）。学校での教育は仏語でなされ、アラビア語を話すことは禁じられた（注5）。言葉無しには文化も成立しない。アルジェリア文化が"根こそぎ破壊されたdéculturation"と言われる所以である。FLNはアラビア語教育のため、マキ（戦闘司令部が置かれ、戦闘員の本拠、生活の場となった山の中）でアラビア語講習会を開催し、また、アルジェリア人が多数収容された刑務所もアラビア語学習の場となった。その頃、カイロからのアラビア語放送「アラブの声」は、スエズ運河国有化によって一躍アラブの英雄になったナセルのアラブ民族主義宣伝放送として知られたが、この放送と、日々の戦闘状況を伝える臨時革命政府の「アルジェリアの声」はアルジェリア人の戦意昂揚に大きな役割を果たした（注6）。

かくしてイスラムとアラビア語こそは、独立闘争の過程で次第に確立・強化されていったアルジェリア民族主義の中核を形成するものとなった。

第3期、国家統制下でのイスラムの振興

独立達成後の新国家がフランス植民地統治のアンチテーゼとして、イスラム化とアラブ化を国策として掲げたのはきわめて自然な流れであった。独立後最初の憲法（1963年9月）は、「イスラムは国の宗

教、アラビア語は国語、公用語」と規定する。ブーメディエンは、経済面では中央計画経済に基づく社会主義的国家建設を標榜し、同時に、国の統制のもとイスラムの振興に努めた。その社会主義は"アルジェリア的社会主義"とされ、マルクス主義の浸透には警戒を怠らず、大学生層における左翼勢力の伸張を押さえるため特に大学においてイスラムの振興を図り、イスラムを利用した。また、同時にモスレム同胞団に代表される過激なイスラム思想は徹底的に弾圧した。イスラムはアルジェリア的社会主義の枠内で国家権力に奉仕するための宗教になった（注7）。

1976年、それまで日曜日であった休日が金曜日に変更され、同年アルコール飲料のイスラム教徒（アルジェリア人）への販売が禁止され、79年には養豚禁止令が出された。これらは普通のイスラムの国では、過去何世紀来続いてきた何人も疑うことのない自然の慣習であったが、アルジェリアでは20世紀も後半になって国によりこれが導入された。また、政府主催のイスラム思想伝播のためのセミナー等が頻繁に開催された。この時期、多くのモスクが建設され、1966年には2200であったモスクが1980年には5800になった。

国家によるイスラムの独占を拒絶する運動も生まれるが、それは地下に潜行する。この面では1964年に設立されたAl Qiyam協会の活動があり、また、特に、ウラマー協会の流れを汲むシェイク・スルターニはモロッコからブーメディエンの社会主義路線を激しく糾弾、これはアルジェリアにおける政治的イスラムの最初の表明となった。

アラビア語化とイスラム化政策の隘路になったのがアラビア語教師とモスクを司るイマームの不足であった。前者はエジプトやシリア、イラクからの技術協力者としてのアラビア語教師で埋められたが、彼らを通じバース党思想やイスラム同胞団思想が持ち込まれた。学校教育でのアラビア語化が始まったのは1971年からで、初等過程の1、2年の授業が完全にアラビア語で行われることになったのを出発点として次第にアラビア語化が進んだが、初等、中等の教育が全てアラビア語で行われるようになったのはシャドリ時代の後半の1986年から1987年にかけてであった。しかし、歴史的、文化的基盤のないところでのアラビア語化政策は多くの困難を伴い、新たな問題を生みだした。例えば、アラビア語教育の質の問題もあって、学

生はこれを充分に修得しきれず、他方、社会全体として仏語の水準は低下するという事態をもたらした(中途半端なバイリンガルを生み出した)。また、大学では自然科学系学科の授業は依然として仏語でなされたため、高校までアラビア語一貫教育で育ってきた学生が大学に入った途端、授業についていけないという悲劇も生まれた。更に深刻だったのは、仏語を日常の使用言語として動いている政府・公官庁、国営企業等の場でのアラビア語化は進まず(実際問題としてこれを行うことは不可能であった)、従ってアラビア語を習得した学生の需要がなく、これらエリート部門への彼らの就職の機会が閉ざされたことであった。彼らを阻むものは仏語のエリート層であり、仏語のエスタブリッシュメントとなればそれに対する反発が出てくるのは当然である。かくして国のアラビア語化政策のもと、アラビア語教育を受けた者の中から多くの政治的、社会的不満分子が生み出されてくる（注8）。

イマームの不足問題に関しては、国の任命ではないイマーム——"自由イマーム imam libre"と呼ばれた——で補われることになる。彼らこそが80年代を通じ、政治的イスラムの伝播に大きな役割を果たすことになる。少し後の数字になるが、1992年1月の宗教大臣の声明によれば、公認モスク数9073、公認イマーム数3893名、5000人のイマームが不足しており、3ヵ年計画でこれを埋めるとされた。

他方、農業を犠牲にした社会主義的重工業中心の経済政策は、独立戦争中既に荒廃していた農村の更なる荒廃を生み（多くの肥沃な農地が工業団地に転換された）、農村人口の都市流入をもたらした。都市はこれら農村からの流入人口を吸収しきれず、都市周辺に多くの貧民街が作り出されていく。経済発展から取り残されたこれら貧民街と荒廃した農村こそが"自由イマーム"の日常活動の場となり、次第にイスラム勢力、FISの票田になってくる。また、この間、著しい人口増があったことも記される必要がある（1962年の850万人が1980年には1900万人）。

ブーメディエン時代は、体制と異なる意見表明の許されない独裁、強権政治であり、これらの生じつつある矛盾、亀裂が表面化することはなかったが、水面下ではFISに代表されるイスラム勢力が大きく伸びてくる土壌が着実に形成されつつあった。

(3) FISの誕生とその勢力の拡大

ブーメディエン大統領。(Liberté 提供)

1978年12月ブーメディエンが死亡し、79年よりシャドリの時代が始まる。歴史の常として強権政治の後には反動が生じ、それに続く政権はより自由な、また、開放的な方向を模索する。アルジェリアの場合もその例外ではなかった。シャドリが手がけた重要な政治改革は"非ブーメディエン化"であり、強権政治の象徴であった革命評議会を廃し、1954年の革命の原点に戻ること、即ち、FLNの統治機構としての再活性化であった(注9)。1980年の臨時党大会において、国民各階層を網羅する単一政党としてのFLNの地位が再確認され、同時に、そこで採択された綱領第120条には、政府・国営企業等の要職につくにはFLN党員であるべきことが規定された。その他、外国旅行の自由化(出国許可の廃止)、外貨割り当て、限られた範囲での私企業設立容認、外国製品の輸入増加等、従来の締め付け政策から一転、社会には自由感、開放感が漂った。

政治的自由化は、必然的に文化・社会面でもより自由な雰囲気を生みだし、1980年3月、カビリ地方で"ベルベルの春"と呼ばれる暴動が発生した(注10)。この事件は体制のたがのゆるみを示すものであった。

イスラムが次第に国家の管理・統制から離れることとなったのも自然の勢いであった。FLNエリートのエスタブリッシュメントに包み込まれなかった者、FLNの末端にありその恩恵に浴さなかった

者、あるいは、FLN体制の中で政治的イスラムの影響を受けた者、彼らが渾然一体となってイスラム勢力として成長していく。その足場になったのはモスクであり、学校であり、そこは"自由イマーム"の自由な活動の場であった。イスラム勢力は体制から取り残された貧しい者、持たざる者の側につくものとして、草の根に深く浸透、相互扶助、慈善活動を通じ、大きく力を伸ばしていく。それは同時に、支配する側と支配される側の分離の過程であり、後者からすると、前者は、社会正義、公平に反するかつての植民地体制にも擬せられる悪しき倒されるべき体制となり、それに代わるものとしてイスラム的価値に基礎をおく体制、イスラム国家が模索されていく。

時の国際環境として1979年にはイラン革命、同年12月にはソ連のアフガニスタン侵攻があり、これらもアルジェリアにおけるイスラム勢力の伸張・拡大に少なからず影響した。

1985年央からの石油価格の大幅下落が経済に与えた大打撃はより直接的、深刻であった。ブーメディエン時代の重工業政策の結果として1989年には対外債務は680億ドル、その年間返済額は石油・ガスで稼ぐ外貨の3分の1に達し、消費物資、日常食料品の欠乏は目に見えて深刻になった。一流ホテルのレストランからもパンが消えた。88年10月の若者による暴動は、その背景、陰謀があったのかどうか等未だに真相は闇の中であるが、経済危機が一つの引き金になったことは間違いない。死者500名とも600名とも言われた暴動が鎮圧された後、その硝煙の中からイスラム勢力が忽然と姿を現し、数ヵ月後にはFISの名の下に結集、何人も無視し得ない新しい政治的潮流としての存在を示したのであった。この時期以降、イスラム国家樹立を目指すものとしてのイスラム勢力は、表面的にはFISの流れに収斂されていく。しかし、それとは別の流れとして（両者は交わる部分があり、その区別は困難であるが）、最初から武力によってイスラム国家樹立を期すグループが存在したことも注意されるべきである。

また、見逃してはならないのは、その間FLN体制内でも社会のイスラム化を推進しようとするグループが存在し、その代表的な動きとして人民議会において1980年"アラビア語使用の普及"に関する決議が採択される。また、同年にはイスラム的規制を強化し、女性の地位を強く制限した家族法も制定された。

このような自由化、そしてイスラム寄りの政策はFLN体制にとっ

て危険であるとするグループも体制内に存在したが、彼らは守旧派、反動派と見なされた。むしろシャドリに代表される主流派は、体制生きのびのためにもイスラム勢力との共存、あるいは、その体制への取り込みを模索する。10月暴動後、自由化の動きは一挙に加速され、先のFLN綱領120条（FLN党員の一般国民に対する優位の象徴としてきわめて評判が悪かった）は廃止され、89年の憲法改正で一党独裁制の廃止、複数政党制の導入が決定され、政党法が採択された。同法には、宗教に基づく政党は禁止されるとの明示の規定があったにもかかわらず、FISは雨後の竹の子のように生まれた60を越える諸政党とともに政党として認可された。

　FISは、90年6月、複数政党制下で初めて行われた地方選挙で大きな勝利を収め、全国県議会、市議会の約7割を制する。"イスラム共和国地方版"と呼ばれたほどのFIS統治を地方レベルで実現し、FISは"国政担当に備え実習中"と言われた。かくして来るべき議会選挙での勝利も次第に準備されていくが、しかし、情勢は複雑で、事態は一直線には進まず二転三転する。

　FISは地方選挙勝利の余勢を駆って、一気に天下取りを目指して既に決定されていた議会選挙よりも先に大統領選挙を実施することを求め、91年5月末、全国レベルでの政治ゼネストを呼びかける。国営企業労働者や商店主等、当初はこれに同調する者はほとんどなく、ストは全面的な失敗に終わるかと思われたが、FISは地方の党員やシンパの首都動員に成功し、商店主に対する威嚇もあり、日和見を決め込んでいた彼らも店を閉めストに同調、デモ隊はアルジェの主要広場を占拠するに至り、官憲との衝突に発展、最終的に政府側は実力でデモ隊を排除、戒厳令の施行でデモを終結させる。8月には、アッバーシ・マダニ（FIS代表）、アリ・ベンハッジ（FISナンバー2）らFISの幹部5名が国家反逆罪・騒乱罪等の罪で逮捕され、FISは壊滅の危機に直面した。

　「アルジェリア危機の10年」の大きなifとして、この時点でFISを一気に非合法化していれば、その後の事態の展開は余程異なったものになっていたのではないか。しかし、一党独裁からの開放感、自由の雰囲気が当時の時代環境であり、この時点でFISの非合法化が検討された気配は全く見られない。

　崩壊の危機に直面したFISを建て直し、1991年末に行われた議会

選挙でFISを勝利に導いたのが1999年11月にアルジェで暗殺された当時弱冠37歳のハッシャーニであった。彼はFISの中では数少ない大学出のインテリであり、FISではほとんど影響力を持たない少数派であったが、その才覚で獄にあった2名の指導者の後を埋めてFISのトップになる。当時の体制側の対応はきわめて興味深い。本来ならば、FISの選挙参加は排除さるべきであったであろうが、FISが政党として存続することが認められていた以上、また、複数政党制の原則もあり、そのオプションは全く考えられず、むしろ、政府側はアッバーシ・マダニ、アリ・ベンハッジを獄に入れたまま、FISをいかに選挙に参加させるかに腐心した。他方、FIS側では、ハッシャーニの率いる指導部を除いては、選挙には勝てないし、たとえ勝っても潰されるとして、選挙不参加の意見が圧倒的に強く、少なくとも獄中のFIS指導者の釈放が選挙参加の絶対的条件とされた。ハッシャーニも過激な演説を行った廉で逮捕されるが、選挙1ヵ月前に釈放され、最終的にはハッシャーニのラインが通ってFISは選挙参加を決定する。その結果がFIS自身も予想しなかったような大勝利であった。

(4) 暴力的過激派集団の系譜

この集団はFISとも深い繋がりをもつ。そもそも、FISは右から左まで雑多な思想傾向を包含したイスラム勢力の集合体であり、FLNがそうであったように、政党と言うよりは戦線frontであった（注11）。従って、暴力的過激派集団とFISの間の境界も曖昧である。しかしながら、やはり、政党として認可を受けたFISとは別のものとしてその系譜を見ておくことは「危機の10年」を理解する上で不可欠である。

この集団の元祖は、暴力によるイスラム国家樹立を目指す武闘集団として、1980年、メンバー40名ほどからなるMIA（Mouvement Islamique d'Algérie）を設立したムスタファ・ブヤリである。彼は1940年、ブリダ近くの農村に生まれ、当初PPAに属した後、59年FLNに入り、独立戦争に参加、独立後は63年アイト・アハマドのFFSに

入党した。その頃はフランコフォーンのベルベル主義者であったと思われ、市会議員選挙に挑戦するが、失敗。70年頃、イスラミストに転向し、ブリダ郊外のモスクのイマームになった。この早い時期に、何故、彼がこのような突出した過激思想をもつようになったのか、きわめて興味深いものがある（注12）。

ブヤリは82年頃からテロを開始し、ブリダの警察学校を襲撃して武器を奪ったのがその最初の活動であった。1985年、グループに属する者135名が逮捕され裁判にかけられ、マキに逃走したブヤリも欠席裁判で無期懲役の判決を受けるが、1987年、治安部隊との銃撃戦で殺される。彼の仲間も逮捕され、その右腕であったマンスーリ・ミリヤニも死刑の判決を受けるが、1990年政治活動自由化の波の中で恩赦により釈放される（時の司法大臣はブーテフリカの右腕として今を時めくベン・フリス大統領府官房長。その後2000年8月の内閣改造で首相就任）。

ブヤリのジハード宣言は、あまりにも時期尚早でもろくも潰れるが、彼の遺志は仲間により引き継がれ、しかし同時に2つに分裂する。1991年夏頃、MIAの再興がはかられるが、イスラム国家樹立という共通の目標を持ちながら、闘争方針を巡って意見が対立したとされ（地縁、血縁による対立の方が主因かも知れないが）、マンスーリ・ミリヤニをヘッドとするGIAを構成するグループとサイド・マハルーフィに率いられるMEI (Mouvement d'Etat Islamique) が生まれる。MEIはその後93年頃FISの軍事部門としてのAISに発展的に解消する。

残虐なテロ行為で世界に名を知られるようになったGIAの実体は（他のテロ・グループについても当てはまるのであるが）よくわからないし、また、詳細にその系譜を探る価値もないが、通常は、アフガニスタン帰りのグループ、エジプトの過激原理主義者サイイッド・コトブの流れを引くTakfir wa Hijraグループ、アルジェリア国軍末端の脱走兵士グループ等の寄せ集めとされる。マンスール・ミリヤニの後を継いだラヤダがGIAの初代リーダーとされ、その後のリーダーは治安部隊との銃撃戦で死亡したり、内ゲバで排除され、今のリーダーは5代目アンタル・ズアブリとされている。GIAは地域ごとにエミールと呼ばれる首領指揮下の小グループに分かれていると言われる。GIAが全国的組織の上に立つ一体性・統一性を持ったグループなのかどうか大いに疑問があり、AIS及びその系統に属しないテロ・グループが総体として、GIAの名で呼ばれている可能性も大き

い。アンタル・ズアブリについては一時その死亡説が流れたが、今もってその生死は明らかでない。ズアブリに対抗してハサン・ハッタープが1998年央、GPSCなるグループを作ったとされる。

アフガニスタン帰りについて一言触れる必要がある。イスラム国アフガニスタンに侵攻したソ連(共産主義)と戦うとの大義名分のもと、中東諸国から多くの若者(その多くは職を持たない若者達)がアフガニスタンに馳せ参じたが(出稼ぎ感覚もあったであろう)、ビンラーデンの例を引くまでもなく、これが国際テロという形で跳ね返ってきているのは歴史の皮肉であろう。アルジェリアについても1980年代初め頃からイスラム・グループ(例えばMSP党首ナハナハ)の慫慂で約4000人の若者がアフガニスタンに渡ったとされ、その後、その内の約3500人が(一部はボスニア戦争に参加し)、爆弾製造法やゲリラ戦法を身につけて帰国し、彼らは最早、社会には適応できず、大部分は、テロの道、GIAに入ったとされる。残り500人はリクルート待ちで未だアフガニスタンやペシャワールにおり、そのうち50名はターリバンの設立に参加したと言われている。

(注1) メサリ・ハッジ (1898 - 1974) は1926年パリにて、独立を目標に掲げた政治結社「北アフリカの星ENA」を設立、1937年には、アルジェリア史上初めての政党として「アルジェリア国民党PPA」を設立した。彼は「たとえフランス人と同様の権利を持ったとしても、それよりは、搾取されてもアルジェリア人であり続けたい」というよく知られた言葉を残した。ブーテフリカ大統領は、2000年3月29～30日、トレムセンで開催されたメサリ・ハッジに関する国際セミナーにメッセージを送り、"アルジェリア民族運動の父"として彼を讃えたが、FLN武力蜂起後のその立場の評価に関しては歴史家や研究者に委ねたいと述べた。なお、同大統領はアルジェリア民族運動や独立闘争上の重要人物、重要記念日に係わる行事が行われるたびに(この種行事の開催はきわめて頻繁である)、メッセージを送っているが、それらはアルジェリア近現代史研究上貴重な資料を提供するものとなろう。

(注2) FLNの対立が表面化したのは1962年6月5～6日にリビアのトリポリで開催されたアルジェリア革命国民評議会(CNRA)においてであったが、この会議を含め"62年夏の危機"について克明に事実

関係を追ったアリ・ハルーン(現ANR副党首、元HCEメンバー、元人権担当国務大臣)によるL'eté de la discorde ALGERIE 1962 (Casbah Editions, Alger, 2000)が最近出版された。同人のメモに基づいたこの会議出席者52名全員の会議場における席が示されており、壮観である。

(注3) 折しも「国民和解法」が議会で採択された直後であり、ブーテフリカ大統領の国民和解政策の象徴としてベンベラが利用されたという面もあろう。

(注4) この部分、宮治一雄「アフリカ現代史Ⅴ 北アフリカ」、山川出版社、1994年7月、Benjamin Stora「Les 100 portes du Maghreb」、Les Editions DAHRAB, Alger, octobre 1999 に主としてよった。

ブーテフリカ大統領とベンベラ元大統領。アルジェOAUサミットにて。(APS提供)

(注5) モスクでは細々とアラビア語教育が行われており、一部恵まれた階層のイスラム的素養のあるアルジェリア人はその子弟を授業開始の前、あるいは放課後モスクに通わせてアラビア語を学ばせた。

(注6) この部分、主としてSlimane Chikh「L'Algérie en armes」、Casbah Editions, Alger, mars 1998、第2部第2章 La réanimation nationale によった。独立戦争の全期間を通じ、イスラム及びアラビア語がアルジェリア人にとっていかに重要な精神的支えであったかが簡潔、感動的に描かれている。

(注7) ブーメディエン時代にこそ、その後のイスラム勢力大躍進の種が蒔かれるのであるが、この点については深い実証的研究が必要であり、我が国研究者の今後の研究に待ちたい。

本論文では主としてBenjamin Stora「Histoire de l'Algérie depuis l'indépendance」, Edition La Découverte, Paris, 1995によった。
(注8)　これらアラビア語修得学生の一つの就職先となったのが高校以下の教職であった。ブーテフリカ大統領の国民和解政策により、5000人とも6000人とも言われる投降者（悔悟者）が出たが、その中に教職者がかなりの程度いることがこれを示している。特別恩赦された投降者は、彼らの出身地の町や村には戻されないのが原則になっているが、これら教職者の中には、かつて教えていた学校への再就職を求めている者がかなりおり、彼らの社会復帰という点から一つの問題になっている。

　　なお、Luis Martinez「La guerre civile en Algérie」, Edition KARTHALA, 1998は、全面的にイスラム原理主義者の側に立った著作であるが、そこでは、これらアラビア語習得の学生から見て仏語エリートのエスタブリッシュメントの壁が如何に厚かったか、彼らがそれに対して如何に敵愾心を持ったかが、実証的によく描かれている。

　　同書では、武装イスラム勢力を含めイスラム原理主義者は、悪しき体制と闘う民主主義勢力とされ、彼らには、独立戦争時のムジャーヒディーンとパラレルの位置づけがなされている。これには一面の真理があり、1991年末の選挙中断後テロが活発化し始めた頃から95年頃までは彼らは地域の住民と共にあり、独立戦争時、一般国民がムジャーヒディーンをフランス軍から匿ったように、彼らも武装イスラム勢力を官憲から匿った。

(注9)　ブーメディエンはベンベラを倒して権力を握った後、26名からなる革命評議会を設置してこれに権力を集中した。その統治の時代、FLNは組織としては存在し、革命評議会メンバーもFLN政治局から選ばれるという形をとったが、FLNは実際には何ら実権を持たない形だけの組織であった。

　　1962年の独立以降1991年のFLNの崩壊まで、アルジェリアは「FLNの一党独裁下にあった」と往々にして言われるが、厳密にはこれは正しくなく、ブーメディエン時代は革命評議会によって立つブーメディエンの独裁体制、その後FLNの一党独裁体制に移行した。

(注10)　1980年3月、カビリ人の作家・詩人Mouloud Mammeriが呼びかけた集会が当局により禁止されたことに端を発し、ティジ・ウズ

アルジェリアいじめ

 6月5日 (1997年)、国民議会選挙が終わった。1992年に選挙が中断されて以来、5年を経てのやり直し選挙であった。アラブ世界では初めての本格的な複数政党制に基づく選挙であり、また、規模から言っても、アラブ世界で最大級のものであった。アルジェリアはこれを立派にやってのけた。

 92年以来、アルジェリアは二重の艱苦を味わってきた。それは今なお続いている。国内におけるテロと国際的な"いじめ"である。この時以来、欧米のメディア、そして政府もアルジェリアを責め立てて来た。その理由は「民主主義の原則に反して軍部がクーデタで選挙を中断した」ことと、「アルジェリアの体制は民主主義を圧殺している悪しき軍事独裁政権である」の2つである。

 第1の命題については事情はそれほど単純ではないが、一応正しいということにしておこう。

 問題は第2の命題であり、これが第1の命題にも増してアルジェリアが責められる理由になってきた。しかし、このような決め付け方はこの国の現実を反映する的を得た、また、公平なものであろうか。今回の選挙でも、体制打倒のスローガンを掲げたトロツキスト政党を含む2つの政党がそれぞれ4、19議席を獲得した。体制打倒はサウディで言えば王政打倒、エジプトで言えばムバーラク体制打倒である。このような政党の存在が認められている国が「民主主義を圧殺している国」であろうか。また、アルジェリアを独裁政権と言うのであれば、アラブ諸国でそうでないのはレバノンくらいであろう。軍部の役割を問題にするのであれば、これまた、レバノンを除いては全てのアラブの国で問題にされなければならない。よしんば、百歩譲ってこの命題が正しいとしても、アルジェリアの一般国民が圧制の桎梏下、塗炭の苦しみに喘いでいるわけでもなければ、アルジェリアが国

際社会や近隣諸国に迷惑を及ぼしているわけでもない。

　どうしてこんなことになったのか。気の毒なことに、フランスの物差しでアルジェリアの政治が計られ、これが欧米世論をリードしてきたこと、そして、残念なことに、ほかならぬアルジェリア人がフランスにおけるアルジェリア観の形成に大きく貢献してきたことである。これは、しかし、フランスとの愛憎渦巻く深い歴史的な結びつきに起因するものであり、宿命的である。アルジェリアはフランスから貴重な多くの遺産を引き継いだが、この遺産の一部がマイナスに作用したということであり、この国の悲劇である。

　今回の選挙についても、欧米の新聞はFISの除外を問題にし、FISとの政治的妥協無しにはアルジェリア危機は解決されないと書き続けている。しかし、FISの非合法化は今更どのような価値判断を加えようとも、最早動かし難い政治的与件である。何時までもこの点にこだわり、また、テロだけに目を奪われていると、国内で日々、進展している事態に追い越されて情勢判断を大きく誤ることになるだろう。

　アルジェリア外交の重要な軸足は、アラブよりもOAU創設国の一つとしてアフリカにある。今年のハラレ首脳会議にも大統領自ら出席し、議会選挙投票日の1日前に帰国した。アルジェリアは1999年、今世紀最後のOAUサミットをホストする意向を表明し、これが決まった。国内を吹き荒れるテロと外からの"いじめ"に耐え、これに鍛えられたアルジェリアが力強く国際舞台に復帰して来る日はもうそんなに遠い先のことではないだろう。今次選挙はそのような時に向かっての大きな一歩であった。

（1997年6月10日　記）

（中東調査会　MENIK INFORMATION 1997年7月号所収）

大学学生により抗議デモが組織され、それがアルジェ大学にも飛び火、その後カビリ地方でゼネストが行われる等騒擾状態が約 2 週間続いた。この事件は、アルジェリアにおけるベルベル問題を初めて表面化させたものとして、その後"ベルベルの春"と呼ばれるようになった。

(注11) アッバーシ・マダニも、1954年11月の蜂起に参加したれっきとしたFLN党員であり、その後フランス軍に逮捕され、戦争の全期間獄にあった。イスラム政党 MSP 党首ナハナハも FLN 党員であった。

(注12) ブヤリについては、「Les Islamistes Algériens, entre des urnes et le maquis」(Severtine Labat, Seuil 1995) 90～94 ページにまとまった記述がある。同書はイスラム勢力の反体制運動は、独立後体制に入り込めなかった若者を中心とする貧しきアラボフォーン大衆の、体制の中核を構成するフランコフォーンのエリートに対する闘争と規定し、アルジェリアでよく知られた多くのイスラム原理主義者の生い立ちや足跡を詳細に記述している。また、FISがGIAをその傘下におこうと種々画策したが、それができなかったこと等も説明しており、アルジェリアにおけるイスラム原理主義運動を理解するうえで有用である。

但し、伝統的アルジェリア観に共通な"軍神話"があり、その他"内戦"を軍対イスラミストの対決と捉えていること等制約も多い。

ついでに言えば、フランスでなされるアルジェリア情勢分析の一つの特徴は、アラブ保守主義対近代主義、軍のイスラム過激派対策について"殲滅派"対"和解派"といったきわめてカテゴリカルな分類がなされることである。そして、そのような分析のもとになっているのはアルジェリアの仏語紙が書く情報・分析記事であることも間違いのないところである。ここで言うアラブ保守主義とはエジプトから始まる東アラブのイスラムイデオロギーであり、これらの国にとっては当然すぎて話題にもならないことである。それがアルジェリアでは問題になるところにアルジェリアの特殊性がある。

2. 危機の始まり、深化、終焉

(1) 危機の始まり——議会選挙の中断

1991年の議会選挙の中断がアルジェリア危機の直接の引き金になったことは確かであるが、アルジェリア危機を全体としてよりよく理解するためには、この選挙についての深い分析が不可欠である。先ず、この選挙は世界に先駆けての複数政党制選挙であったことを指摘しておきたい。ベルリンの壁崩壊後、ソ連・東欧における民主化の波は加速されるが、それが最も早く始まったハンガリーでも、複数政党制に基づく議会選挙は1992年5月であった。アルジェリアのケースがハンガリー、チェコスロバキア、ポーランドの場合と大きく異なるのは、これら3国においては、第二次世界大戦後共産党支配が確立する前には多かれ少なかれ民主主義的政治の伝統があったのに対し、アルジェリアではそのような伝統は全くなく、多数の非識字者の存在と併せ、民主主義的カルチャー皆無のところで、複数政党制導入から2年を経ずして議会選挙が行われたことであった。

選挙結果の分析

投票における多くのイレギュラリティを勘案しても、選挙に参加したFLN、FFSの2政党と比較してFISの議席数獲得は圧倒的であった。

	獲得議席数（議席総数430）	獲得票数
FIS	188	約320万票
FLN（民族解放戦線）	15	160
FFS（社会主義勢力戦線）	25	51

第1回投票で未確定の議席数が199あったが、FIS候補者は大部分の選挙区で第2回投票に残っており、過半数216議席を得るにはあと28議席をとれば足りた。しかし、上のまとめから直ちに明らかなように、獲得議席数と獲得票数が全く見合っていない——即ち、FISの丁度半分の票を得たFLNが議席数では15、FLNの3分の1の票しか得ていないFFSがFLNを10も上まわる議席を得ていることである。

　これは明らかに選挙制度上の欠陥によるものであった。選挙制度は小選挙区比例代表制であった。体制側は地方選挙でのFISの躍進を教訓に、選挙制度をFLNに有利になるように選挙法改正を試み、FLNの中のFIS寄りグループの強い抵抗にあいつつも、選挙区割りの改正等その一部は達成した。しかし、体制側の最大の誤算は、比例代表の議席配分方法をFLNが最大票数を獲得すると読んで、最大票数獲得政党に有利な制度をそのまま維持したことであった。ところがFISが最大票数を獲得したのであるからその結果は壊滅的であった。

　次の点も指摘される必要がある。1989年の政党法で認可された政党の数は44であったが、国政選挙に参加できるほどには党としての基盤が強くなく選挙に参加できなかった政党があり、また、選挙をボイコットした政党もあり、選挙に実際に参加した主要政党は上記の3党に限られたことである。このうちFFSはカビリ地方にしか勢力をもたない地域政党である（その獲得議席数25はすべてカビリ諸県、そこの選挙区で最大票数獲得政党になったため、全国レベルでは票数はFLNの3分の1であるのにその3倍の議席を得ることになった）。このFFSを除いて考えると、これ即ち、"二大政党"下の選挙であり、国民はFLNとFISの間で選択を迫られ、当時の新聞はこれを"ペストとコレラの間の選択"と評した。有権者総数1300万余に対し、投票者総数は780万であり、投票率は59％であった。有権者総数から見れば、FISの獲得票数は24％であり、「選挙とはそう言うもの、これが民主主義だ」と言ってしまえばそれまでであるが、これはイスラム国家が有権者総数の4分の1の支持で成立することを意味し、イスラム国家に反対する側からすればことは余りにも重大であり、この点は第1回選挙を無効にし、第2回選挙も取りやめるべしとの主張の有力な論拠になった。

国論の分裂

FISすらも予期しなかったこの勝利の大きさにFISはどのように対応したか。この勝利をもたらしたハッシャーニは、賢明にもFISの大勝利に対する反動が必ずや出てくると読んで、「国民はイスラム的解決を選択した。イスラム国家樹立、それは国民が決めることである」とは述べたが、FISが低姿勢で対応すべきことに最大限意を用いた。しかし、「アルジェリア国民は衣服と食物の習慣を変える必要がある」「裏切り者を裁くため人民裁判所の設置が必要である。大統領選挙後、コーランとスンナに基づく新憲法が制定される」「イスラム国家はスーダンとイランのモデルが参考になる」「イスラム政権を恐れて国外脱出を望む者はそうすればよい。イランがその穴埋めに100万人を送ってくれる」といったFIS幹部やFISのイマームの発言が新聞で伝えられて、国民の中に対FIS警戒感がいやがおうにも高まってくる。

第2回選挙中止の声がUGTA(アルジェリア労働総同盟)を中心とする国内諸団体から挙がってくる。政府にも匹敵する力を持つ国営企業労働者を網羅するUGTAのベンハンムーダ議長は、1991年12月30日、"アルジェリア救国国民委員会"を結成する。その目的は「一党独裁から別の形の一党独裁への移行を拒否、自殺行為的な選挙の停止を求める」ものであった。新たに誕生していた多くの政党も選挙中止を求める。特にデモクラットRCDのサイド・サーディはその強硬論者で、アッバーシ・マダニも参加したテレビ討論会で「FISには絶対政権をとらせない」と述べた(政治的自由、言論の自由が一挙に花咲いた時代で、この種討論会が活発に行われたが、アッバーシ・マダニとサイド・サーディのこのやりとりは未だに語り草になっている)。「政府は統治能力を失った。事態収拾のために軍が介入すべし」と主張した政党もあった。

選挙で第二党になったFFSの対応は別で、民主主義的手続きの貫徹を求め、「未だ何も失われていない」として民主主義勢力の結集を求めて、年を越えた1992年1月2日、デモを組織するが、100万人が参加したこのデモは選挙中止を求めるデモに変質した。

政府の対応、軍の役割

体制側の対応はどうであったか。1992年1月3日、ゴザリ首相は「選挙は自由でもなければ、公正でもなかった」と述べたが、FLNは「選挙の結果は未だ壊滅的ではない」と声明する。あたかも何事もなかったの如く、1月16日の第2回投票に向けての選挙キャンペーンがテレビ、ラジオで継続される。しかし、10日になってゴザリ首相は「我々は試練に直面している。解決策を待つ必要がある」と述べて、新しい展開がありうることを示唆、それに向けての世論の準備にはいる。

シャドリ大統領はFLN優位のFISとの連立政権を意図していたが、庇を貸して母屋をとられる事態になったことは明白で、選挙後はもはや政治の表には出てこなくなる。最近（1999年9月）出版されたナッザール将軍（当時国防大臣）の回顧録は、時々刻々の息詰まるような当時の情勢を克明に伝えている。ゴザリ首相主宰の閣議で各閣僚の意見が求められたこと、事態の収拾を巡って国防省でも会議が重ねられ（参加者の記念写真も収録されている）、軍がクーデタを起こして直接統治するか、それとも軍は直接表面に立たない統治体制をとるか、2つの案が作られ、後者をとることが1991年12月27日の会議で決定されたこと、シャドリ大統領と4回の会談をもったこと等が記され、「最終的にシャドリは自発的に辞任を決めた」としている。シャドリは1月11日、テレビで憲法評議会宛書簡を読み上げ、「最早大統領としての職責を全うできない」と述べて辞任する。1988年10月の暴動を契機に、FLN一党独裁体制は既に法的には崩壊していたが、ここに事実上もその体制は完全崩壊した。

ナッザールはその回顧録の中で、選挙中止の理由として「このまま選挙を続行したら国は分裂とアナーキーに陥る。共和国体制擁護のためには選挙を中断すべきである」と述べ、また、FISについて「FISは政権奪取のために手段を選ばず、大衆の善意とイスラムに対する深い信仰を悪用した」と述べている。これはFISの最も効果を発揮した選挙スローガンが「FISに投票しない者はアッラーに背く者、地獄に堕ちる」であったことを指したものであろう。

シャドリ辞任後の政治的空白は、ゴザリ首相を長とする憲法上の機関HCS（国家安全保障最高評議会）により埋められ、1月11日深夜、ゴザリは選挙中断を発表し、その理由として、「民主的過程を救い」、

「アルジェリアが内乱に陥ることを避ける」ためと述べる。この2つの理由はきわめて意味深長であった。何故なら、第1の点は5年後に複数政党制二院制議会という形で達成されるが、第2の点については、世上しばしば言われるように国が内乱や内戦状態に陥ったわけでは決してなかったが、アルジェリアはその後長期にわたってテロに苦しむことになったからである。

1月15日HCSは5名からなるHCE（国家最高委員会）を設立、その長としてアルジェリア独立戦争の歴史的7人の1人であるが、独立直後ベンベラと袂を分かち、政治から引退、モロッコで煉瓦工場を営んでいたブーディアフが選ばれ（多くのアルジェリア人にとってほとんど忘れられた存在であった）、彼は20年ぶりに祖国の土を踏む。

これらの一連の動きは、世上、軍によるクーデタとされ、国際メディアから叩かれるのであるが、これを通常の意味でのクーデタと見なすのは難しい。何故なら、クーデタは憲法を越える超法規的手段で権力が奪取され、従って憲法が停止されるのが普通であるが、アルジェリアの場合は、すべては憲法の枠内で処理され、また、HCEには軍人としてはナッザール国防相のみが参加、残り4人は文民であった。実質軍が主導権を発揮したことは事実であるが、きわめてアルジェリア的な方法で事が運ばれ、情勢の理解を困難にしたという面が大きい。この時点から、アルジェリアでは軍のクーデタにより民主主義的選挙が中断された。FISは"民主主義を望まない軍の犠牲者、アルジェリアにおける民主主義確立のために闘う旗手"という国際的イメージが定着した。

(2) 危機の深化——国家体制崩壊の危機

モスク戦争

ブーディアフHCE議長は国論の分裂を統合し、平和を達成できる指導者として国民の大きな希望を担って登場したが、当面の優先課題は国内治安の維持であった。政府は、長年にわたってモスクが政治的な集会場所としてFISに利用されてきたことからこれを規制することを決定し、1992年1月20日、即ち、選挙中止発表の10日後、

シャドリ大統領。(Liberté 提供)

モスク、その周辺の公道等での集会を禁止する法律を公布した。この措置はFISに大同団結していたイスラム勢力の政府に対する反発を一挙に高めることになり、その後1ヵ月にわたり、アルジェはもとより地方都市においても、金曜日ごとにモスクを中心に治安当局とイスラム勢力の間で衝突が起こり("モスク戦争""暗黒の金曜日"と呼ばれた)、治安情勢は目に見えて悪化していく。

ブーディアフは92年2月8日、戒厳令布告を決定、FISの幹部・活動家の逮捕が相次ぎ、FIS本部の閉鎖措置がとられる。ハッシャーニは国軍に対し蜂起の呼びかけをした廉で逮捕される。2月だけで警察庁の発表で、警察官の死者18名、負傷者128名、市民死者76名であった。

政府側は逮捕した者をサハラ砂漠7ヵ所に急拵えされた収容所に送る。今度はこのような政府側の対応が人権問題として国内プレス、人権団体から問題にされる。国内世論の圧力もあり、その年のラマダン明けの4月始め頃、砂漠収容所の7454名の内、とりあえず400名が釈放された。

しかし、この頃から大学での騒擾が激しくなり、そこでの官憲との衝突が頻発する。FIS系学生は、"人民の選択"を生かすための国民対話、被拘禁者の釈放を求めて無期限ゼネストを呼びかけ、大学キャンパスが逐次閉鎖されていく。

GIAのテロ

このような騒擾とは全く性格を異にする本格的テロと見なすべき事件もこの時期少なからず発生した。この点はその後のテロ情勢を見る上で重要である。即ち、92年2月19日、カスバのど真ん中で警察パトロール部隊に対する武装グループの襲撃事件が起こり、2月の第2金曜日14日にも、カスバ近くにある警察庁本部を出たパトロール車が銃撃され、カスバを舞台に派手な銃撃戦が展開された。カスバは、映画『カスバの戦い』で知られるように、独立戦争時のFLNゲリラ活動の重要な拠点であったが、これらの事件はカスバが武装イスラム勢力の活動拠点になったことを示し、事実、この時期以降、カスバは、アルジェ市内で最も熱い地域となり、"90年代版カスバの戦い"がしばしば再現された。

実は、この武装イスラム・グループが姿を現したのはこの時が最初ではなかった。1980年代央に、ブヤリ・グループによるテロ活動があったことは既に述べた通りであるが、危機の10年との関連で言えば、1991年5月末、FISがゼネストを呼びかけ首都アルジェが騒擾に包まれた際、武装テロリストが警察官を誘拐したのが彼らの最初の活動であった。そして91年11月末、60名からなる武装グループがゲンマール（アルジェリア・テュニジア）国境警備隊駐屯所を襲い、兵士3名が体を切り刻まれて殺害され、武器を奪って逃走するという事件も起きている。この事件はその後のアルジェリアにおけるテロの一つの類型になった（但し、当時、これらテロの主体が一体何物であるのか、政府側も充分には把握しきれていなかったとされる）。

世上一般には選挙の中止がテロを招来したと理解されているが、これは全く事実に反する。テロはそれ以前から存在しており、選挙中断を契機にデモ隊と警官隊の衝突といった騒擾事件と共に、あるいは、それらに紛れて一気にテロが活発化したのであった。92年8月27日、アルジェ国際空港に対する爆弾テロがあり、死者8名、負傷者128名を出す（FISの労組である"イスラム労組SIT"がアルジェリア航空内にも組織されており、そのメンバーである職員の手引きによるものであった）。年を越えて93年、治安は益々悪化していく。警察官や治安関係者（及びその家族）はテロの最大の目標になったが、芸術家やジャーナリストも体制に奉仕する者として少なからず暗殺された。93年10月にはフランス人3名が誘拐され釈放はされるが、「外国人は1ヵ月

以内に退去すべし」との手紙を持たされ、同様の手紙が各国大使館にも送りつけられた。94年8月、フランス大使館宿舎が襲われ、死者4名、その年末にはエール・フランスがハイジャックされ、外国人をも巻き込んだテロになっていく。

ゼルアールによる対FIS融和策

ブーディアフは国論の分裂を修復し、一党独裁政治がもたらした積年の弊を改革できる指導者として大きな期待をもたれて登場したのであるが、上述のような厳しい治安情勢に直面した。彼の統治が更に続いていたらどうなったか、これもアルジェリア危機の10年の中の大きなifである。というのは、彼は92年7月末、地方遊説先のアンナバで暗殺されてしまうからである。

ブーディアフの後任に、HCEメンバーの一人、アリ・カーフィが就任、続いて94年1月、HCEの任期満了に伴い、ナッザールに代わって国防大臣になっていたゼルアール退役将軍が、国民会議を経て"国家主席"(Président d'Etat、選挙で選ばれた大統領ではないのでこのような名称とされた)に選出された。ゼルアールの時代は95年11月の大統領選挙で正式に大統領に就任するまでの前期と、その後の時期に分けられる。

その前期、ゼルアールは国民和解達成のために試行錯誤を重ねた。一つがFISとの極秘の対話であり、もう一つが慈悲法(俗称"ラハマ法"と呼ばれる)であった。FISとの対話は94年の8月から翌年6月にかけて、獄中のアッバーシ・マダニとアリ・ベンハッジを相手に断続的に行われた。しかし、アリ・ベンハッジの強硬態度やFIS内部の意見の不一致もあって、彼らは、先ず自分たちの釈放を求め、政府側が求めたそれに先立っての暴力の放棄に同意しなかったため、政府側は95年7月「FISのファイルは閉じられた」と声明する。

ラハマ法は、95年3月に刑法の特別法として「道を誤った若者に社会復帰の機会を与え、自首してきたテロリストに対し減刑措置をとる」ことを目的として制定されたものであった。自首してきたテロリストの数は、2000名程度とされている。この法律は後のブーテフリカの国民和解法の原型をなすものである。

94年、95年を通じてテロは益々活発となり、「アルジェリアは持

ちこたえられない、政権は原理主義グループの手に落ちるのではないか」と深刻に危惧された時期であった。ブーテフリカ大統領は1999年4月の大統領就任演説において、「アルジェリアの国としての崩壊がそこここで囁かれていた」と述べたが、多くのアルジェリア人もこのような認識であった。西欧諸国におけるアルジェリア情勢認識は、「選挙の中断がテロを招いた。流血の事態収拾のためには非合法化されたFISを国内政治に復帰させることが必須、FISとの対話なしには和平なし」との見方がコンセンサスになっていた。同時にそれはFIS非合法化措置をとった"軍部に支配された体制"に対する批判でもあり、政権の合法性も問題視された。これら全ては、アルジェリアのイメージを国際的にも著しく傷つけ、アルジェリアはまさに四面楚歌であった。

ローマ会議

このような厳しい内外情勢の中、イタリアの宗教団体 Sant' Egidio 主催でローマ会議なるものが94年11月と95年1月の2回にわたって開催された。この会議については日本ではほとんど知られていないが、この会議は、国際場裏でのアルジェリア情勢認識に大きな影響を与え、また、同時にアルジェリア政府を更に窮地に追い込むことになった。会議開催に当たっては、FISの幹部で米国に政治亡命していたアンワル・ハダム (FIS在外議会代表を自称)、同じく在独のラバーハ・カビール (FIS在外スポークスマンを自称)、そして政党ではFFS等が主要な役割を果たした。また、会議の場となったイタリアは当然として、米国、フランスが背後でその実現に動いた。アルジェリア国内の反体制6政党もこの会議に参加した。会議は"ローマ協約"を採択、FISとの対話なしにはアルジェリア危機の解決は有り得ないとの立場からFISの非合法化解除、拘禁されているFIS指導者の釈放を求めた。一言で言って、この会議はアルジェリア問題の国際化により、国際的圧力でFISの復権を図ることを意図したものであった。アルジェリア政府は「アルジェリアの内政問題は、アルジェリア国民自身によって、アルジェリアの国内でのみ解決される。主権侵害、内政干渉を許さない」と強く反発、また、これに参加した政党を強く糾弾した (テロが吹き荒れる中、FIS寄りの反体制政党が外国

で開催されるFIS復権のための国際会議に参加、政府は会議が採択した合意を拒否すると同時に、会議参加の政党を糾弾する、このあたりの展開はアルジェリア政治情勢のダイナミズムを示すものにほかならない)。

この会議については、次の3つの問題点が指摘される必要がある。第1に、これは譬えて言えば、バスク問題について、あるいは、チェチェン問題について、反体制の当事者が一部国際的支持をも得て(それがあるとして)、外国で国際会議を開催、解決策をスペイン政府なり、ロシア政府に提示するに等しい。いくらアルジェリア国内がテロで吹き荒れていても、国が内乱状態にあって統一政府が存在しないといった状況でなかったのはもちろん、政府が統治能力を失っていたわけでもない(この困難な時期に、政府は債務繰り延べ交渉をまとめ、IMFの構造調整プログラムを受託、経済再建に乗り出した。また、ソナトラックとベクテルの間でアルジェリアからスペインに抜けるマグレブパイプラインの交渉が妥結したのもこの時期であり、パイプラインは98年秋に完成した)。この時期、上述のように、アルジェリア政府は、獄中のFIS幹部とテロ終結を目指した交渉を重ねていたこともあり、アルジェリア政府にすれば、このような国際的な動きはまさに内政干渉以外の何物でもなかった。

第2にFISの非合法化解除は国内世論上、受け入れられる余地が全くなかったことがある。確かにアルジェリア国内からもいくつかの政党がローマ会議に参加したが、彼らは全国的規模の影響力を有しないマイノリティ政党であり、国内の大勢は、"FISこそテロの元凶"として、穏健イスラム政党のMSPを含めFIS排除で一致していた。

第3に、ローマ協約の隠された狙いは、テロ等の容疑で指名手配されて国外に逃亡しているFIS幹部(西側諸国は多くの場合、彼らを政治亡命者として受け入れていた)の無罪帰国を実現することにあったが、これもアルジェリア政府及び国民として受け入れられるはずのないことであった。

しかし、この会議はFISの国際的地位を上げ、「FISとの対話なしには、アルジェリア危機の解決はあり得ない」との国際世論強化に大きく貢献した。国際場裏では"FIS神話"が存在し続け、それが完全に崩れるにはブーテフリカ大統領の国民和解政策まで待たねばならなかった。

(3) 危機の終焉──テロの変質

ゼルアールの功績

ゼルアールの"治世"が95年11月の大統領選挙を境に前期と後期に分けられること、前期については前述の通りであるが、今から振り返ると、この大統領選挙こそは、アルジェリア情勢の大きな転機を画するものとなった。選挙は、ゼルアールほか、穏健イスラム政党とされるMSP党首ナハナハ等4人の候補者間で争われ、また、選挙の公正、透明性確保のため、政府は国連傘下の国際オブザーバー・ミッションの監視を求めた。選挙の結果は、投票率75.7％、ゼルアールの得票率61％で、ゼルアールはここに憲法に従い、民意に基づいた大統領になった。過激イスラム・グループが「選挙に参加する者は殺す」と頻繁に脅迫したにもかかわらず、このような高い投票率となったことは、一般国民の過激イスラム・グループからの決別を示したものと解された。

その後ゼルアール大統領は、二院制議会の創設、大統領権限の強化、大統領の3選の禁止等を盛り込んだ憲法改正国民投票を実施、続いて国民議会選挙、地方議会選挙、国民評議会選挙を順次行い、97年末に二院制議会制度を完成させた。これらの過程は決して容易なものではなく、多くの困難と紆余曲折を伴うものではあったが、ともかくも政治情勢の完全正常化が達成された。この一連の過程は、通常「アルジェリアの民主化過程」と呼ばれるものであるが、ゼルアール大統領は、これを彼が公約した3年の期間内に完了した。

きわめて重要なことは、この一連の選挙過程こそが、過激派テロ・グループと、かつては彼らと共にありFISの大票田を形成した地域の住民とを引き離す過程として働いたことであった。その何よりの証拠は97年始め頃よりテロの形態が従来とは変わってきたことであった。即ち、この頃から人口密集地帯での爆弾テロ、一般国民に対する大量殺戮テロが活発になり、その現場にはしばしば「我々と行動を共にしないものは我々の敵、国民に対するジハード布告」といった書き置きが残されるようになる。また、それまでもあったこ

とであるが、テロ・グループの細分化に伴う内ゲバ的な、また、しばしば彼らの家族をも巻き込んだ凄惨なテロも多発するようになる。

97年を通じ、アルジェでも多くの爆破事件が発生し、多くの犠牲者を出したが、特に97年秋口には、アルジェ近郊においても一晩で100人単位で犠牲者が出るようなテロ事件が続発した。これらの事件は、一見テロ・グループの勢力増大を示すかのように解されたが（フランスの研究者の中には、「テロ・グループによる首都攻略作戦近し」と予言した者もいた）、事実はむしろ逆で、過激派グループの益々の孤立を示すものにほかならなかった。

97年10月、FISの軍事部門とされたAIS（イスラム救世軍）は、政府軍とGIAの挟み撃ちにあう形で一方的停戦を余儀なくされ、武器を置きテロ路線からの離脱を声明した。政府側はGIAテロ・グループ掃討作戦を強化し、GIAグループはアルジェ周辺の活動本拠地を漸次失っていく。

ブーテフリカ時代の幕開け

民主化過程を終了し、テロリストを追い込みゼルアール路線は順調に進んでいるかに見えていた矢先、98年9月ゼルアールは任期を2年も残し、「軍出身の自分の役割は終わった。アルジェリアの民主主義は十分に育った。選挙で選ばれる文民出身者に大統領を譲るべき時がきた」として自らの引退、大統領選挙の繰り上げ実施を表明した。ゼルアール退陣の動機、背景について多くの憶測がなされ、また、大統領選挙についても紆余曲折はあったが、99年4月ブーテフリカが大統領に選出され、アルジェリアは新しい時代に入った。

ゼルアール大統領が果たした役割にはきわめて大きなものがあった。ブーテフリカ大統領は、99年4月27日に行われた大統領就任式でゼルアール大統領の功績を称えて、「ゼルアール大統領の指導のもと、国は崩壊の危機を免れた」と述べた。

同年7月、ブーテフリカ大統領はアルジェで31年ぶりに開催されたOAUサミットを取り仕切り、彼自身とアルジェリアの国際舞台への復帰を実現した（1968年、第4回OAUサミットがアルジェで開催された際、ブーテフリカは31歳の外相としてこれを取り仕切ったが、それ以来、31年振りのアルジェ開催、今度は62歳の大統領として采配を振るった）。ブーテ

フリカ大統領は、ゼルアールの第2次内閣(ハムダーニ内閣)をそのまま引き継ぎ、OAUサミット後には直ちに自前の新内閣を発足させるものと予想されたが、それは99年末の12月23日までずれ込んだ(そのため、ブーテフリカは依然として軍部に押さえられており、閣僚人選について軍部と話がつかないといった情報が広く流された)。新内閣(ベンビトール内閣)は、主要9政党の内、7政党からの党人閣僚と、残りは大統領側近グループからなるが(その多くは"砂漠の彷徨"と呼ばれるブーテフリカの不遇時代にコンタクトを絶やさなかったかつて彼が外相時代に仕事を共にした人達である)、アルジェリアの新聞はこの内閣を、「これだけ待ってこの程度の内閣」「論功行賞内閣」「決定するのはブーテフリカ、実行するのはベンビトールの二重内閣」「何も変わらない」等厳しく批判した。

ブーテフリカ大統領の最優先課題が国内平和の達成、テロの終結であることは言うまでもなく、そのために国民和解政策を打ち出し、かつてのラハマ法を更に拡大した国民和解法を制定する。アルジェリア社会の暴力化は、アルジェリアの政治的・経済的・社会的・歴史的環境の所産であり、国と社会全体が責を負うべしとの考え方がその基本にあり、また、"怨念のカルチャー"の断絶のため、道を間違えてテロの道に走った若者を正道に戻すべく、彼らを寛大に処し、テロの犠牲者に対しては彼らを許すことを求めるものである。この法律は、公布の日から6ヵ月間(2000年1月13日まで)を投降期限とし、その間に投降してくる者(罪を悔いた者という意味で"悔悟者"と呼ばれる)を罪の程度に応じ、訴追免除、保護観察処分、軽減された刑罰を課す者に3分類し(殺人や強姦の罪を犯した者は対象外)、彼らの早期社会復帰を図ることを目指すものである。但し、アルジェリアの原理主義、テロ問題がアルジェリアならではの特殊な問題であることの反映として、その実際の適用もきわめてアルジェリア的であった。特に、投降期限切れの2日前、AIS(97年10月以降一方的停戦を遵守してきた)が発出した自主解散声明と引き替えに、そのメンバー全員(約1500名)について一括大統領令により無罪放免にした。また、投降期限後投降してくる者についても無罪放免措置を継続した。

国民和解政策の結果、5000人とも6000人とも言われるテロリストが投降したとされる。国民和解政策はアルジェリアに平和をもたらしうる政策として、国際的には評価されているが、国内では、この

アルジェリアのテロとエジプトのテロ

　アルジェリア危機の本質はテロである。いわゆるイスラム原理主義がその根底にあることでエジプトのテロと軌を一にする(敢えて違いを言えば、アルジェリアのテロは、アルジェリア・ナショナリズムのテロ版であり、イスラエル問題との絡みはない)。いわゆるアフガン・アラブが重要な役割を果たしていると見られる点についても同様である。また、欧米において、これら両国が主張するように、テロ分子やその支援者の活動が許容されている点でも同じである。アルジェリアで起こっていることは、その規模がいかに大きかろうともあくまでもテロであり、アルジェリアが内戦状態にあるのではないこともエジプトと同様である。

　しかし、この2つのテロについて、国際場裏、特に欧米での捉えられ方は、大いに違う。アルジェリアについては、政府がイスラミスト過激派と対話を行うべきだとされ、『ニューヨーク・タイムス』や『ワシントン・ポスト』はそのための圧力として経済制裁を課すべきだと主張する。国際的な調停の試みも盛んに言われ、また、国がテロに荷担していると嫌疑がかけられて国際調査団の派遣が唱えられる。ドイツのある政党は、国際調査団の受け入れ拒否に対して経済制裁をと声を上げる。国連人権委員会は、政府による人権侵害実態調査のためとして、今が好機とばかり、拷問と簡易処刑の専門家の受け入れを執拗に迫り、国際人権団体も同様である(アルジェリアは、これらの主張に対し、テロリストとの対話は論外、あるいはテロと公権力の行使を同列におくものとして激しく反発する)。

　エジプトに対しては、この種の国際(欧米)社会からの問題提起はなされない。

　この差はどこから来るのか。アルジェリアでは1989年、旧ソ連・東欧に先立って複数政党制が導入され、上昇気流にあったイスラム政党の選挙を通じての国の体制への組み込みが試みられたが、第1回投票でFISに庇

を貸して母屋を取られることが確実になったため、選挙がキャンセルされた。テロの芽は既に選挙以前からあったのであるが（エジプトのテロは選挙とは無関係である）、選挙が"軍部"により蹂躙されたことが問題視された。革命では常に過激派が勝利する。今モスクをすら舞台にして敢行されているジェノサイドは、FIS政権に続いてマグレブ版ポルポト政権が誕生していてもおかしくなかったと予測させるのに十分である。

しかし、それ以来、アルジェリアの政権は"悪しき軍事政権"とレッテルを貼られた。アルジェリア以上の軍事政権（あるいは警察国家）は中東にも少なからず存在する。強い政権がその治安維持能力で反体制派を抑え込み、国が政治的に安定していれば特には問題にされない。アルジェリアではテロで政府も国民も塗炭の苦しみを味わっているのに、国際社会で同情されるどころかいじめられ続けている。何とも不思議な話である。

(1998年1月15日　記)

(中東調査会　MENIK INFORMATION 1998年1月20日号)

ような措置は、"正義なしに平和なし"として、少なからず批判の対象になっている。国民和解政策反対を掲げて、「テロ犠牲者家族協会」等諸団体は、「殺人犯に赦しなし」として国民和解政策反対を掲げてデモを行い、中にはブーテフリカの退陣を求める声も聞かれる。また、憲法上大統領はこのような特赦権限を有しないとする法律的な疑義も提起された。

これでテロが終結したわけではなく、特にGIAやGPRAで括られるテロ・グループは、人里離れた山村で羊飼い一家を惨殺したり、偽検問での殺人や強奪を依然として行っている。このような事実も、国民和解政策は問題を解決するものではないと主張するグループの根拠になっている。しかし、全体としてみればこのような批判が国内の大勢をなしているとは認められない。他方、未だテロを継続しているGIAやGPRAにまで恩赦措置を及ぼすべしとの主張もされ始めている。

2000年4月15日でブーテフリカ大統領誕生から早くも1年を経過した。アルジェリアの新聞は、こぞってこの1年を総括する特集記事を掲げたが、総じて辛辣な批判に充ち充ちている。上記のような国民和解政策に対する批判のほか、大統領の独裁化傾向に対する批判、更には見るべき反対勢力がなくなっていることは民主主義にとって危険とする批判もある。また、ブーテフリカ時代になってから湾岸アラブ諸国との関係が従来になく緊密になっているが、この点は、閣内にイスラム政党閣僚が5名いること、国民和解政策がイスラム勢力寄りとされることと併せ、アルジェリア社会をよりアラブ・イスラム化させるものであるとして批判されている。また、ブーテフリカ大統領は今年7月までOAU議長であり、その資格でエティオピア・エリトリア紛争、コンゴー問題等について活発な外交活動を行い、その他首脳外交も盛んに行っているが、このような外交も「実体を伴っていない虚像」(元首相アハマド・ゴザリ)、「アルジェリアは決して大国ではないので、国際場裏で活発な外交を展開すべき理由に乏しい」(元海軍長官ベニエレス)と批判されている。国の指導者に対するこのようなあからさまな批判は他のアラブの国では決して見られないことであり、これらの事例はアルジェリアにおける政治的自由度とこの国を統治することの難しさを示すものである。

3. 国際報道の問題点

"FIS神話"の崩壊

国民和解政策についての我が国メディアも含めた一般的な報道は、政府側よりする過激派イスラム勢力、特にFISに対する融和政策、更にはFISの非合法化解除に繋がる政策というものであった。これらメディアの従来からの主張は、FISとの対話なしにはテロ問題は解決しないということにあったので、その論理の延長である。

しかし、このような見方が正しくなかったことは、何よりもその後の事態の進展が証明している。上述の通り、AISのメンバー全員に対しては、その解散と引き替えに特別恩赦措置がとられたが、その親元とされる組織FISに対しては何の措置もとられなかったし、AISの解散問題についてFISが発言権を持ち、あるいは指示をしたということもない。その理由は簡単である。1995年7月政府が「FISのファイルは閉じられた」と声明して以来、もはやFISは組織として消滅したからである。

さかのぼればFISは、議会選挙を勝利に導いたハッシャーニが逮捕された時点でそのヘッドを失い（アッバーシ・マダニとアリ・ベンハッジは91年8月より既に獄中にあった）、92年5月アルジェ裁判所がその非合法化を決定した段階で政党としての法律的な存在を失った。今から振り返ると、政府側が獄中の2人と交渉を重ねた94年から95年にかけては、もしかしたらFISの国内政治勢力としての復活の可能性はあったかも知れない（この点もアルジェリア危機の中の一つのifである）。しかし、獄中の2人はFISの力を過信し、政府側の要求であった彼らの釈放の前提としての暴力放棄をコミットしなかった。

そもそもFISとはいかなる政治団体、政党であったのか。前に述べたように、それは政党であるよりも、多くの思想傾向を包含する戦線（front）であり、その指導部は35名程度からなるマジュリス・シューラであった。FIS最盛時の構成メンバーがその後どうなった

かを追跡すると興味深いが、92年非合法化措置がとられた後は、もはや実体を伴った政治団体ではなくなっていることが理解される。右側にはその後宗教大臣になった者が2名、左側ではGIAに流れ込んだ者が少なくとも4名、それ以外の大部分の者は政治活動から足を洗った（注1）。

国内で旧FISメンバーとして95年以降その動静が折に触れ新聞等に報じられてきたのは、ハッシャーニを別にすれば、ブーハムハム等4人であった。彼らはアッバーシ・マダニとアリ・ベンハッジが逮捕されたのと時を同じくして逮捕されたが、94年2月、対FIS融和政策の一環として釈放され、政府側との交渉の橋渡し役も果たした。しかしいずれもFISを引っ張っていくほどの能力、カリスマ性を持たず、また、それほどの野心もない人達である。

FISの存在を実際以上に大きく見せ、その虚像を作ることに大きく貢献したのは、外国に亡命した何人かのFIS幹部であった。最も顕著な存在は独に政治亡命が認められたラバーハ・カビールであった（彼は92年1月ハッシャーニと共に逮捕され、自宅監禁下に置かれたが、独への逃亡に成功した）。彼は、マジュリス・シューラのメンバーではなかったが、ハッシャーニの右腕として活躍、彼自身国会議員として選出されていたため、独においてFIS在外代表を自称し、特にAFPを通じてFISの名前で多くの声明を発表した。解散措置がとられた後、FISは国内ではもはや政治活動は行いえなかったが、彼の声明はFISの声明として受け止められ、"FISとの対話なしにはアルジェリア危機は解決しない"との国際世論の醸成に大きく貢献し、国際メディア、国際人権団体、そして一部西側諸国政府に強い影響を与えた。彼のほかに、米国に1名（アンワル・ハダム、在外FIS議会代表を自称）、ベルギーに1名（アハマド・ザウィ、後、スイスに逃亡、その後ブルキナ・ファソに政治亡命）、ロンドンに1名（カマルディン・ヘルバーン、FISマジュリス・シューラ・メンバー、在ロンドンのアラビア語紙を活動の拠点とした）、彼らもFISの代表と称して声明を発表してきた。彼らはいずれも国内におけるテロ活動容疑で逃亡した者、アルジェリア政府からすれば指名手配された者であった（注2）。

しかし、彼らの活動は所詮は外国を拠点とする多くの反体制運動がそうであるように、国内とは強い繋がりを持たない亡命政治活動であり、加えて、彼らは相互に対立し、一本化されるどころか常に

主導権争いに明け暮れた。国民和解政策が発表されて以降も、特にラバーハ・カビールは、あたかもFISの代表であるかのように声明を発表し続けたが（そのトーンは、FISも政権交代を認める複数主義に立つ民主主義的政党であること、従ってFISの非合法化措置を解除すべきこと、それがAIS解散の前提条件であるとするものであった）、事態がそのようには動かなかったことは上述の通りである。

ハッシャーニについて一言述べれば、彼は92年1月逮捕された後97年7月、初めて裁判が行われ、懲役5年の判決を受けたが、拘置期間が既に5年を経過していたので、「政治活動を行わない」との条件付きで釈放された。しかし現実には、99年の大統領選挙の際等、イスラム勢力候補者の票集めに動いたことが盛んに新聞で報じられた。99年11月GIAのテロリストに暗殺されたが、彼の死によりFISは完全にそのヘッドたりうる者を失い、名実共にFISは消滅した。

一つ残る単純な疑問は、それでは何故、FISは91年選挙の際に300万もの票を集め得たのかという点である。その答えは簡単であり、300万人のFISの党員がいたということではなく、マジュリス・シューラの下で多くの活動家が働き、300万の票を動員し得たということである。マジュリス・シューラを構成したかなりがFISの非合法化後は政治から足を洗ったように、これら活動家もある者は普通の生活に戻り、ある者はテロ・グループ入りし、いずれにしてもFISは組織としては壊滅したのであった。例えば、97年の議会選挙や99年の大統領選挙において、ラバーハ・カビールはボンより、FIS党員に対しイスラム系政党や候補者への"投票指示"を出したが、それがどれほどの効果を持ったかきわめて疑わしい（注3）。

報道の偏り

アルジェリア危機において、政府及び一般国民にとって悲劇的だったことは、FISを中心とするイスラム原理主義勢力が「選挙結果を無視した悪しき軍事政権と戦う民主主義勢力」としてある種の認知を受け、彼らの暴力が国際的に免罪符を得たことであった。選挙におけるFISの勝利と、その結果が無効にされたことが引き起こした国際的衝撃が余りにも大きかったことがその背景にある。大方の西側諸国政府は「民主主義の大原則たる選挙結果が否定されたこ

とは困ったことだ。しかし、マグレブの一角にイラン型の政権ができるのも困る」と理想と現実の板挟みになり、沈黙を決め込んだが、フランスを中心とする国際マスメディア、アムネスティ・インターナショナル等国際人権団体からは、アルジェリア体制は"腐敗した軍事政権"とレッテルが張られ、その独裁制、言論抑圧、人権侵害等が問題にされ、結果的にこれが国際世論になった。そして大方の西側政府の対アルジェリア政策もそれに引きずられ、冷たい、もしくは抑制されたものになった。

アルジェリアに関する多くの報道はまずは例外なく次のような枕詞で始まるのを常とした。「92年アルジェリア軍部(軍部に支配されたアルジェリア政権)は、FISが勝利するはずであった選挙をクーデタにより無効にし、爾来、武装イスラム勢力と軍部の間で血みどろの抗争が続き、国は内乱(内戦)状態にある」。法の支配する国において、暴力・テロで国家体制の転覆を図ることは犯罪行為以外の何物でもない。しかし、こと、アルジェリアに関しては、この基本論がすっかり忘れられ、"武装した"反政府勢力の存在が容認され、「悪いのはイスラム勢力をテロに走らせた政権側」とされてしまった。アルジェリア政府は、国内では厳しいテロと戦い、外からはテロに同情されるどころか、国際人権団体や国連人権委員会からは、テロリスト掃討のための公権力の行使が人権の観点から問題にされ、更には「政府・軍がテロに関与している」として責め立てられることになった。

アルジェリア情勢に関するこのような見方は主としてフランスのメディア、アルジェリア研究者(独立後フランスに渡ったいわゆるピエ・ノワールの研究者も多い)の間で作られ、そこから全世界に発信され、それは今も続いている。特にAFPが果たした役割は決定的であった。ただ、アルジェリアにとって悲しむべきことは、肝心のアルジェリア人もこのような見方を作る上で大きく貢献してきたことであった。上述のようなFIS"海外支部"の役割は当然としても、それだけではなく、むしろより大きな影響は、独立戦争及びその後のアルジェリアの歴史にも絡む伝統的反体制政党FFS (Front des Forces Socialistes)の党首、アイト・アハマドによりもたらされた。彼は、ヨーロッパ社会主義インターに"アルジェリアの民主主義勢力を代表する政治家"として深く食い込み、それを通じヨーロッパの政治家、議

会人のアルジェリア情勢認識に決定的な影響を与えた。92年1月の選挙中断を"クーデタ"と最初に呼んだのも彼であったし、軍・政府がテロに関与していることを意味する"Qui tue qui（誰が誰を殺しているのか）？"のテーゼを世界に広めたのも、また、ローマ会議開催につき裏でイニシアティブをとったのも彼であった。その意図はアルジェリア問題を国際化し、国際世論を動員することでこれを解決することにあったと見られ、対仏独立戦争成功の大きな要因がアルジェリア問題を国連の場に持ち込むことによる国際化にあったことを想起させるものである。

国際メディア報道で共通していたもう一つの点は、武装イスラム勢力に対峙する者を軍と規定したことであり、そこでは肝心のアルジェリア国民の存在は完全に無視された。過激イスラム原理主義（狂信的テロリストが3万人いたとしても全人口の0.1％に過ぎない）に対決してきたのは圧倒的多数の一般国民であって軍ではない。軍はテロや破壊活動から国民を護ってきたに過ぎない。アルジェリア危機乗り切りに当たっての主人公は軍ではなく、あくまでも一般国民であったこと、国民が過激なイスラム原理主義グループやそれにつながるFISを見捨てたこと、アルジェリアに関する国際報道はこれらの点を完全に見落としてきており、その責任はきわめて大きいと言わなければならない。

なお、このようなアルジェリアに対する敵対的な国際世論が大きく変わるきっかけを作ったのは、フランスの新哲学派思想家ベルナール・アンリ・レヴィであり、グリュックスマンであった。彼らは97年秋から冬にかけてアルジェリアを訪問し、テレビ・クルーと共に虐殺現場の村々を視察、その見聞記をフランスの有力紙に発表、多くのテレビ討論にも出席、対アルジェリア報道のゆがみを問題にし、大きな波紋を引き起こした。また、政府レベルでは独外務省ホイエル次官が同じ頃アルジェリアを視察、「ヨーロッパの新聞で報じられていることはアルジェリアの現実を反映していない」と述べて新聞の報道に真正面からチャレンジした。また、98年2月にアルジェリアを訪問した欧州議会代表団が果たした役割にも大きなものがあった。また、98年7月にアルジェリアを訪問したソアレス・ポルトガル前大統領を団長とする国連賢人パネルもアルジェリアに対する誤解をとく上で重要な役割を果たした。

アルジェリア政府の広報不足

アルジェリア情勢が全世界レベルで歪められて伝えられたことについては、アルジェリア政府の努力不足も指摘されなければならない。その背景には2つの理由が考えられる。一つは、ソ連型の長い一党独裁政治の結果として、自国について広報するよりも自国のことはできるだけ隠すというメンタリティが官民を問わず普通であったことである。また、シャドリ時代までは大統領はすべて軍人上がり、政権の中枢を担ったのも軍人であり、"情報は隠すものであって外に漏らすべきものではない"とのメンタリティが彼らの習性であると筆者に説明したアルジェリア人がいたが、これは正鵠を得た指摘であろう。

もう一点は、フランスの植民地政策成功の結果としてアルジェリアが徹底的なフランコフォーンの国になり、官庁や民間を含め国民的レベルで英語の普及がゼロに近いという問題である。マスメディアの分野でも英語による情報発信は全くなされていない。きわめて質の高い仏語紙が数多く存在し、それらはパリでその日の内に売られている。それらをちょっとでも読めばアルジェリアが言論統制下にある独裁体制の国ではないことはすぐに理解されるのであるが、これらの新聞が英語主体の現在の国際情報社会においてはほとんど影響を持たないことがアルジェリアに大きなハンディキャップをもたらしている。これは情報のみならず、ビジネスの世界でも同様であり、親元のフランス自体が英語もよく通用する世界に変わりつつあるのに、アルジェリアはフランス以上にフランコフォーンの国として留まっている。過去10年の間に世界的に英語による国際情報化が大きく進展したとき、アルジェリアは正に"危機の10年"の故にその動きに取り残されたという面も大きい。

(注1) マジュリス・シューラはハッシャーニが実権を握った90年7月のバトナ会議以前とそれ以後で5名ほどメンバーの入れ替えがあるが（従って両方併せれば約40名になる）、わかっている範囲での彼らのその後の足跡は次の通りである。
・未だ獄中ないし自宅監禁されている者2（アッバーシ・マダニとアリ・ベンハッジ）
・GIAに入りGIAテロ・グループ仲間により殺された者3（ラジャ

ム、ムハンマド・サイード、サハラウィ）
- GIAに入り、逮捕され監獄内の暴動で死亡した者2
- テロ・グループにより暗殺された者1（ハッシャーニ）
- 官憲との撃ち合いで殺された者1（AISの創設者の一人とされるマハルーフィ）
- 政治活動から身を引き、もう名前の聞かれることのない者16
- 旧FISメンバーとして時折その活動が報じられた者4
- 交通事故死1
- 宗教大臣になった者2（アハマド・メラニ及びサイド・ゲティ）
- 実業界に転向した者1（現在トルコを拠点に商業に従事）
- 外国亡命1（在ロンドン、時折FISの名前で声明等を発出するヘルバーン）

(注2) しかし同時に、彼らを政治亡命者として受け入れた独、米等の場合、将来のFIS政権成立を見込んで彼らを新政権とのパイプとして利用しようとした面もあり、例えば在独ラバーハ・カビールはFIS政権成立の暁には外務大臣と目されていたとされる。

(注3) 記述を複雑にしないため本文中には記載しなかったが、実はこの危機の10年の中でテロの主体がどのように変遷してきたかという重要な問題がある。この問題は複雑・混沌としており、また、所詮はテロ行為であって詳細に跡付ける価値のある問題ではないかも知れないが、大まかには次のような4段階に分けることが可能であろう。
- 92年1月選挙中断以前のテロ行為――専らGIAグループ
- 選挙中断後からAISが設立される94年夏頃まで――GIAグループ、及びGIAに属さずその後AISを形成していくグループ
- 95年11月の大統領選挙、住民虐殺の始まる97年初め頃を経てAISが武器を置く同年10月まで――GIA及びAIS両グループによるテロ、また、この時期GIAとAISの抗争が激化、GIAの優位が確立されて行く。
- 97年10月以降――専らGIA及びその分派GPRAによるテロ。
そもそもGIAは、ただただ武力によるイスラム国家樹立を目指すグループであり、FISは彼らに対しては何らの影響力も有しなかった。従ってよしんば政府側がFISと話をしたところで、全体としてGIAが主体であるテロ情勢には影響はなかったであろう。曲がりなりにも、FISとの話し合いは可能だったとしても（現に体制側

国連賢人パネル

　国連賢人パネルなるミッションが7月22日より8月3日（1998年）までアルジェリアを訪れた。国際NGOや国連人権委員会は"大量虐殺テロは腐敗した軍事政権の仕業、公権力による人権侵害あり"として、アルジェリア政府に対し、事実関係究明のための国際的な調査団の受け入れを迫ってきた。アルジェリアは内政干渉として一貫してその受け入れを拒否してきたが、一転開き直ったかの如く、"調査"ではなくて"情報"ミッションとして受け入れたのがこの国連賢人パネルであった。

　このミッションは、国連や人権委員会決議に基づくものではなく、アルジェリア政府と国連事務総長との合意により事務総長により派遣され、メンバーも両者の協議により、ソアレス前ポルトガル大統領を団長とする6名で構成された。受け入れに当たってアルジェリア側は、非合法政党FISとの会談は認めないとの条件を付したが、その他については全面的な行動とアクセスの自由を保障した。

　ミッションは訪問中、大統領、首相、外相、内相、法相、参謀総長等政府・軍関係者はもとより、国会議員、諸政党（但し、FLNは主権侵害、内政干渉を理由に会談を断った）、新聞記者、更にはFISの弁護士等反体制の人物等と多くの会合をもった。大量虐殺の起こった村にも赴き、警察の現場検証的に事実関係を詳細に調べ上げた。極め付きはカスバ近くにある中央刑務所を視察したことであった。同刑務所はテロリストを収監していることで知られているが、一行は事前に当局側に渡しておいた会見希望囚人のリストをもとにこれら囚人と個別に会見し、刑務所滞在は6時間に及んだ。

　かくして彼らはアルジェリア駐在のどの国の大使よりもアルジェリア情勢に精通することになったはずである。大使は参謀総長と5時間にわたって会うことなど絶対に出来ないし、治安上の理由もあって虐殺現場の視察

も出来ない。ましてや刑務所視察など到底なし得るところではないからである。アルジェリア政府にとっては、ミッションがアルジェリア情勢について"情報を得る"ことと"調査をする"ことの差は原則の問題としてきわめて重要であったが、実際問題としてはその差は無いに等しい。果たしてミッションはUNSCOMのアルジェリア版であった。アルジェリアは丸裸にされた。あるいは自ら丸裸になったとも言える。ミッションは国際NGO等が問題にしているような点を含めアルジェリアの政治・治安情勢の現状について情報を得、調べ上げたはずである。合意の上とはいえ、一国の内政の善し悪しや問題点がこのような形で診断されるのは異例かつ、異常である。

　ミッションの報告は来る国連総会中にも事務総長に提出される予定である。

(1998年9月15日　記)

(中東調査会　MENIK INFORMATION 1998年7月号所収)

はそれを試みた)、GIAと話し合えということは、赤軍問題解決のためには日本政府が日本赤軍と話し合う必要があると言うに等しい。

4. 結　語

　10年に及ぶこのアルジェリア危機は一体何であったのか。約4年半にわたり、現地でこれをフォローしてきた筆者の目から見たものを以下書き綴ってみたい。

① 1980年代末、FISに収斂したイスラム原理主義運動がアルジェリア国民のかなりの部分を巻き込んだ巨大な体制変革運動であったことは何人も否定し得ないところである。そのエネルギーの源泉は何であったのか、その運動はどのように変質し、そして、収束したのか。それは、同時に、イスラムと政治の関わり合いを如何に解決するかという巨大な政治的実験でもあった。

② アルジェリアにおけるイスラム原理主義運動を考えるに当たっては、先ず、これを"イスラム政権樹立を目指す運動"と定義する必要がある。一般的なイスラム思想の伝播はそこから除かれる。それでは彼らの言う"イスラム政権"とは何か。それはコーランとシャリーアによって立つ政権である。

　イスラム原理主義の担い手になったのは、農村や大都市の貧民街、大都市周辺のスラム街的地域の住民であった。彼らはFLN体制の外にあって経済的・社会的に恵まれない階層であった。そこでは、FLN体制、あるいは、それを構成するフランコフォーン中心のエスタブリッシュメントは打倒されるべき体制となり、アラボフォーンを中心とするイスラム原理主義運動はある種解放の思想として迎えられた。現に、危機の当初は、テロ・グループとこれら地域の一般住民は共存・共生し、前者は独立戦争時の戦闘者（ムジャーヒディーン）のような立場を享受した。アルジェリアの原理主義運動は、イスラムという宗教をよりどころにした政治的、経済的、社会的、更には文化的な大きな体制変革運動であった。

3　アルジェリアではこの運動は1980年代初め頃から始まっている。即ち、ムスタファ・ブヤリの暴力によるイスラム国家樹立の運動である。彼の活動自体は、当時、その極端な暴力性は注目されたが、所詮は、余りにも時期尚早な運動であり、その政治的性格についてはほとんど注目されなかった。しかし、まさにその暴力性は彼の仲間に継承され、1990年代、特にGIAを通じて、暴力によるイスラム国家樹立の運動としてその影響は遺憾無く発揮された。

次に来るのがFISによる選挙を通ずる政権獲得の運動である。ただ、注意を要する点として、細かく言えば、この運動は、形式的にはFISナンバー3、実質的にはナンバー1のハッシャーニ率いるジャズアラ（ジャザーリスト）・グループの運動であったことである。FISのナンバー1アッバーシ・マダニは、そもそもフィガー・ヘッドであり、91年6月に逮捕された時点でその役割は終わり、ナンバー2のアリ・ベンハッジの役割も、表向きはアッバーシ・マダニと共に逮捕された時点で終わる。しかしアリ・ベンハッジの影響は、FISの中での暴力的流れを代表する者として90年代を通じて、残存する(両名は、1990年、12年の禁固刑の判決を受け、アッバーシ・マダニは恩赦で97年に釈放されたが、アリ・ベンハッジはブリダの刑務所に拘禁されたまま今に至っている)。

先に書いたように、91年の議会選挙に参加するかどうか、FISの中で意見は割れ、むしろ参加すべきではないというのが大勢であったが、ハッシャーニが優れた政治力でこれを参加の方向にまとめ、みごとな組織力、動員力を発揮してFISの選挙勝利を実現した。

ハッシャーニがFISの中の合理派、近代派として、選挙を通ずる政権獲得を目指したことは明らかであるが、イスラム政権の可逆性、即ち、FISが政権をとった後も複数政党制を継続し、例えば、次の選挙で負ければ政権から降りることもその思想の中にあったのか（そもそも、FISが天下を取った後も選挙制度が維持されたのか）、この点は彼の声明等からはうかがい知れない。しかし、とにかく、92年、選挙が中断され、FISが非合法化された時点でFISによる"合法的に"政権を獲得するイスラム原理主義運動は消滅する（注1）。

4　この時点までは、大筋において"合法的に"進行してきた運動に"非合法的に"ストップがかけられたことがアルジェリア危機の

直接的な原因になった。この時点でアルジェリア国民は苦難の選択を迫られた。民主主義の形式を尊重するか、その実質をとるかの選択である。即ち、選挙という"民主主義の形式"を重視して、イスラム原理主義政権成立を覚悟で選挙を継続するか、それとも、イスラム原理主義政権は民主主義的ではあり得ないとの前提のもと、選挙を中断するかの選択である。国論は分裂した。統治能力を失っていた政府に代わって軍が後者を選択することを裁断した。それはアルジェリア国民にとって重大な歴史的決断であった。そして、民主主義の形式を踏みにじったために支払うことになった対価が大きかったことは、その後の情勢が示す通りである。

5 選挙中断を契機に、2つのテーゼが国際的に定着した。一つは、「軍が民主主義を蹂躙した、軍に支配された腐敗した政権がアルジェリアを支配している」であり、二つ目は、「FISは軍の暴挙の犠牲者、FISこそはアルジェリアにおける民主主義の旗手」である。この2つのテーゼこそは、その後のアルジェリア情勢を見る目を曇らせ、歪め、また、国際場裏におけるアルジェリア叩きの根拠となった。

　しかし、ここで改めて軍が主導権をとって選挙を中断した意味をよく吟味してみる必要がある。一般に、そして特に、メディアの世界では"軍人性悪説"がとられ、開発途上の国において軍が政治に(国の体制のあり方に)介入を行う度に、軍が非難される。しかし、ことは果たしてそんなに単純であろうか。

　アルジェリアの場合、軍が武力介入したのでもなければ、軍人からなる革命評議会が作られたわけでもなく、これがいわゆる典型的な意味でのクーデタではなかったことは既に説明したとおりである。軍の指導部自身が、選挙を継続すればイスラム国家が成立し、彼らが国是と考える"共和国としてのアルジェリア"の体制が損なわれると判断、国内に存在した"選挙を継続すべし"と"選挙を中断すべし"の2つの流れの中で、後者を選択したということである。また、そもそも、軍とて、れっきとした国の機関、軍人も国民の一部を構成する階層であり、軍がそのような行動をとったことを頭から反民主主義的と決めつけることはできないのではないか (注2)。

6 "ハッシャニーの率いたFIS"を民主主義勢力と規定することは

アッバーシ・マダニ（Liberté 提供）

それなりに正しい。問題は、FISの陰に隠れて当初からテロ活動一本槍であったGIAで括られるグループがFISと区別されることなく、同様に民主主義勢力と観念されてきたことである。

GIA（Groupe Islamique Armé 武装イスラム集団）とはどういうグループなのか。それについてのまとまった研究はないが、一応次のように説明される。FISナンバー2であったアリ・ベンハッジが1990年頃、マンスール・ミリヤニ（ブヤリが治安部隊との銃撃戦で殺された際に逮捕され、死刑の判決を受けるが、90年、恩赦により釈放された）に多額の金を託し、後者により作られた組織とされている。そのハード・コアは、思想的にエジプトのサイイッド・コトブの影響を受けたTakfir wa Hijuraグループとアフガン帰りで構成されたとされる。そのリーダーはエミール・ナショナルと呼ばれるが、歴代リーダーの中には学歴や職歴から見て"イスラム国家"樹立を目指す運動の指導者たりうるような者は一人もいない（注3）。

このようにしてGIAが誕生したとしても、それでは、本当にGIAなる全国的組織を持った集団が存在するのであろうか。実体は、テログループの中の一つの集団に過ぎないのに、多くの狂信的テロ集団がひとまとめにされ、総称としてGIAと呼ばれるようになったのではないか。当初のGIAの周りに別のテロ集団がつき、そこに上下（上納）関係ができたといったことはあったかも知れない。しかし、それらが全体として一つの指揮命令系統をもった統一的組織であるのか、大いに疑問である。実体は、FISの軍事部門とされたAIS（Armée

Islamique du Salutイスラム救世軍)に属しないテロ集団、あるいは山賊的強盗集団がひとまとめにされてGIAと呼ばれるようになった可能性がきわめて大きい。政府側にとっても、それは必ずしも不都合なことではなく、また、大きなテロ事件があるごとに、これをGIAの所業として書き立てたアルジェリアのプレスが果たした役割も無視できない。

7　アルジェリアにおけるイスラム原理主義運動は、"イスラム国家樹立"という以外にはその中身が見えない思想なき反体制運動であった。運動のリーダーとされるアッバーシ・マダニにしろ、アリ・ベンハッジにしろ、イスラム国家の概念付けやその政策を明らかにしようとした気配は見えない(彼らからすればそれは政権をとって後の問題であって、混沌としたこの時期にそこまで要求するのは無理であったとの考え方もあり得るが)。彼らはまとまった書き物は残していないし、FISインテリ集団を構成する、例えば、在独ラバーハ・カビールが回顧録でも書かない限りは、今後とも何も出てこないであろう(注4)。彼らの発言として、例えば、90年の地方選挙の前に、アッバーシ・マダニがテレビ討論会で述べたところに次のようなものが残っている。「神様のお加護により、我々は失業問題を1年も要せず、数ヵ月のうちに解決できよう。今、外で働いている女性が家庭に戻り、彼女たちが占めている職場を空ければ、この問題は自動的に解決される」「女性は、婦人科の病院や学校で働けばよい。全ての観光施設は、病院やクリニックに転換されるべきである」。観光に関する質問に答えて、「キリスト教徒観光客は必要としない。我々の兄弟、イスラム教徒のためなら、かつて我々の祖先がしたようにモスクを提供すればよい」。その他伝えられている彼らの発言もこの程度の域を出るものではない。

　思想のなきこと、ましてやGIAについては尚更である。思想があるからグループのリーダーになるのではなく、思想がないが故にテロ行為の実績、その凶悪さがリーダーの資格要件になった。リーダーに思想がないのであるから、ましてやグループ構成員については何をか言わんやである。リーダーは"イスラム国家樹立"を絶対の正義として無学の若者を洗脳し、"自分たちに同調しない者は全て敵として"彼らをテロに駆り立てた。

しかし、所詮は思想なき反体制運動は国民を引っ張っていけず、また、過激派グループは離合集散が激しく、決して一つに大同団結することはなかった。他方、彼らが打倒の対象とした体制側も選挙の洗礼を重ねて進化し、この両方が相まってアルジェリア危機は終焉したと言えるのではないか。国民の良識、能力そして忍耐がもたらした国民の勝利であった。
　選挙の面だけに単純化すれば、こうも言えるかも知れない。選挙を取りやめたことが危機を招来し、選挙を重ねたことが危機を解決した、民主主義的選挙の持つダイナミズムがアルジェリアでは遺憾無く発揮された。

8　アルジェリアのイスラム原理主義は、他国、他の地域のイスラム原理主義とどのような関わり合いがあるのだろうか。思想的影響、人的支援、財政的支援等あったのだろうか。その答えは、いくらかの思想的影響と財政的支援があったと思われるが、いずれも決定的なものではないのではないか。
　思想的影響としては、エジプトのイスラム同胞団、サイイッド・コトブのそれがあり、また、イラン革命が原理主義グループを鼓舞したこともあり得よう。しかし、いずれもマージナルな影響であり、また、アルジェリアの原理主義運動の暴力主義が本格化する1992年以前の影響である。それ以降の時期について見れば、アルジェリアにおける極端な暴力主義は、アルジェリア独自のロジックで展開されたと考えるべきであろう。
　人的支援は、時たまGIAグループにテュニジア人、モロッコ人、リビア人等がいることが報じられることがあったが、これが事実であったとしても、彼らはそれぞれの国からアフガニスタンに渡った者達のいわば個人ベースのものであり、組織的な人的支援があったとは考えにくい。財政支援についても、やはり当初の段階で、サウディアラビアからの支援が新聞等に書かれたが、もし、それがあったとしても(サウディアラビアにおいては、FISの運動はアルジェリアにおけるイスラムの伝播・深化の運動と理解された気配がある)、例えば、ビンラーデンによるもの等公的ではないもの(政府が黙認、ないしは暗黙の了解を与えていたことはあるかもしれないが)であったのではないか。
　これを要するに、アルジェリアのイスラム原理主義運動はきわめ

てアルジェリア色が強く、それは"アルジェリア・ナショナリズムのイスラム原理主義版"とも言えるものである（注5）。しかし、逆も真なりで、例えば、エジプトの原理主義にアルジェリアのそれが影響したかとなると、その答えはノーであろう。しかし、また、例えば、アルジェリアに急進的なイスラム原理主義政権が成立していれば、モロッコ、テュニジアへの影響は充分にあり得たのではなかろうか。

9 アルジェリア過激派原理主義者達——最早、そう呼ばれるにも値しないのであるが——について特筆すべきは、彼らの恐るべき逞しさ、強靱さである。彼らの本拠地は、険しい山の中の"マキ (maquis)"と呼ばれる場所である。このマキこそは、独立戦争時のFLNの闘争本部、ムジャーヒディーンの出陣基地であり、フランス軍は、それを潰すのに大変手を焼いたのであったが、今次危機の時代にも、当時作られた多くの洞穴や塹壕がテロ・グループにより活用された。危機の当初は、山に籠もりつつも、村里に降りてきたり、あるいはアルジェ等大都市にアジトを作り、そこをも彼らの活動・生活拠点にすることができたが、住民の離反もあり次第にそこから追われ、専らマキが彼らの本拠地になった。

　食料・水の調達を含め、また、積雪を伴う厳しい冬の気候もあり、そこでの生活環境の過酷さは想像に余りあるが、彼らはそれに耐えてきている。村人を襲った時、食料を持ち帰るのは常であり、羊飼いを殺して大量の羊を奪っていくのもよくあることである。水汲みに沢に降りてきて、そのあたりに展開されている軍の兵士と遭遇、銃撃戦で殺されるといったこともある。テロ掃討作戦後の死体検視において、何ヵ月も体を洗った形跡がなく、死体は側に近寄れないほどの異臭を放っていたとは新聞がよく報ずるところである（注6）。

　彼らがこのような生活に耐えられるのは、民族の血のなせるところであろうか。歴史を遡れば、アルジェリア北部一帯の山岳地帯は、フェニキア時代、ヌミディア王国がローマに挑戦、アラブの征服時代に最後までもっとも激しく抵抗したのもカビリやオーレスの山岳住民であった。フランス占領初期のアブデル・カーデルの反乱もこの地域の部族の共闘であった。独立戦争時、ムジャーヒディーンの中核をなしたのもこの地域の住民であり、この国の歴史の少なくな

い部分は、そこに支配を及ぼそうとしたよそ者に対する山岳民族の抵抗の歴史であった。他のアラブ諸国には見られない過激派原理主義のアルジェリアならではの特殊な背景がここにある（注7）。

[10] この危機の10年を乗り越える過程で国民は逞しく鍛えられた。国と国民は二重の試練に耐えた。一つは言うまでもなく、テロへの対処であり、もう一つは国際社会のいじめに耐えることであった。しかし、同時に、この過程は新しいアルジェリアを建設する過程でもあった。新憲法（二院制議会の創設、大統領の三選禁止、大統領が欠けた際の大統領代行順位等を詳細に規定）を採択、また、地方議会を含め、議会制度の再構築を行い、民主主義的諸制度を作り上げた。言論、新聞の自由、政治活動の自由、複数政党制の議会、どれをとってもアラブ世界ではもっとも進んだ民主主義的体制の国が誕生した。これは、アルジェリア独立後のいずれの体制をも凌駕する体制である。「過去幾年かにわたってアルジェリアが経験した恐るべき試練は、同時に、アルジェリア社会のバイタリティ、その抵抗の能力を証明した。そこから新しいアルジェリアが誕生した」（2000年6月14日、ブーテフリカ大統領のフランス国民議会での演説に際してのフォルニ議長の同大統領歓迎演説）。

残る大きな問題は、イスラム原理主義の温床となった貧しい持たざる階層を如何になくしていくかである。経済建設と併せ、汚職、腐敗やネポティスムを一掃し、公平と正義の支配する社会を構築することが至上命令である。ブーテフリカ大統領は、国内諸制度の大改革を目指して「一切のタブー無し」をモットーに、矢継ぎ早に行政改革、司法改革、地方自治改革、教育改革等を打ち出している。イスラム原理主義グループの最大の応援者であり、アルジェリア批判の急先鋒であったアムネスティ・インターナショナル等4つの国際人権団体を「何も隠すことはない」として受け入れたことも記しておきたい（注8）。

[11] 筆者の友人のあるアルジェリア人は「アルジェリアの歴史は悲しい」と述べたことがある。フランスによる占領以来のこの国の歴史を振り返るとき、この言葉は誠に正しい。アルジェリア近現代史は対仏闘争で始まり、以来、国民は血を流し続け、独立戦争前史の

時代を経て、戦争でそれは極限に達した。100万人の犠牲を払って得たものが独立であった。その後16年に及ぶベンベラ、ブーメディエンの時代、続いて12年のシャドリの時代があり、体制変革のための軟着陸に失敗して、今度は10年に及ぶテロの時代を経験した。そして10万人とも言われるテロの犠牲を代償に新しいアルジェリアを造り上げた。この10年、失ったものは甚大であったが、得たものも少なくはなかった。得たものの中で今後のこの国の歩みにモラルの上で大きな影響を持ってくるものとして、心ある一般国民の間に、「何がこの危機を生み出したのか、危機の原因は何であったのか」と深い自省と自己批判が見られることである（注9）。

この国の歴史が悲しみの歴史であったとしても、2度の極限状況で国民は恐るべき能力と忍耐力を発揮した。新生アルジェリアの国造りがうまく運ぶように祈ってやまない。

(注1) アルジェリアにおける"イスラム運動"は、次のようにも要約できよう。即ち（イ）精神的イスラム運動、（ロ）暴力的イスラム運動、（ハ）政治的イスラム運動、の3つの流れが起源的にこの順に同じ線上にある。（イ）と（ロ）（ハ）の境界は明確と言える。（イ）はアブデルハミード・ベンバディースの流れを汲むものであり、アルジェリア危機の中ではシェイク・サハヌーンがここに入る。（ロ）と（ハ）は"イスラム国家"を目指すという点で目標は共通であるが、その手段が政治的・合法的か、暴力的かの違いがある。但し、その間の境界は極めて曖昧である。1980年代に（ロ）の萌芽がみられ（ブヤリ・グループ）、88年から議会選挙中断の時期までは、（ハ）が主流（FISに結集したイスラム勢力）。議会選挙中断で（ハ）が潰れて以降、（ロ）が主流になるが（ブヤリ・グループ残党、GIA、AIS等）、これが（ハ）の政治的イスラム運動と見なされてきたことがアルジェリア情勢評価について混乱と誤解をもたらした。

長期的には、アルジェリアにおけるイスラム原理主義運動は、合法的イスラム政党であり、現在、連立政権を構成しているMSPやNAHDAに引き継がれていると考えることは可能である。アルジェリア人識者の中には、これらイスラム政党、特に、その中でも最大のMSPは、長期的に"イスラム国家"を目指しておりFISよりも危険である、とする者も少なくない。

(注2) 99年10月のパキスタンにおける"クーデタ"のように、腐敗した、あるいは閉塞状況にある政党による政治を打開するために軍の介入が行われ、それが国民に支持されるということもある。また、トルコにおいては、国内政治の節目節目で軍がアタテュルク体制擁護のために政治に介入してきた。民主主義発展途上国における軍の役割には特殊なものがあり、一概にこれを非民主主義的と糾弾することが果たして妥当であろうか。

「アルジェリア国軍の行動があったからこそ、アルジェリアが危機の時代にあった時にも、国家体制、国民の一体性、領土保全が確保された」(2000年7月5日、アルジェリア独立38周年を記念して、ブーテフリカ大統領が国軍を前にして行った演説)。

(注3) 歴代エミール・ナショナルとその職業等は次の通りである。
・初代エミール　ラヤダ、自動車整備工
・2代目　ジャアファル・アフガーニ、アフガン帰り
・3代目　シェリフ・グスミ、アフガン帰り(アリ・ベンハッジを大統領とするカリフ政権の樹立を宣言)
・4代目　ジャマール・ザイトーニ、野菜・果物の行商人(94年12月のエール・フランスハイジャック、95年夏のパリ地下鉄連続爆破、96年5月7人の仏修道僧誘拐殺害に関与したとされる)。
・5代目　(現在)　アンタル・ズアブリ、農業労働者

以上から明らかなように、FISの幹部を構成した者のかなりがモスクのイマームであり(彼らも学歴が高いとは言えないが)、また、一部はジャザーリストのハッシャーニに代表されるように大学卒であることと著しい対照をなしている。なお、ジャザーリストの武闘派は、専ら、インテリ階層をターゲットとするFIDAと呼ばれるテロ・グループを結成したが、97年くらいには壊滅させられた。

(注4) 最近 L'AFFAIRE BOUIALI (Editions MERAH, Alger, I 98年3月、II 2000年4月、自費出版と思われる)なる本が現れた。著者は、ムスタファ・ブヤリと行動を共にしたイスラミストである。1985年に逮捕され、7年の刑を受けるが、89年恩赦で釈放され、その後転向、軍に入り、テロ対策部門に配属される。著者は、アッバーシ・マダニやアリ・ベンハッジ、更には現MSP党首ナハナハを強く批判している。特に、アッバーシ・マダニは、一党独裁体制内の選挙であった県議会選挙においてFLN候補として推薦を受ける等、FLN

体制にピッタリであった、これに対しブヤリ及び著者は、80年代始めに、既に当時の体制に見切りをつけ、マジュリス・シューラの設立を仲間のシェイク(イマーム)達に呼びかけていた、としている。全体としてこの本は、イスラム・グループ内での権力闘争、人的関係、彼らが行った各種テロ事件等の記述に限定された日記ふうのもので、政策的な見解の表明は一切なされていないが、テロリストとして官憲から追われた者の側からの記録として大変面白い読み物である。

例えば、ブヤリ・グループが1982年に行ったブリダ警察学校襲撃(多数の武器・弾薬を奪取した)の実行状況、更には、筆者が投獄された後、軍・警察より、未だ未逮捕であったブヤリ逮捕に協力するよう働きかけがあったこと、そのために、彼をブヤリ・グループに潜入させるべく、脱獄させること、作戦成功の暁には偽名でフランスに亡命させるとの約束があったこと等、当時の官憲側関係者の実名入りで詳しく記述している。

(注5) イスラム運動のアルジェリア性の強調については、上記Ahmad MERAHの本に面白い記述がある。ブヤリが1980年代初めMIAを設立したとき、その名称をどうするかで仲間の中で大きな論争があった。

Mouvement Islamique Armé en Algérie(アルジェリアにおける武装イスラム運動)、Mouvement Algérien Islamique Armé(アルジェリア武装イスラム運動)の2案が対立した。第1案に対し、ブヤリは運動の"アルジェリア的性格"を強調すべきであるとして第2案に固執、結局妥協としてMIA(Mouvement Islamique Armé)が採用された。

(注6) マキでの炊事は女性の仕事である。この女性には2種類あり、テロリストの妻、姉妹達の場合と、誘拐されてマキに連れてこられた女性である。後者は、一定の儀式に基づいてテロリストと結婚させられた。

(注7) アルジェリアというと、サハラ砂漠の連想から国全体が砂漠と思われがちであるが、地図を一見すれば明らかな通り、アルジェリア北部は、テュニジアの北半分及びモロッコの北部と共に、地中海に突出した半島ともいうべき地形をなしている。モロッコに発するアトラス・サハリアン、アトラス・テリアンの両山脈がこの半島部分を走り、次第に標高を落としながらテュニジア北部に至っている。この地

域はアルジェリアの国土の約6分の1を占め（ほぼ日本と同面積）、また、人口の9割はここに集中している。アルジェリア人の圧倒的大部分は、砂漠の民ではなく、山岳の民である。そこは地縁と血縁の支配する社会であり、割拠、分裂、地域主義が特徴的な社会であった。これらの点は歴史、文化、政治、社会をひっくるめて、この国の成り立ちを理解する上で重要である。

（注8） Fédération Internationale des Droits de l'Homme の報告は、その内容といい、発表のタイミングといい、きわめて意地の悪いものであった。アルジェでは記者会見等は一切行わず、パリに戻った後、ブーテフリカ大統領のフランス訪問（2000年6月14日〜6月17日）開始の2日前に報告書を発表した。例えば、「アルジェリアは警察国家体制であり、政治的自由や表現の自由はない。政府は、複数主義を実行していると言っているが、それは見せかけの複数主義に過ぎない」としている。

これに比し、アムネスティ・インターナショナルは、11日間に及んだ滞在の後、アルジェを立つ前日に記者会見を行い、「暴力は減少し、一般情勢は著しく改善された」との趣旨の総括的評価を行い、前者よりは好意的であった。しかし、ここに言う"暴力"はテロリストによる暴力と、テロと闘う軍・警察による公権力の行使を同列に扱ったものである。「テロリストで逮捕される者はきわめて少ない」と言い、テロ対策が彼らの人権を尊重した形で行われることを求めたが、武器で対抗してくる相手に対しても、その人権を尊重しなければならないのであろうか。そうでなくても、軍・警察関係の犠牲者は決して少なくないのに。

これらに比べ、Reporters sans frontierès は、6日間の滞在の後、アルジェ出発前に記者会見を行い、自分たちのアルジェリア情勢評価は「原理主義者による暴力を充分に見なかった点において間違っていた、その点お詫びする」と率直に述べた。但し、7月5日（2000年）に発表された最終報告書は、やはり相当辛口であり、「93〜97年間に暗殺されたジャーナリスト57名の内の圧倒的大多数はテロ・グループの犯行によることは明らかであるが、いくつかのケースについては、なお、一層の捜査が必要である」「テレビ・ラジオ放送の国家独占の廃止、真の複数主義の尊重が必要」等9項目の勧告を行った。この報告書は、アルジェリア全紙に大きく報じられ、政府系新聞『エ

ル・ムジャーヒド』も正々堂々と報告書全文を掲載した。アルジェリアでは、仏語・アラビア語紙が日刊紙に限っても約30紙存在し、厳しい政府批判、大統領批判は日常茶飯であり、新聞における報道の自由は100％確保されている。テレビ・ラジオの国家独占は、他のアラブの国では全く普通のことであるのに、それが問題にされるところにアルジェリアの特殊性がある。この種の批判は、アルジェリアいじめとして、人権問題についても、議会を含めた政治制度に対してもなされてきたが、しかし、同時にこの国を鍛えることにもなった。アルジェリアが言論の自由を含む民主主義の面で他のアラブの国より抜きんでる（あるいは、進まざるを得なくなる）一つの背景がここにある。

(注9)　テロの結果として多くの社会問題が残された。両親、あるいは、その片方を失った孤児の問題、強姦から生まれた子供の問題（その様な子を出産した女性は家族に受け入れられない、宗教上の理由から、堕胎も問題とされる）、両親らの惨殺を目の当たりにして精神に変調をきたした子供のケアーの問題等々である。

　国民和解政策により投降した1万人を越えると言われるテロリストは、一体どこに消えてしまったのか。彼らの社会復帰の問題はどうなっているのか。投降期限の切れた2000年1月以降、彼らの動静を追う記事が多々現れた。ゆすりで得たと思われる金で小さな雑貨屋を開いた、AISがその資金で就職斡旋事務所を設けた、かなりの改悟者がかつて教鞭をとっていた学校に戻ることを希望しているが、当局はそれを認めない、といった話が伝えられ、彼らに家族を殺された者により復讐され、殺されたという話もある。また、彼らはムジャーヒディーンと自らを称し、堂々とバスやタクシーのただ乗りをしてはばからない、といったことも伝えられている。

(以上Ⅰ1.～4.は中東研究　2000年5月、6月、7月号に3回に分けて掲載されたものを1つに整理してまとめたものである。脱稿の日付は順に2000年4月10日、2000年5月10日、2000年7年5日)

シドニー・オリンピック

　シドニー・オリンピックが近づき、アルジェリア選手団も9月2日選手村入りした。この会報が皆様のお手元に届く頃はオリンピックたけなわの頃であろう。

　アルジェリア・オリンピック委員会事務局長が9月9日に行った記者会見を聞いてみよう。「今次オリンピックにはアルジェリアから10種目、46名の選手が参加する。96年のアトランタ・オリンピックの際と参加選手数は同数であるが、種目は2つ増えた。アフリカの国としてはこの参加数は名誉あるものと思う。また、アトランタでは女性選手は、2、3名であったが、今回はその数がかなり増えた。選手にはオリンピックでいい成績を上げて欲しいと願うが、参加種目と女性選手が増えたこと、この2つをまずは喜びたい。オリンピックは確かに重要であるが、そこですべてが終わるのではない。2001年の地中海オリンピック（チュニス）、2003年のアラブ・オリンピックとアフリカ・オリンピック、2004年のアテネ・オリンピックへと繋がる息の長い過程がある。各スポーツ団体はこれらを視野に入れて選手強化に着手している」

　とは言っても、気になるのはやはりメダルの数。当地の新聞もいろいろと予測記事を書いている。アルジェリアの参加10種目は次の通りである。卓球、体操（それぞれ各1選手、この2種目は初参加）、ボクシング（5階級7選手）、水泳（2）、ボート（2）、フェンシング（2）、重量挙げ（1）、レスリング（1）、陸上（中距離、走り高跳び等21）、柔道（男子5階級5人、女子2階級2人、この8月、2週間にわたり、日本で強化練習を行った）。

　新聞によると、この内メダル有望種目は、柔道、中距離陸上、ボクシングである。女子48キロ級のサリハ選手はバルセロナとアトランタに続く3回目の出場、2回とも銅メダルを逸した。今度こそは、そして最後のチャ

ンスとプレッシャーがかかる。中距離陸上男子では、3000メートル、5000メートルに期待のかかるアリ、800メートルのゲルニがおり、また、女子では1500メートルのメラーハ、10000メートルのスアード（アフリカ・チャンピオン）がおり、彼らは最近のモナコやベルリンの国際大会で世界トップクラスの成績を上げている。

アルジェリアではかつて、男子ではモルセリ（91、93、95年3回連続，世界陸上チャンピオン）、女子ではブメルカ（バルセロナで金メダル）というそれぞれ1500メートルの世界記録保持者がおり、その後、モロッコからゲルージという強敵が現れ、世界記録も彼に破られたが、この2人は多くの国際競技大会で覇を競った。マラソンではケニアやエティオピアに有力選手がいるが、中距離ではアルジェリア、モロッコ、テュニジア（かつて強力な選手がいた）というマグレブ地域に世界トップクラスのランナーがいることが興味深い。

アルジェリア選手団の旗手を務めるのは800メートルの覇者ゲルニである。彼らの活躍を祈りたい。

(2000年9月12日　記)

(中東調査会　MENIK INFORMATION 2000年9月号所収)

宴の後－シドニーが終わって

　オリンピックが終わった。『MENIK』前号にアルジェリアのオリンピック参加状況、メダル有望種目等について書いた。当地の新聞の予想によれば、メダル獲得が期待されたのは女子柔道、陸上中距離、ボクシングであった。結果はどうであったか。

　アルジェリアは5つのメダルを獲得した。その内訳は、女子陸上5000メートルで金1、男子陸上1500メートルで銀1、男子陸上800メートル、走り高跳び及びボクシングでそれぞれ銅であった。アフリカ大陸では、エティオピアがマラソンの金を含めメダル獲得総数8でトップ、ついでケニアとアルジェリアの5が並ぶ。中東地域で見るとアルジェリアはトップである。

　アルジェリアのメダル獲得選手が凱旋帰国、彼らは国民的な歓迎を受けた。アフリカの一開発途上国として立派な成績だと思われるが、オリンピックが終わって日が経つにつれ、メダルを取れなかった選手達から彼らを指導するコーチに対して、あるいは選手養成制度に関し厳しい批判が出始めている。自分の力がなくてメダルが取れなかったのに何を言うか、ということになりかねないが、オリンピックを総括したテレビ番組での彼らの言い分を聞いて見よう。

　バルセロナ、アトランタと銅メダルを逸し、今度こそはと期待された48キロ級柔道の女子選手は、「私の場合、生徒が先生を超えた」と述べ、コーチが選手を充分に指導しきれなかったことを暗に指摘した。銅メダルを取ったボクシング選手でさえ、「オリンピックのような大きな大会に臨むにあたって、準備はいつも遅れ遅れになる。その結果、最終段階で過重な集中的訓練を余儀なくされ、試合当日には疲れきってしまっている」と述べた。また「選手養成や訓練の制度が変わらない限り、選手生活から足を洗う」と述べた女子選手もいたが、この選手はコーチであった夫と離婚した。

新聞も彼らの主張に同情的に見える。アルジェリアのスポーツ界全体が制度的に疲弊していると指摘しつつ、選手がアルジェリアで鍛錬しても、所詮は、今以上に力をつけることは望めないのではないか、キューバやルーマニアからボクシング、体操、レスリング等のコーチを招致して選手養成に当たるべきではないか等主張している。

　これらの問題は、アルジェリアだけにとどまらない開発途上国のスポーツ全体に当てはまる問題であろう。オリンピックは、建前は人類のスポーツの祭典であっても、実質はますます、大国や北の国々——持てる国々の競技会になってきているのではないか。これは、これらの国からの圧倒的多数の参加選手数に現れているのみならず、特に観客においてそうであろう。趣向を凝らしに凝らした華麗な開会式、シドニーのメイン・スタディアムを埋めた観客の中に、南の国々の太宗を占めるアフリカ大陸からこれを見に来ることのできた人が何人いたであろうか。デジタル・ディバイド以前のスポーツ・ディバイドが厳然と存在する。そのような中で頑張ったエティオピア、ケニア、カメルーン、そしてアルジェリアの選手に心からの敬意と喝采を送りたい。

(2000 年 10 月 21 日　記)

(中東調査会　MENIK INFORMATION 2000 年 11 月号所収)

〈追記〉

　引き続き行われたパラリンピックでアルジェリアのムハンマド・アレク選手 (男子、30歳、聾唖者) は100メートル (11秒99、パラリンピック新記録)、200メートル (24秒39)、400メートル陸上で金メダルを獲得した。同選手はアトランタでも100メートルと200で金メダルをとっていたが、今回は400メートルで自身の持つ世界記録、54秒96を更新する54秒66の世界記録を出し、獲得金メダル数を3つにした。

(2000 年 10 月 25 日　記)

Ⅱ　危機の10年の展開

1. 1988年10月〜1992年1月（危機序幕）

(1) 10月暴動とその後の展開

　アルジェリア危機は1988年10月の暴動をその萌芽とする。本年（1998年）10月はこの暴動から丁度10年目にあたる。各紙は毎年この暴動を記念して特集を組み、未だに充分には解明されていないこの事件に光を当てようとしている。今年も例外ではなく、報道の自由がより進んできたこともあり、今まで報じられなかった事実関係が詳しく報じられ、事件を扱ったアルジェリア人による「10月、彼らは語る」という本も現れた（注1）。

　まずは、当時のアルジェリアにおける唯一の新聞『エル・ムジャーヒド』（注2）を追って見たい。
　暴動1日前の10月4日付同紙のトップ記事は「シャドリ・ベンジャディード大統領・FLN書記長、本日メデア県を訪問」、続いて翌5日は「メデア、大統領を熱烈歓迎、大統領、抗生剤コンプレックスのオープニング、テクノロジーの征服」と報じた。
　その後6日より3日間同紙は発刊されず、9日になって「軍司令官、アルジェに段階的な平静の回復を確認」との一面トップ見出しで復刊された。
　『エル・ムジャーヒド』は、旧ソ連のプラウダと同様、アルジェリアにおけるFLN一党独裁を象徴する絶対的権威を有する新聞であった。この新聞が3日間発行停止に追い込まれたことはこの暴動事件の衝撃の大きさを示すものにほかならず、また、結果的には、その後時をおかずやって来たFLN体制の崩壊――"瓦解"という言葉がより適当か――の予兆となった。FLN体制の崩壊は、それまでこの

1988年10月暴動。(Liberté 提供)

体制が包み込んできたもの全ての否定を意味し、それはまず言論統制の解除、政治活動の自由化要求（複数政党制への移行）、そして、それまで潜行してきたイスラム勢力（ポリティカル・イスラム）の表面化という形で現れ、これら全てはその後のアルジェリア情勢を動かす決定的な要因になった。

　10月暴動は何であったのか (注3)。10月末 (1988年)、アリ・アンマール情報大臣は記者会見でこの事件について「あれは餓鬼達の空騒ぎであった」と述べて国民の怒りを買ったが、FLN体制崩壊の直接の引き金となった事件の評価としては余りにも軽いものであった。暴動の発端は食糧不足と物価の値上がりに抗議する"自然発生的な"デモであったとされる。政府の鎮圧策の不手際もあって、これはすぐに暴動に転化し、その日の内に、オラン、コンスタンティーヌ、アンナバ等大都市から中小都市に至るまで事実上アルジェリア全土に広がった。これらデモや暴徒の主体は15歳から25歳くらいまでの青少年であり、それ故にこの事件は「学童の反乱、生徒の反乱」と呼ばれたりもする。しかし、実体はアルジェリアで"ヘッチスト"(注4)と呼ばれる中学を卒業して高校に行けなかった（行かなかった）

者、あるいは高校を卒業して大学に進学できなかった（進学しなかった）者で、働き口がないため、あるいは職業教育も受けていないため就職もできず、一日中、壁にもたれかかって過ごしている若者達が主役であった（アルジェリアも多くの開発途上国の例に漏れず、一般に失業率が高い中でも若年失業率が高く、今日でも毎年相当数のこのような青少年が街に吐き出されている）。彼らは、政府公官庁、警察署、銀行、政府経営のスーパーマーケット等政府関連の施設だけを狙って投石、放火、焼き討ち等徹底的な破壊行動に走ったが、それはまさに、「国家に対する蜂起」（下記ハーリド・ナッザールのインタビュー）と呼ばれるにふさわしいものであった。しかし、このような暴動の際によくある一般商店や富裕階層に対する略奪は一切無かった。その意味では"自然発生的"と言うには規律と統制のとれたものであり、また、瞬時のうちに全国規模の連鎖反応を起こしたことも不思議であった。

　10月5日夕刻には戒厳令が敷かれた。多くの若者が逮捕され、また、拷問にかけられたと言われる。死亡者の数は、当時の公式発表で150名とされたが、この数を信ずる者はなく200〜300という数が流布した。その後歳月を経るにつれ、新しい事実が少しずつ明らかになってきており、今は最大限700名程度の犠牲者があったとされている。どうしてこのように多数の犠牲者が出たのか。
「10月、彼らは語る」の中でインタビューに答えて、ハーリド・ナッザール将軍は（当時陸軍参謀総長で、同人によれば、シャドリ大統領より首都における治安回復の任を託された）、「この種騒擾に対する軍の治安出動は初めてのことで、軍にその備えが無く、軍が所有していた弾薬も威嚇射撃用の空砲はなく、全て戦闘用の炸裂弾等実弾であった。部隊に自分が与えた指令は、これらを使っての威嚇射撃であり、死者の多くは流れ弾によるものであった」と述べている。

事件の黒幕
　この暴動事件の最大の謎は、これが本当に自然発生的なものであったのか、それとも組織的なものであったのかという点である。今年のこの事件特集記事の中に「暴動から10年たったが、事件の真相が明らかになるにはあと10年はかかるであろう」と書いた新聞があったが、現時点では次の2説が言われている。

一つは、パグシストと呼ばれる共産党系組織による扇動説である。アルジェリアには独立戦争当時から共産党が存在し、これはその後 Parti d'Avant Garde Socialist になり、FLN体制下でも秘密の政党として存在し続けた。その分子はFLNの中にもかなり浸透していたとされるが、この点はそもそもFLNが国内の全ての政治的潮流を包摂するfrontであったことからむしろ当然のことであった。パグシストの陰謀とされる根拠は、10月5日の暴動に先立つ9月26日から29日まで、アルジェ東方郊外ルイバ工業地帯の国営工業用車製造公社 (ENVI) で労働者による座り込みストが行われたこと、10月5日の暴動もルイバから始まったことがある。現に多くのパグシストが逮捕され、事情聴取、拷問を受けた（注5）。この説は、かつてよくあった古典的な共産分子陰謀説と軌を一にするが、この説の信憑性は今や薄くなっている。

もう一つの説はFLN内の路線闘争・権力闘争に起因する陰謀説である。即ち、FLNにはシャドリ大統領に代表される改革派と保守派があり、後者がその年の11月に予定されていた党大会でシャドリの追い落としを狙って騒擾を画策したとするものである。シャドリは、1978年12月就任以来ブーメディエン時代の国内引き締め策の緩和を進めてきた。しかし、経済的には1985～1986年の石油価格の暴落が既に機能不全状態に陥っていた中央計画経済を直撃し、また、政治的にはイスラム勢力の著しい伸長とFLNへの浸透があり、FLN体制は完全に行き詰まっていた。シャドリはFLN体制の枠組みの中でこれを打開しようとして開放政策、政治経済改革を進めようとしていた。彼が改革派とされる所以である。他方、このような動きに反対するグループとしてFLN保守派が存在したとされる。保守派の中心人物が誰であり、（陰謀があったとして）若者達を動かしたのが誰であったのか、その辺りは未だ闇の中である。前掲のインタビューの中でハーリド・ナッザールもこの陰謀説を（その仕掛け人の名前こそ挙げていないが）はっきりと主張している。

しかし、これとは全く逆に、シャドリ自身の（あるいは改革派による）保守派追い落としのための陰謀とする説もある。その根拠はシャドリが事件直前の9月18日に行った演説である。即ち、彼はその"重要演説"の中で、アルジェリアが直面している経済社会問題を率直に認め、その解決のためには政治経済改革が必須であると訴え、党

内外にこれに反対するグループがいること、彼らがこのような改革に反対するのであれば職を離れてもらうとまで明快に言い切ったのである。従来の紋切り型演説とは全く異なるこの演説は"奇妙な演説"として当時、国民各層を驚かせたが、10月暴動後の後付けの解釈として、この演説は、改革に反対する保守派追い落としのための国民的蜂起を呼びかけたものと見なされるようになった。アルジェリア人の中には、シャドリが試みたのはプラハの春でドプチェクが意図したソ連の追いだしと同じであったと言う者もいる。その後シャドリが進めた路線との関係ではこの説の方がよりロジックに合う。

　通説では、この2つの説の中では、前者の方が有力と見られているようである。ただ注意を要するのは、アルジェリア国民の間では"全ての問題の根元はFLN"という感情が抜きがたく存在し、その場合のFLNはその中核を構成した保守派であり、彼らが常に悪者にされがちであることである。いずれにしてもはっきりしていることは、マッチ一本の火が森全体を燃やし尽くしてしまうことがあるように、FLN統治の行き詰まり、経済社会状況の悪化という一般情勢の中で、きっかけさえあれば騒擾が起こる余地はありすぎるほどあったこと、また、どちら側からの陰謀にせよ、仕掛け人の予想と制御できる範囲を超えた大きな暴動に発展してしまったことである。

　しかし、筆者としては全く別の仮説も立ててみたい。即ち、陰謀等は全くなく、真に自然発生的なものであったという解釈である。これら青少年から見て憎むべき相手、真の敵は政府、即FLN体制であり、だからこそ彼らは、政府公官庁だけを本能的に狙い打ちにしたということも当時の情勢からしてあり得ないことではないと思われるからである。アラブ社会ではデモや暴動等が起こっても、それに乗じての略奪行為の発生は必ずしも一般的ではなく、彼らが商店等の略奪に走らなかったのはこのような点から説明できるかもしれない。アルジェリアで起こることは何かにつけ陰謀説で解釈されがちであるが、事はもっと単純なのかもしれない。

　ところで、アッバーシ・マダニやアリ・ベンハッジに代表されるイスラム勢力が10月暴動の仕掛け人でなかったことだけははっきりしている。しかし、この暴動から最大の利益を得た者こそ彼らであり、これを契機に彼らは政治の中央舞台にメイン・アクターとして

姿を現す。

暴動後の政治的展開

1988年10月10日はイスラム勢力がはっきりとした政治勢力として産声をあげた日であった。上記ハーリド・ナッザールによれば、イスラム勢力の精神的指導者として名高いシェイク・サハヌーン（注6）が若者達に平静に戻るよう呼びかけをしようとしていることを知って、そのような集まりを禁止したこと、サハヌーンはそれに従い、集まりを解散し、5分の4は解散したが、アリ・ベンハッジに率いられたグループは解散せず、彼を先頭にベルクールから警察庁のあるバーブルウェッドまでデモを行った、そこでこれら群集と軍部隊が対峙することになり、最初の発砲はデモ隊からであったとしている。そこでの死者は100人を越えたと言われる。

体制側はその後どう動いたか。事態は複雑なジグザグコースをとりつつ展開する。煩雑をおそれずに、当時の『エル・ムジャーヒド』によって情勢を追ってみたい。

10月10日付同紙は「大統領、今夕、国民向け重要演説」と予告し、翌11日付同紙は「大統領大改革を表明」の見出しの下、演説の要約として次の通り報じている。「政治改革プログラムの国民への提示、能力ある国民に対する門戸開放、これら措置は混乱とサボタージュの状況下では実施不可能」、12日付同紙はFLN独裁政権の機関紙の面目躍如に「政治改革プログラムに対する圧倒的支持」、続いて13日「大統領、憲法改正国民投票、11月3日実施を決定」と報じ、更に続いて18日付同紙に憲法改正案が発表される（なおこの間、10月12日、戒厳令が解除されるとともに、暴動に関与したとして逮捕された者も釈放された）。

この改正案の主要点は、外交、防衛を除いて大統領の権限を首相に委譲し、首相が人民議会に対して責任を負うとするところにあったが、当時としては、これでも大きな改革と見なされた。続いて10月22日に発表されたFLN党大会に備えた党員学習用の指令文書は、国家機関、人民議会、経済関係機関等がFLN党員以外にも開放されることを明記した。これは"FLNと国家機関の分離"として革命的な政治改革であった。11月3日、憲法改正案は92％の賛成で採択され

た。

　この間、シャドリ登場以来FLN中央委員会書記局長の職にあり、強大な権力を振るったメサディーアが10月30日解任され、アブデルハミード・メヘリがその後任に任命された。11月6日にはアブデルハミード・ブラヒミ首相も辞任、その後をカスディ・メルバーハが継ぎ (注7)、独立後初めてのこととして非FLN党員テクノクラートが入閣し、首相を含め22の閣僚ポストの内、15名を占めた。

　その後11月27、28日に開催された第6回FLN党大会は「複数政党制は国の一体性維持のためには危険」としてこれを退け、他方、シャドリを唯一の候補者とする大統領選挙を12月22日に実施することを決めた。

　11月29日付同紙は、この党大会で新たに選出されたFLN中央委員会50名の氏名を発表、シャドリは選挙1週間前の12月15日、この中央委員会第1回会合開会式において大統領選挙綱領ともいうべきものを発表するが、これがその後の情勢の展開を方向づけることになる。即ち、国語たるアラビア語による最良の研究成果、あるいは研究者に対して授与される"ブーメディエン賞"の創設を発表し、その理由として「アルジェリアのアラブ・イスラム文明への帰属を確認するため」と述べ、「我々はこの文明に帰属することを誇りとし、FLN及び全ての国家機関はこの神聖な原則と選択を確認するために努めるべきである」とその演説を結んだ。12月22日、有権者81％の"全幅の信任"によりシャドリは3期目の大統領として選出された。

　この演説はFIS合法化の伏線であった。年を越えて1月17日 (1989年)、シャドリは「1989年はあらゆる改革実行の年」と演説し、その中で再度憲法改正を国民投票にかけることを表明した。同改正案はその第40条で"政治的性格を有する団体の設立承認"という表現で複数政党制導入を規定した。2月23日、同改正案は73％の賛成で採択された。これにより複数政党制の原則の中でイスラム勢力の政党としての公認を保証する制度的枠組みが固まった (注8)。

　2月18日、その後FISの本拠地となるアルジェ市庶民街バーブルウェッドのスンナモスクにおいてFISの誕生が声明された。

　88年10月の暴動以降ここまでがFLN体制終焉過程の第1幕である。

(注1) Sid Ahmed Semiane（ジャーナリスト）「OCTOBRE, ILS PARLENT」, Ouvrage Edition, LE MATIN, Alger, 1998。当時の Larbi Belkher（大統領府官房長）、Hadi Khediri（内相）、Khaled Nazzar（陸軍参謀総長）、Lakehal Ayat（治安諜報局長官）らのインタビュー及び、その他サイド・サーディらの寄稿文をまとめたもの。最近（1998年10月19日）辞任したベッチーン大統領軍事顧問・当時軍諜報局長官は（10月事件で逮捕された者の拷問に直接関与したとされている）、「今は何も話せない、話せる時が来たら話す」との趣旨の書簡を著者に送り、この書簡が掲載されている。

(注2) FLNの一党独裁下、言論の自由は全く存在せず、当時の情勢を伝える刊行物としてはFLNの機関紙『El Moudjahid』しかないが、しかし、このことは同紙が最高レベルの原典的資料であり、同紙を克明に追えば当時の状況をかなり的確に把握できるということでもある。但し、そこで報じられているのは、あくまでも公式見解であり、裏で何があったのかわからないのはもちろん、報じられていない多くの事実があるのも当然であり、これらの点については注意を要する。

(注3) 10月暴動については、宮治一雄「アフリカ現代史 V 北アフリカ」（1994年、山川出版社）260～261頁に簡明な記述がある。

(注4) アラビア語で壁を意味する hait（ヘート）から来た言葉。

(注5) 「OCTOBRE」でのインタビューの一つの焦点は、10月暴動の際の拷問問題である。著者の執拗な質問に対し、Larbi Belkherは「大統領府は承知していなかった」、Hadi Khediriは「警察は拷問をしていない」、Khaled Nazzar は「軍には拷問を行うような習慣はなく、軍はやっていない」とそれぞれ答えている。

(注6) シェイク・サハヌーン（1908年生まれ、Mouvement des Ulamas Algérien の創設者）は、イスラム勢力の中で、アッバーシ・マダニらとは異なり、政治を超越した精神的指導者と見なされていた人物で、彼をパレスチナにおけるアハマド・ヤシーンになぞらえる者もいる。

(注7) カスディ・メルバーハの首相就任直前のポストは厚生大臣であったが、それ以前、彼は長く軍諜報局（Sécurité Militaire）長官を務めており、FLN体制内外の重要人物のファイルを有していたとされ、その故に大変恐れられた人物であった。彼はその後政党MJDを創設するが、1993年8月、息子、弟らとともに暗殺される。

(注8) この時期は、ベルリンの壁崩壊（1989年11月）の9ヵ月前であり、アルジェリアにおける複数政党制移行の試みは、ソ連、東欧のそれよりも1～2年先行した。

(1998年12月10日　脱稿)
(中東研究　1998年12月号所収)

(2) FISの誕生と地方選挙勝利

政党法の制定

1989年3月9日、首都アルジェの庶民街、クッバのイブン・バディースモスクにおいてFISが結成されたことが改めて声明され、政府はこれを黙認する。政党としての正式認可のためには政党法が必要であり、政府はその法案を作成、人民議会の採択を経て、7月5日これが公布される。この法律（正確には"政治的性格を有する団体に関する法律"）は、第5条において「政治的団体は信仰を基礎としては設立されてはならない」と規定した。政府はFISの政党化を推進し、事実上FISの政党としての存在を既に認めていたのであるが、それにもかかわらず、法律にはこのような規定が入ったことは一つの謎であり、また、このような規定にもかかわらず、9月16日、FISはアッバーシ・マダニを代表（注1）とする政党として正式に認可される、これは二つ目の謎である。第1の謎に関しては、FLN内にイスラム勢力の台頭を恐れ、その合法化を阻止しようとしたグループがあったことを窺わせる。しかし、シャドリとイスラミストの間では既に話がついていたというのが通説であり、このような抵抗も、所詮は大きな流れの中の最後の無力な抵抗であったと解される。

ここでよく引き合いに出されるのはテュニジアの例である。テュニジアでも政党法が制定されたが、いわゆる宗教政党は禁止され、1985～1986年頃にかけて政府は原理主義者を押さえ込むことに成功した、アルジェリアもテュニジア同様、宗教政党を合法化すべきではなかった、政府自らこの法律に違反し、FISを合法化したことがその後の危機を招いた、とするものである。当時のアルジェリアの体制がFISを合法化しなかったら事態はどうなったか──時の潮流

に棹さすことは最早ほとんど不可能であったが——、これも危機の10年の中の大きなifである。

10月暴動からこの時期までは、FLN内の路線闘争もあって事態はジグザグに複雑な形をとって進展した。しかし、その後の情勢の展開は直線的であった。即ち、それは、それまでに蓄えられてきたイスラム勢力のエネルギーが満を持して堰を切ったように一気に解き放され、FISという政治的形態をとったイスラム勢力が日増しに力を伸ばしていく過程であった。同時に、FLN体制へFISを取り込み、FISとの共存を図るというシャドリの計算が全くの誤算であったことが白日のもとに曝される過程でもあった。

他方、この時期は複数政党制がまさに花開いた時期であり、FISが政党として認可を受けた頃と時を同じくして20以上の政党が誕生した。アルジェリア社会全体としては、イスラム勢力の伸張に対する懸念とFLN体制からの開放感が交錯して存在した時期であった。言論統制の緩和も日を追って進み、続々と新聞が発刊された（これらの新聞はFLN機関紙との対比で"独立系"と称された）。テレビの政治討論会で、アッバーシ・マダニと、FISとは正反対に宗教・国家の分離を主張するRCDのサイド・サーディとの間で激しい議論が展開されたのもこの頃であった（RCDの認可は、奇しくもFISの認可日と同日であった。サイド・サーディはこの討論会で「アルジェリア国民はFISに政権をとらせることは決してないだろう」と述べ、一躍その存在が知られるようになった）。

人事の面では、10月暴動事件以降首相の地位にあったカスディ・メルバーハが89年9月10日解任された。彼はFLNのハードコアとしてシャドリが進めようとしてきた政治的開放政策に強く抵抗したとされ、この政策が一応の決着をみたのを機会に解任されたと見なされた。ムルード・ハムルーシュが新たに首相に就任した。

地方議会選挙——体制側の致命的誤算

1990年に入り、政府は3月7日、地方議会選挙を同年6月12日に行うことを決めた。地方議会とは県議会（Assemblée Populaire de Wilaya、APWと略称される）、市町村議会（Assemblée Populaire Communale、APC）であり、前者はアルジェリアにおける県の数、即ち48あり、後者の総数は1540に上る。

同日、3月7日付で選挙法が大統領令で公布された。この選挙法で小選挙区比例代表制がとられることになり、その第62条は、獲得票数に基づく議席の配分方法を細かく規定したが、この規定がFLNの命運を決することになった。即ち、過半数以上を得た候補者リストは、獲得票数に比例して議席を獲得、比較多数を獲得したリストはその選挙区議席数の50％（議席数が奇数の場合は1議席追加）、残り議席は7％以上の議席を獲得した政党間で比例配分されることになった。小党が分立する中で比較優位にある政党にとっては絶対的に有利に働く制度である。このような制度はエジプトやテュニジアの選挙制度に習ったものであったが、最大の誤算はFLNが最大票数をとれると読んだことであった（現に選挙前日の同党の予測は"55〜65％の票を獲得、FISには勝つ"というものであったと言われる）。しかし最大票数はFISに行ってしまったのである。FLNに票数以上の議席を与えることを意図した制度が全く逆に働いてしまったのであるから、結果はFLNにとって壊滅的であった。

　以下は選挙結果の一覧表である。

有権者総数	12,842,000 人
投票者数	7,984,788 人
投票率	62.17 %

政　　党	獲得票数	獲得票数率
FIS	4,331,472	54.25%
FLN	2,245,798	28.13%
RCD	166,104	2.08%
その他諸政党	1,148,136	14.17%
独立候補	93,278	1.16%

　この結果、FISは48県の内、32の県議会で過半数を占め、また、1540の市町村議会の内、853を制した。県議会で過半数を占めたところでは、その県内の市町村議会においても過半数以上を占めた。かくしてHauts-Plateauxと呼ばれるアルジェリア北部の農牧畜地帯、都市の集中する人口密集地帯では、アルジェやコンスタンティーヌ、オランを含めすべてFIS支配の県議会が成立した。FLNが押さえた

のはFISが浸透を果たせなかった南部砂漠を中心にした14県議会であった（なお、選挙に参加した新党RCDは地元ティジ・ウズ1県をとり、ポリサリオ解放戦線政府所在地であるティンドゥーフは独立候補グループが押さえた）。

FIS勝利の背景

FISの勝因は3つあった。一つはFLN拒絶票がFISに流れたこと（"FLN懲らしめの選挙"）、二つ目は、一見これと矛盾するが、FLNがFISに浸食されていたことである（注2）。

もう一つの理由はFISの選挙運動、大衆動員のうまさであった。そもそもFISの基盤は、全国津々浦々の9000～10000といわれた合法、非合法のモスク、慈善団体、学校等であり、また、これらを通ずる日常活動にあったが、FISの合法化はその活動に更なる弾みをつけた。FISはUGTA（アルジェリア労働総同盟）に代わる労働者の組織として既に1990年2月、SIT（Syndicat Islamique du Travail）を設立していたが、これが選挙のために最大限活用された。学生やボーイスカウト、スポーツ団体等にも浸透した。5ディナール（当時のレートで約60円）で売られた新聞『EL Mounqid et Fourqan』は党勢拡張のために大きな役割を果たした。また、勢力誇示のため、首都アルジェにおいてしばしば大規模デモを組織した。特に90年4月20日には全国から動員して、参加者60万とも80万とも言われた"沈黙のデモ"を行った。このデモが示した徹底的な規律と統制は不気味ですらあったと伝えられる。女性の動員にもっとも成功したのもFISであった。選挙違反行為は一般的な現象であり、FISのそれだけを取り上げるのは公正を欠くが、例えば選挙に駆り出された女性は1回投票したらまた投票所に戻って投票、何度でも投票できたといった話も伝えられている。

選挙運動の極めつきは選挙の前日、アルジェ市内にある"7月5日大スタディアム"での数万人の大集会であった。演説が続き群集の興奮が絶頂に達した頃、突然スタディアム上空に薄雲が現れ、それは見る見るうちにアッラーという文字を形作った。テキサスのSHWOという広告業者がFISの注文を受け、スタディアムの屋根の人目につかない場所からレーザー操作して演出したものであった。

FISはこの広告会社に選挙キャンペーンを全面的に依頼し、数百のFAX、コピー機、ビデオ・カセット、あるいは選挙ポスター等、ロジスティックス、広報面での強さは他の政党の追随を許さなかった。その費用1億ドル以上はサウディの銀行小切手で支払われたとされている（注3）。

FISの選挙スローガンも「FISに投票しない者は、アッラーに背く者、天国には行けない」といった簡単でわかりやすいものであった。かくしてFISは地方選挙に大勝して、次に備えることになる（注4）。

以上がFLN体制終焉過程の第2幕である。

(注1) アッバーシ・マダニの正式な肩書きはporte-parole（スポークスマン）であった。FISは多くの思想傾向を包含したイスラム勢力の集合体で、そのため機関決定された党首を決め得なかった。

(注2) 独立戦争の担い手FLNは、独立後の社会のイスラム化とともにFISに浸食される運命にあった。一例として次のようなことが言える。独立戦争の犠牲があまりにも大きく、また、独立達成のために、良くも悪くも、FLNの果たした役割は絶対的な重要性を持つ。これは、FLN・ALN（人民解放軍）で貢献した人々を特権階級化することになり、彼ら（例えば退役軍人で地方で商売等を始めた者）は、FLN体制から恩恵を受けながら富を蓄積する。彼らはイスラムの精神からも、それを貧しい階層（FISが浸透した階層）に当然のこととして還元する（例えば、FISに対する献金やモスクの無い地域にモスクを建設するといった形で）。かくして彼らは、FLNの党員でありながら、FISへの貢献者となりFISの人々に尊敬され、同時に、FISのシンパとしてFISとの境がなくなる――FLNとFISの融合現象が生ずる――ということである。このあたりの事情については、Luis Martinez「La guerre civile en Algérie」(Editions KARTHALA, 1998, Paris) が参考になる。但し、筆者は、GIA、AIS等を独立戦争当時のALN軍、ゲリラと同一視し（そこから「アルジェリアにおける内戦」という題名になる）、悪しき政府に代わってイスラム国家が樹立されるべきとの立場をとっている。

このような背景を考えると、FLNがその生き残り策としてFISとの共存に望みをかけたことも十分理解できるのである。

いずれにしても、90年、91年の選挙で示されたようなFIS（イス

ラム勢力)の伸長が何故生じたのか、この点は、歴史的、政治的、経済的、社会的な全ての国内的要因、及び外的要因(当時の二大国際事件、ソ連・東欧の崩壊とイラクのクウェイト侵攻、更には遡って、ソ連のアフガニスタン侵攻、ホメイニ革命・イランの影響等)を全て考慮に入れて考察されるべききわめて興味ある問題である。

(注3) このあたりの情景描写等『El Watan』の1998年10月10日特集記事の1つ、Mahfoud Bennoune 教授「La montée de la nébuleuse islamiste」、10月5～9日間5連載論文の内の10月8日付第4論文による。

(注4) 選挙結果についての『エル・ムジャーヒド』の報道振りは極めて興味深い。即ち、6月12日(選挙当日)「FLNこそ民主主義の最高の保証人」、13日には特段の記事はなく、14日、「内相声明、複雑な投票制度の故に開票作業遅延」と報じた。6月15～16日付同紙に最終結果が発表されるが、それは、「FIS 853 (55.42％)の市・区議会で過半数、FLN 487 (31.64％)、独立候補106、RCD 87」という事実関係のみ報じた簡単なものであった。

(1998年12月10日　脱稿)
(中東研究　1998年12月号所収)

(3) イスラム革命前夜

地方選挙後の政治地図──イスラム共和国"地方政権"の成立

FISが抑えた県を地図の上で塗りつぶしていくと壮観である。山岳地帯と農業地帯──アルジェリアで緑のあるところ──のほとんど全てがFISとなり、FLNにはサハラ砂漠地帯しか残らないからである。FISは地方行政の65％(国土面積の35％程度)を制したのであった(これらの緑の地域こそ"死の三角地帯"を含め、その後のテロ地帯になる)。そして、この選挙こそはFISの最盛期の力を示したものであった。

ここでアルジェリアの地方行政組織を見ておく必要がある。先ず、内務大臣により任命される県知事("ワリ"と呼ばれる)、その下に県知事任命の市・区長("ダーイラ")がいる。県知事は政府の地方代表であり、中央省庁の全ての権限を代行する。警察は別途の組織で警察

庁下の県警察、その下に市・区警察がある。これら行政サイドに並列して県議会、市・区議会が存在する（アルジェリアの地方行政組織は、フランスのそれの丸写しであり、きわめて中央集権的である）。

　このような地方行政組織の中でFISが32の県議会（及びその下の市・区議会）を抑えた結果どのようなことが現実に起こったか。地域によって差があり、一般化しすぎると危険であるが、多くの地域で——首都アルジェを含め、また、僻地になればなるほど——行政サイドは議会サイドに圧倒された。多くの具体例が書かれ、また、語られている。もっとも象徴的でしかも重要なことは、議会等公共の建物に掲げられる"アルジェリア人民共和国"のプレートが"アルジェリア・イスラム共和国"と書き換えられたことである。行政サイドもこのような動きに対して強くは抵抗できず、多くの場合、彼らがなすがままに任せたと言われる。国民の生活に密着する社会、文化面等では、例えば、女性のスカーフ着用の強制は当然として、美容院の閉鎖、公共の乗り物の中での男女別席というよないわゆるイスラム的規制が強化された。また、FIS税といったものも徴収され（かなりは強制、ないしはゆすりの形をとったと思われるが）、これに応じない商店等は店を閉めたり、立ち退きを余儀なくされた（他方、進んでFISに献金した者も少なくなかった）。FISの活動家がしばしば教育現場に現れ、授業内容をチェックした。教師が生徒を叱ったら、翌日その生徒は銃を持ったFISの活動家——最早テロリストであるが——を学校に連れて来たといった逸話も新聞は伝えている。

　多くの地域で警察力を含め、行政サイドの権限が及ばなくなった。僻地の山岳地帯等場所によっては、警察署や市長・区長等が引き揚げを余儀なくされた。当時の地方行政は所詮FLN組織であり、それを担う公務員もFLN党員であった。FISの地方選挙勝利は、即、FLNの否定であったことを考えればこれはある程度自然の成り行きであった。

　このように地方選挙後は"FISの解放区"、"ミニ・イスラム政権"が成立して行く過程であり、それは国レベルでの政権獲得に備えてのFISの"見習い・実習"期間であった（注1）。

FISのデモ。中央にアッバーシ・マダニーとアリ・ベンハッジが見える。(Liberté 提供)

FIS によるゼネスト
FLN 体制終焉の第3幕。

　FIS の地方議会選挙勝利後、人民議会 (国政) 選挙に至るまでの時期の複雑さは格別である。FIS が大統領選挙繰り上げを主張し、ゼネストに訴えたこと、これが結果的には完全に裏目に出てアッバーシ・マダニ等 FIS 幹部が逮捕され、FIS は壊滅の危機に直面すること、政府による選挙法改正の試み、FIS の再建、テロ・グループの誕生等々である。特に FIS による 91 年5月から6月にかけてのゼネストは、まかり間違えばこの時点で FIS が天下を取ったこともありえた重大事件であった。このストについて少し詳しく事実関係を追ってみたい (注2)。

　地方選挙終了とともにアルジェリアは政治的デモの季節に入った。続々と生まれ出た新しい政党が次の人民議会選挙に向けて、宣伝、党勢拡張のために街に繰り出した。また、1990年8月2日のイラクによるクウェイト侵攻に起因する湾岸情勢の緊張は、首都のみならず、アルジェリア全土において多くの反米・イラク支援デモを誘発した。FIS 等イスラム政党の他、FLN を含め多くの政党、市民団体

等がデモを組織した。

政治スト――第1段階
 このような騒然とした情勢であったが、FISの次の目標は明確であった。地方選挙勝利の余勢を駆って大統領選挙になだれこみ、これに勝利して一気に政権取り――イスラム国家樹立――を目指すことであった。1991年3月末、議会選挙日が6月27日に設定され、併せて新たな選挙区割り・定員法案及び、選挙法案(ハムルーシュ内閣により作られた法案であるので"ハムルーシュ案"としておきたい)が人民議会に提出された。この内、選挙区割り・定員法案はFLNがFISに対して有利になるように、特にFLNの地盤たるアルジェリア南部地域選挙区の定数を増やすものであった。4月2日アッバーシ・マダニは記者会見で、FLNのみを利する区割り法案の廃案、地方選挙の際と同様の比例代表制の採用(ハムルーシュ案では単記、2回投票制を採用)、大統領選挙を議会選挙との同時選挙としてその3ヵ月の繰り上げ実施等5項目の要求を打ち出し、これが受け入れられない場合には無期限ゼネストを決行すると表明した。
 新しく誕生し、議会への登場を期すRCD、MDA(党首ベンベラ)、PRA(党首ブクルーフ)、MAJD(党首カスディ・メルバーハ)等7つの小政党も新区割り法案は大政党を利するものとしてFISに同調、ゼネスト決行を訴えた。しかし、この2つの法案は当時まだFLNのみからなる議会で採択され、公布された。
 FISが呼びかけたゼネストは5月25日より実行に移された。4月の時点でFISに同調していた7政党は、FISとは袂を分かちストには参加しなかった(ルイザ・ハヌーンのPTはこの7政党の中には入っていなかったが、スト支援の立場をとった)。
 奇妙なストであった。FIS自体がストをしたわけではない。FISが意図したことは、大統領選挙の繰り上げ実施という政治目的達成のために一般国民をストに動員することであった。それは体制側との全面対決、政治ストであった。FISの活動家が地方からも動員され(全国レベルのストが企画されたが、地方都市では気運は全く盛り上がらず、FISは首都を決戦の場にした)、彼らは、頻繁にデモや集会を行うとともに、アッバーシ・マダニやアリ・ベンハッジらFIS幹部指揮下に商店の

閉鎖や一般労働者の職場への出勤阻止を試みた。SIT（Syndicat Islamique du Travail）の活動家は仲間の出勤を妨害し、大学ではFIS活動家が授業中の教室に入り込み、ストを呼びかけた。FISが支配していたAPCもストのための動員に動いた。それでもストから4日目の5月28日頃まではゼネストにはほど遠く、大学ではスト反対のデモが起こり、国営企業労働者でストに参加していた者も漸次これを止めて仕事に戻り始めるような状況であった。アッバーシ・マダニ、アリ・ベンハッジその他FIS幹部は（その中には、その後FIS海外代表を自称した在独ラバーハ・カビールらもいる）「現体制は悪の体制、イスラム的解決が必要。これをイスラム国家で置き換えるほかはない」「ストは体制変革が実現され、コーランとスンナに戻るまで継続する」「FISが権力の座に着いた暁には誰がFISと行動を共にしたかを識別する」等々、疲れを知ることなく演説（説教）して廻る。呼びかけの主たる対象は国営企業労働者、商店主、タクシーの運転手等であった。

第2段階──FISと体制との直接対峙

スト5日目の5月29日頃からデモ隊と治安警察部隊との衝突が起こり始める。アルジェ周辺から首都に集まったFISの活動家は（夜間、市役所等の公用トラックで到着、まず、モスクに行き、そこでグループ分けされた）、5月1日広場等を占拠していたが、警察部隊は彼らの排除にかかり始め、事態は政府とFISの直接対峙に変質してくる。首相ハムルーシュは、FLN改革派として事態の話し合いによる解決を模索し、29日アッバーシ・マダニと会談する。マダニは「我々の要求（選挙法改正及び大統領選挙繰り上げ実施）が満たされるまでストを継続する」と述べ、ハムルーシュにとっては受け入れえないことであったが、それでもなお、話し合い解決の希望は捨てず、デモ・集会を5月1日広場等アルジェ市内4ヵ所に限定するよう通告。彼の読みは議会選挙が公示され、選挙戦が始まればFISのストもそれに埋没して収束するであろうというものであった。両者は「血を流さない」ことについては合意したが、アッバーシ・マダニにとっては、市内4ヵ所でのデモ・集会継続の許可を得たことになった。両者は「更に会談を重ねる」ことを約束した（現に5月31日及び6月2日の2回会談したが、

事態の収拾には全く無意味であった)。デモと集会は続き、デモ隊と警察部隊の衝突もますます増えてくる。そのころからFIS側に戦術転換があり、イスラム国家云々の呼びかけと併せ、「警察の挑発に乗るな」が彼らの合い言葉になり、演説の中で強調されるようになってくる。彼らが軍や警察部隊に対してFIS側につくよう呼びかけを始めたのもこの頃である。

　緊張はクライマックスに向かって高まり続け、6月2日頃からは今までストに不服従であった商店等も次第にFISの呼びかけに乗ってくる。一例として、バーブルウェッドの商店主等300人がSITの呼びかけで地区の映画館で集会を開き、ストに同調した方が利益になると説得され店を閉め始めた。アルジェ大学学生も市内に向かってスト支持のデモを行うようになる。6月3日夕刻、デモ隊はバーブルウェッドやハラシュから5月1日広場を目指して参集し、その数は2万人に上り、その先頭には数百人のミリシアが立った。FISは、SITを通じアルジェ中央病院等4つの病院を押さえ、負傷者救護のための独自の救急施設を作り上げ、彼らの許可なしにはそこに入れなくなった。広大なアルジェリアの中の首都アルジェだけの出来事ではあったが、事態は革命前夜の様相を呈し始める。テロリスト・グループTakfir wa Hijra (注3) が初めて軍服姿で現れたのもこの頃であった。

ハムルーシュの退陣と戒厳令布告

　シャドリ大統領は何をしていたか。シャドリは6月2日夜ハムルーシュ、モハメディ内相、メヘリFLN中央委書記局長、ナッザール陸軍参謀総長を召集した。ナッザールはかねてより「事態収拾のためには戒厳令しかない」と主張していたが、この会議でもこれを主張、それに反対するハムルーシュとの妥協として、シャドリは、戒厳令はいつでも署名できるように用意しておく、その夜テレビ演説を行う、自らマダニと会談することを決めた。大統領は演説で、ストライキ参加者を"攪乱分子"と形容しつつ、選挙は予定通り6月27日に行うと述べた。アッバーシ・マダニはこの演説を聞いて激怒、大統領と会うメリット無しとして会談を蹴る。ハムルーシュはその夜辞表を提出する。警察側もデモ隊の排除を進め、両者の衝突は益々

激化していく。6月3日18時、モハメディ内相はデモ禁止令を発出する。

再びシャドリ大統領の動静。メヘリFLN書記局長は6月3日夜、大統領に電話を入れ、ベルハーデム人民議会議長（注4）がよい情報を持っているので会うように勧め、直ぐにベルハーデムとの会談が行われる。彼は、FIS幹部と話し合ったところとして「彼らは要求項目を減らした。選挙法を改正し、大統領選挙の繰り上げ実施を約束すればストを止める」と伝えた。シャドリは、すがれるものには何にでもすがるとばかり、ナッザールの反対を押し切って「危機解決に役立つのであれば、大統領選挙繰り上げ実施に反対しない」と述べた。ベルハーデムはこの大統領の回答を伝えるため翌日アッバーシ・マダニに会うとし、メヘリは、この合意は（大統領がFISと取り引きしたという形はとるべきではないので）FLNとFIS間の共同コミュニケにした方がよいと述べてこれを起草した（FLNの代表は党首としてのシャドリであったが）。翌、4日ベルハーデムとメヘリはアッバーシ・マダニの所へ出向くが、彼は要求をつり上げ、大統領の辞任を求める。

何故、たった1日の間に態度を変えたのか。一つの謎である。アッバーシ・マダニは最後まで楽観的であった。彼はこの日のベルハーデムとの会談で、能天気に「戒厳令が布告されてもそれはFISに向けられるものではない」とすら述べている。彼は体制側治安諜報機関のトップと繋がっていた節があり、体制側に権力の空白が生じていることを察知、強硬姿勢をとれば体制が割れること、更には軍も割れること、シャドリが辞任に追い込まれること等の読みをしていたという見方がある。他方、彼は治安諜報機関の策略に乗せられ、強硬路線に走り自滅したという見方もあるから事は複雑である。

4日夜、5月1日広場からデモ隊は実力排除された。午前2時。緊張は更に高まる。攻守ところを代えて、今度は警察部隊がもはや完全に暴徒化したデモ隊に包囲され、攻められる番である。彼らはこの広場を占拠した警察部隊に対し"アッラー・アクバル"と叫びながら、モロトフ手榴弾や石、空き瓶等を投げつける。この時初めて自動小銃の銃声が聞こえたと言われる。夜明けのお祈りの時間が来て、その間しばしの静けさ。群衆のシュプレヒコール"イスラム国家のために生き、そのために死ぬ。イスラム国家は犠牲を求める"が

始まり、再び広場は騒然となる。バリケードが築かれ、若者が交通規制、検問をする。催涙弾のガスと煙が充満し、女性はバルコニーから金切り声のユーユーを叫び続ける。やがて交通はピタリと止まり、商店は全てシャッターを下ろした。聞こえるのは爆弾の音と威嚇射撃の銃声だけとなった。Takfir wa Hijraのテロリストにより警察官や治安部隊兵士が誘拐され、彼らは"FISの捕虜"と宣言され、アリ・ベンハッジ自ら彼らを尋問し拷問する。ベルクールのカブールモスクとバーブルウェッドのスンナモスクがこれら"捕虜"の収容所となった。

4日夜から5日にかけて戒厳令布告、ストに終止符が打たれる。軍当局は6月10日、この騒動の結果を発表した。「死者17名(内訳、兵士2、憲兵隊員1、民間人14)、負傷者219名(兵士6、憲兵隊員23、残り民間人)」。コミュニケは「市内4つの病院を支配した反乱者は犠牲者を隠したので、この数字の正確さには限界がある。反乱者は重軽傷者の写真撮影に多くの時間を費やし、彼らの手当てを十分にしなかった」と付け加えている(FISはストの全期間、記録・広報のための写真・ビデオ撮影に余念がなかった)(注5)。

アッバーシ・マダニはハムルーシュの退陣に満足であった。7日、彼はゴザリ首相に接受され、選挙法(ハムルーシュ案)改正と大統領選挙繰り上げ実施について近く発表がなされるとの言質を得たとし、誇らかにスト終了を宣言する。翌8日、意気軒昂に内外記者会見を行い(彼は記者会見が大好きであった)、「ハムルーシュを退陣に追い込み、選挙法改正及び大統領選挙繰り上げを得たことはストの成果であった。ストのために解雇された労働者は職場に復帰できよう。これらの点について新政府より堅い約束を得ている。FIS側は"捕虜"を全員釈放した。政府側が同じ措置をとるのを待っている」と述べた。

彼は楽観的に過ぎた。6月30日、アッバーシ・マダニ、アリ・ベンハッジは、スト実行委員会の5名とともに逮捕され(全員マジュリス・シューラの構成メンバー)(注6)、ブリダの軍刑務所に収監された。アッバーシ・マダニの逮捕理由は、暴動の指揮・組織、殺人と破壊活動による国家に対する侵害行為、国家経済に損害を与えたこと等4つの罪、アリ・ベンハッジのそれはこれらに加え誘拐、不法監禁、拷問の7つであった。

かくして、FLN体制終焉の第3幕が降りるのであるが、アッバーシ・マダニらが逮捕される2日前、シャドリがFLN党首を辞任、今後は"一党員として活動する"との中央委員会声明が発表された（6月28〜29日付『エル・ムジャーヒド』）。そのロジックは、複数政党主義に基づく民主主義の構築という政治目的に鑑み、最早一政党の党首であるべきではなく、今後は全国民の大統領として憲法上の責務を遂行するためとされた。

　第3幕の最後の場面にふさわしい出来事であった。

（注1）　Amine Touati「Algérie、les islamistes à l'assaut du pouvoir」、Editions L'Harmattan, 1995, Paris, 序章"La Trajectoire du FIS" 9頁。「原理主義者FISは、地方選挙勝利の配当の管理、従ってまた、権力の見習いをせざるをえなかった」

（注2）　FISのゼネストについては、『エル・ムジャーヒド』及び上褐書の第1章「L'ETAT ISLAMIQUE PAR LA GREVE"に主としてよったが（ストの状況を日を追って克明にフォローしている）、アルジェリア人新聞記者からの話も参考にした。

（注3）　イスラム同胞団の思想的指導者サイイッド・コトブ（エジプト人）の刑死を機に、エジプトの刑務所で生まれたテロ・グループTakfir wa Hijraの流れを引くグループ。残忍きわまりないテロを行うことで知られている。

（注4）　この時から9年後、2000年8月末、ベルハーデムはブーテフリカ大統領のもと、外務大臣に任命される。

（注5）　ストの第1段階及び第2段階について『エル・ムジャーヒド』はどのように報じたか。見出しだけ拾って追ってみたい。

5月25日	FISのゼネスト呼びかけ、FISの混乱、弱さの告白
5月26日	ゼネスト呼びかけ　効果なし、FISの大失敗
5月28日	ゼネスト失敗後のFISの挑発
5月30日	ハムルーシュ首相　アッバーシ・マダニとアリ・ベンハッジを接受
5月31〜6月1日	選挙に向かってスタート、FISゼネスト失敗を認める
6月2日	ゼネストに対する国民の無関心と苛立ち
6月3日	大統領演説　民主主義構築の公約、選挙の予定通

　　　　　　　　　　りの実施を声明
　　　6月4日　　　　内務省声明　FISの逸脱行為に対する断固たる措置
　　　6月5日　　　　（ストのため発刊されず）
　　　6月6日　　　　民主主義的国家機構擁護のため戒厳令昨日布告、
　　　　　　　　　　平静の回復
（注6）　マジュリス・シューラはFISの指導部で34ないし35名で構成
　されていた。

　　　　　　　　　　　　　　　　　　（1998年12月10日　脱稿）
　　　　　　　　　　　　　　　　　　（中東研究　1998年12月号所収）

(4)　FISの議会選挙勝利と選挙中断

　いよいよFLN体制終焉の第4幕、フィナーレである。半年の短い期間ではあるが、大団円にふさわしく、この間の情勢の展開は誠に劇的である。
　FISのゼネストは失敗し、アッバーシ・マダニ、アリ・ベンハッジほか幹部が逮捕されFISは壊滅の危機に直面するが、その後FISはアブデル・カーデル・ハッシャーニのもとに見事に再建され、91年末の議会選挙で勝利を収める。FIS再建のこの過程は同時に、その後のテロ時代の嚆矢となる活動が始まった時期でもあった。
　これらの問題に入る前に、ハムルーシュ内閣を継いだゴザリ内閣による議会選挙対策について触れておきたい。

ゴザリ内閣による選挙法改正の試み

　1991年6月4日、ハムルーシュ首相辞任、シド・アハマド・ゴザリが首相に就任、4日から5日にかけて"国家体制の安定擁護のため"として、戒厳令及びアルジェ、ブリダ、ブーメルデス、ティパザの4県に夜間灯火管制が敷かれ、これによりゼネストは終結された。併せて同月末に予定されていた議会選挙の延期も発表された。
　ゴザリ内閣の最大の懸案は、延期された議会選挙をできるだけ早期に、かつ、これをFLNがFISに勝つような形で実施することで

あった。特に後者の点に関してのFLN・体制側は、地方議会でのFIS優勢は最早既成事実としてこれを受け止める、しかし、国政レベルではFLNの議席がFISのそれを上回ってFLN主導の連立政権——宗教政党とのコアビタシオン——を意図した模様である。シャドリは、フランスに成立したミッテラン大統領(社会党)－シラク首相(保守党)のコアビタシオンのアルジェリア版に思いを馳せたと言われる。

　ゴザリのスローガンは、"正しく、清潔な (honnête et propre)" 選挙実施であった(同首相は"正しく、清潔氏、M. honnête et propre"というあだ名がつくことになる)。これ即ち、FLNがFISより優位に立てるような選挙を行うことであった。"正しく"とはFLNから見て民意を反映した選挙であり、"清潔な"とは、不正投票がないということである。"正しい選挙"に関しては選挙区割・定員法の改正であり、ハムルーシュ案をもとに、FLNに更に有利になるように選挙区割の手直しを行うとともに、議員総数541を373に削減、また、被選挙権をハムルーシュ案の30歳から27歳に引き下げた(若いFLN党員の立候補を容易にしようとの思惑からであろうが、これはむしろFISに有利に働いたのではないか)。

　"清潔な選挙"に関し彼がもっとも重視したのは、代理投票(被有権者たる本人に代わって親族が投票できる制度)の手続きに関してであった。即ち、ハムルーシュ案では地方選挙の際と同じ手続きが採用され、家族手帳と有権者登録票があれば代理投票が可能であった。この制度では、開発途上国一般の例に漏れず、非識字率が高く(25〜30％、当時の総人口約2800万人の内の700万〜750万人)、また、全国レベルで見れば女性の政治意識が高いとは言えないアルジェリアでは、女性は投票に行かず、男性が母、妻、姉妹、娘等(彼女らこそFISの大票田であった)に代わって簡単に投票できた。FLNにはこの制度が地方選挙でのFISの大勝につながったことについての反省があった。しかし、ベルハーデム人民議会議長を中心とするFLNの中のFIS寄り勢力がこれらの改正に強く抵抗し、10月15日、定員については430、被選挙権については28歳、代理投票手続きに関してはハムルーシュ案そのままを内容とする法案が採択された(注1)。ゴザリは代理投票手続きについてはなお譲らず、これを憲法評議会(違憲審査機関)に付託、同評議会は同月28日、法案の規定を違憲とし、代理投票にあ

たっては委任状が必要との裁定を下した。識字率が低く、政治意識も高くないところでは委任状の有無はさほど実質的な意味は持たないであろうが、民主主義的手続きを踏むという点では重要であろう（注2）。なお、単記、過半数、2回投票制についてはハムルーシュ案がそのまま踏襲された。

このようないきさつの末、10月15日、シャドリ大統領は議会選挙の第1回投票日を12月26日とする旨の演説を行い、17日、第2回投票日を92年1月17日とする旨の大統領令を公布した。

ハッシャーニによるFISの再建——第1段階

まずは、そもそものFISの成り立ち、その思想的・人的系譜についての説明が必要である（注3）。アルジェリア原理主義には"サラフィスト"、"ジャザーリスト"の2つの流れがあるとされる。独立達成後、社会のイスラム化の進展とともに70年代末頃から多くのイスラム運動グループが誕生したが、それを一つの運動体として結集しようとしたのがムスタファ・ブヤリであり、彼は1980年にMIAを設立する（注4）。複数政党制の導入とともに、この結集の構想からFISが生まれてきたのは自然の流れであり、アリ・ベンハッジを初めとしてFIS誕生の際の中核をなしたのはブヤリを取り巻いた者達であった（その後テロ・グループに加わった者についても同様であり、アルジェリア原理主義運動の中でブヤリは決定的に重要である）。彼らとは別にイスラム法学者（ウラマー）グループがあり、その長老格であったアッバーシ・マダニが代表（スポークス・マン）におさまって89年2月から3月にかけてFISが誕生した。

これとは別にムハンマド・サイードに率いられたジャザーリスト・グループがある。彼らもFISへの合流の誘いを受けるが、彼らはこれを断り、アッバーシ・マダニがこれに参加した対抗措置として"Rabita Islamiya"を結成した。アッバーシ・マダニは、これにも加わり、同じくFISへの合流を断った現MSP党首ナハナハも参加して、"Rabita Islamiya"がFISをも包含したイスラム運動のゆるやかな結集体としての体裁をとることになる。しかし、1990年6月のFISの地方選挙大勝利は"Rabita Islamiya"を吹き飛ばし、以後FISがイスラム勢力の中核になる。

"ジャズアラ（ジャザーリスト）"とは何か（注5）。一言で言えば、エミール・アブデル・カーデル、ベン・バディース、マーレク・ベンナビの流れを汲むアルジェリア版原理主義(者)であり、原理主義がアルジェリア・ナショナリズムの形をとったものと定義することができる。いくつかの特徴が指摘される。第1にアルジェリアにおける原理主義としては、ジャズアラの方が先輩格であり、70年代初め、アルジェ大学内のモスクでアルジェリアでは初めてのマジュリス・シューラが結成された。第2にその活動家の大部分は"マルクス主義にかぶれた大学生のイスラム版"（注6）であり、実際、グループ成立の初期段階ではフランコフォーンの学生が大きな役割を果たした。第3に出身階層の違いがある。サラフィストの圧倒的多数が農村地帯ないしは地方都市の庶民街(quartier populaire)出自の者であるのに対し、ジャザーリストは、ハッシャーニやラバーハ・カビールを代表格として、都市家庭出身、大学卒インテリである。彼らは思想的にも近代主義者であり、サラフィストの如く、"アルジェリア社会をメッカ、メディーナ時代を出発点として再イスラム化する"のではなく、"アルジェリアは既にイスラム社会であるが、統治者が不信心者である"ことが問題とされた。第4に活動領域。ジャザーリストは大都市での活動を重視し、首都アルジェ、コンスタンティーヌ、バトナ（全体としてアルジェリア東部の大都市）をその主たる活動領域とした(但し、アルジェのクッバとバーブルウェッド地区はベンハッジらサラフィストの聖域であり、そこには入り込めなかった)。また、ジャザーリストは、アルジェリアにおけるイスラム主義者の標準スタイルとなった髭もじゃの顔、カミースと呼ばれる着流しの白い衣服の格好をしなかった。

サラフィストについては、ジャザーリスト以外の原理主義者とするのが正確であろう。但し、"イスラム国家"を目指すという点では両者の目的に相違はなく、また、所詮、イスラム原理主義者は、定義上すべてサラフィストであり（ジャザーリストはその上に"アルジェリア色"が付いたものと言える）、また、アルジェリアにおけるイスラム原理主義グループは地縁、血縁をその基礎構造としているので、両グループの違いを強調しすぎるのは正しくないであろう。

ゼネストの後、6月末、FIS幹部（いずれもサラフィスト）が逮捕されたのに続いて、多くのFIS活動家も逮捕された。更にFIS内部か

らも、アッバーシ・マダニ、アリ・ベンハッジは「アルジェリアの平和と安定にとって、また、イスラム教徒にとって危険」として、アハマド・メラニー（後、第1次ウーヤヒヤ内閣で宗教大臣を務め、現在大統領任命の上院議員）ほか数名がマジュリス・シューラを脱退し、FISと袂を分かった(注7)。サラフィストに創設されたFISは壊滅の危機に直面する。そこに登場してFISを再建し、議会選挙勝利にまでもって行くのがムハンマド・サイードとアブデル・

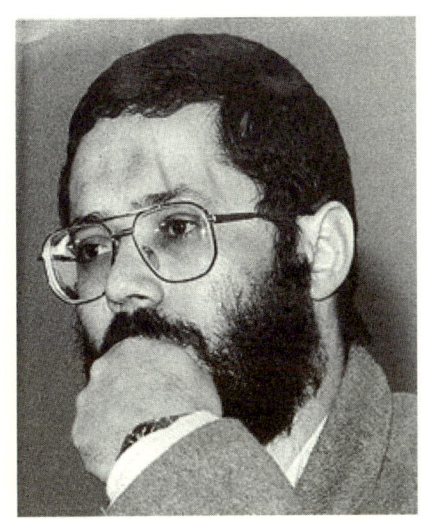

ハッシャーニ。（Liberté 提供）

カーデル・ハッシャーニに代表されるジャザーリストであった。この2人にとっては、この過程はジャザーリスト支配のFIS再建、残ったサラフィストにとっては、彼らによるFIS乗っ取りの過程であった。2人にとってFIS再建は容易ではなかった。なぜならハッシャーニはFIS政治局のトップではあったが、当時37歳と若く、FIS内では少数の反主流派で、その権威はおよそ公認されるにはほど遠かったこと、サイードはFISメンバーになったのかどうかもはっきりしないクッバのアルカームモスクのイマームにすぎなかったからである。しかしハッシャーニの並外れた政治力、組織力は選挙勝利の時点まで遺憾なく発揮された。

　ハッシャーニはアッバーシ・マダニらが逮捕された24時間後にはサイードに会い、FIS再建のために動き出す。サイードは、それまで陰の存在であったが、表舞台に登場する絶好のチャンス到来と見て、2人で直ちにジャザーリスト及びサラフィストの内、彼らに近い者を集めて会合を行い、彼らがFIS建て直しの中核になる。彼らは7月7日午前9時半、FISの全国レベル会合を召集し（召集は旧FIS名でなされた）、48県の内、22県の代表が参加（注8）、そこで"臨時

全国マジュリス・シューラ（新マジュリス）"、"臨時全国執行委員会"の設立（臨時とされたのは、アッバーシ・マダニとアリ・ベンハッジは常にFISの指導者であり、彼らが釈放されるまでという意味が込められている）、サイードのFISスポークスマン就任（アッバーシ・マダニは逮捕される直前サイードと会い、彼を後継者に指名するとした書簡を残したとされる）を決定した。かくして新FISが誕生した。会議は1時45分に終わり、これらの結果を発表する記者会見が2時半に予定され、サイードは記者団のライトを浴びてFISの牙城となっていたクッバ区議会の会場に現れ、「FISに生じた空白を埋め、その分解を回避するため」としてFISスポークスマン（代表）就任を宣言する。しかし、その宣言が合図であったかのごとく、会場近くに張り込んでいた忍者スタイルの軍治安部隊が会場に突入し、サイードは逮捕され、アッバーシ・マダニ、アリ・ベンハッジが収監されているブリダの軍刑務所に送られた。

　ハッシャーニは、その後も精力的にFIS再建のための活動を続け、7月25～26日バトナで党大会を開催するところまでこぎ着け、大筋において先の7月7日決定のラインを承認させる。特に重要なのはマジュリス・シューラ構成メンバーを拡大したこと、臨時執行委員会をその上部機構とし、ジャザーリストの指導権を一応確立したことであった（注9）。しかし、ハッシャーニは、その後の活動において、FISの党首はアッバーシ・マダニ、副党首はアリ・ベンハッジであること、サイードを含め、逮捕・拘禁されている者の釈放に全力を尽くしていること、党としてのいかなる決定も両幹部が釈放されるまでの暫定的なものであること、FISの路線を忠実に守りイスラム運動を継続すべきことを常に強調した。

FISの再建——第2段階

　ハッシャーニ主導のFIS再建に対し、マジュリス・シューラを構成した全員が彼を支持したわけではなく、多くの者はお手並み拝見とばかり、模様眺めの態度をとった。ハッシャーニの有能さは誰しも認めるところであったが、出自の違いから来るそのインテリ的感性と挙動は、数の上では多数を占めるサラフィストの肌に合わず、彼はFISの指導者たる"文化的・社会的資質"を欠いたとされる。執

行委員会こそ、ラバーハ・カビールら彼に繋がるジャザーリストが押さえたが、マジュリス・シューラは依然としてサラフィストが主流であった。

政治情勢はどうであったか。6月5日（1991年）に布告された戒厳令は4ヵ月の期限付きであったが、期限よりも早く9月29日午前0時を期して解除された。ゼネスト以降逮捕されていた1000人を越えるFISの活動家もその間順次釈放された。ゴザリは来るべき議会選挙に関連して諸政党との政治協議を重ねたが、FISはそこには招かれなかった。サイードが逮捕された後、バトナ党大会も特段の注目を集めることもなく、FISは最早世間から忘れられたような存在になり、政治の表舞台から姿を消してしまった観があった。

このような情勢の中、戒厳令解除の2日前、今度はハッシャーニが前日行ったモスクでの説教を理由に突然逮捕される。彼は大衆を煽るタイプの雄弁家ではなかったので何故彼が逮捕されたのか訝られ、また、彼の逮捕は軍ではなく、警察により行われ、従って収監先もブリダの軍刑務所ではなく、内務省所管のアルジェのセルカジ中央刑務所であった（軍による逮捕と警察による逮捕の違いがあり、このあたりの問題も興味深い）。この逮捕は、インテリ臭い彼に対する仲間からの感情的反発を取り除き、彼がアッバーシ・マダニ、アリ・ベンハッジに代わってFISを率いるのに必要な大きな箔付けをすることになったから皮肉である。

彼が刑務所生活を送っている間、FISを取り仕切ったのはラバーハ・カビールであった（注10）。戒厳令解除を受けて10月頃からFISはマジュリス・シューラの会合や大衆集会を頻繁に行うようになる。彼らの要求が逮捕されているFIS幹部や活動家の釈放であったことは言うまでもない。

この間の政府側FLNの対応を理解するのはなかなか難しい。アッバーシ・マダニやアリ・ベンハッジ逮捕の理由になった罪状からすれば、FISを暴力的傾向を有する政治団体としてこの段階で非合法化してしまうこともあり得たと思われるが、そのようなオプションが検討された形跡は見られない。実際は全く逆で、複数政党制の建前からFISをいかに来るべき議会選挙に参加させるかが問題であった。そこにはFISが既に無力化されたという読みと、FLNの中のFIS寄りグループ——FISとのコアビタションを志向するグループ——

の存在があったに違いない。この点はFISにとって駆け引きの好材料になり、選挙参加の条件としてもアッバーシ・マダニらの釈放を強く要求する。FISは革命記念日の11月1日、大規模なデモを組織し、それはFIS勢力の再確認として大きな成功を収めたが（その模様はテレビでも放映され、諸政党はデモに示されたFISの動員力のすごさに愕然としたと伝えられる）、ハッシャーニはあたかもこのデモに間に合わせるかのように、その前日に釈放された。この日、FISの歴史の中でも最大規模の70万人が集まったと言われた。演説会場になったのは、アルジェ下町、カスバ近くの殉教者広場であった。

ハッシャーニが登場し演説した。「ここに本来いるべき人に代わって私がいることをお許しいただきたい。彼らは獄中にいる。イスラム共同体（ウンマ）運動は決して死ぬことはない。我々は1954年、独立闘争のために武器を取って立ち上がった。イスラム国家が宣言される日にのみ、我々は武器を置こう。FISこそは54年11月精神の延長である」。今や彼は誰の目にも、押しも押されぬFISの新しいリーダーであった。しかし、この日の主役は、なんと言ってもアリ・ベンハッジの7歳になる息子であった。年齢よりも更に小さく見えた体で演壇に登り、"父からのメッセージ"を伝え、「僕の父は監獄にいる。それは奴隷の国の自由人の宿命。父上、僕は、父上と祖父が歩んだアッラーの道を歩み続けます。みなさんに、父が好んで使った言葉をお伝えします。"アルジェリア憲章でもなければ、憲法でもない。アッラーと予言者あるのみ"」と演説し、大群衆は感涙にむせんだと伝えられている。

このハッシャーニ演説はジャザーリスト路線を明確に示している。即ち、イスラム国家樹立をアルジェリア建国の根本精神である1954年11月革命と結びつけていることである。サラフィストの思想では、独立後のFLN体制をも含め、過去との決別によるイスラム革命であったが、ここに現れた思想は、アルジェリアを"革命的に"変えるのではなく、"継続の中の緩やかな変革"である。ハッシャーニにとっては、来るべき議会選挙はアッバーシ・マダニらが釈放されなくても、政権に近づく好機としてこれを逸するべきではなかった（注11）。しかし、マジュリス・シューラの中ではむしろ選挙不参加が大勢であった。先ずはFIS指導者の釈放が参加の絶対的条件である、また、釈放されたとしても、選挙に参加して敗北した場合には、

イスラム運動は力を失うので危険な賭はすべきではない、という意見が一方にあり、他方、FISが選挙に勝っても、その結果は軍部に潰されてしまうので参加しても意味がないという意見もあった。また、FIS周辺のより過激なグループは"イスラムには選挙はない"として、選挙参加は問題外とする者もあった。このような状況下、FISとしての選挙参加を決定するには慎重を要した。彼は、FISの選挙参加のためにはまず何よりも体制側が"善意"を示す必要があ

FISのデモ。(Liberté 提供)

ると繰り返し言い続けたが、この"善意"は11月28日、サイードが釈放されたことによって示された。

この日マジュリス・シューラは昼のお祈りの後から会合をし、まさに選挙参加問題を討議していた。既にサイード釈放の報を得ていたハッシャーニは、彼の出迎えのために12人をブリダの監獄に差し向ける。マジュリスの彼の仲間はサイード釈放の情報を未だ知らない。サイードは「アッバーシ・マダニ、アリ・ベンハッジと一緒に最後のお祈りをするから」と迎えの者を待たせた後、マジュリスの場に直行する。ハッシャーニはビッグ・ニュースがあると会合参加者に告げ、そこにサイードが現れる。サイードは選挙参加を促すアッバーシ・マダニとアリ・ベンハッジからの忖度を伝える。そこで一気に選挙参加の方針が決まるが、この会合後発表されたコミュニケは「マジュリスはFISの選挙参加問題については未だ決定しないことを決定した」というものであった。

なお、サイードはFISの中で再度自分の地位を復活させることを

意図して、その釈放を周知させるため、モスクやFIS機関紙El Munquid et Fourqan社等に挨拶周りをして歩く。しかし、最早ハッシャーニのリーダーとしての地位には対抗できず、表舞台から退く(後に、同人に対しては、ハッシャーニ、ラバーハ・カビールとともに再度逮捕令状が出される。逮捕を免れるが、欠席裁判で10年の刑を受ける。指名手配され逃亡生活の身となり、山に潜伏してテロ活動に入る。94年8月、当時のGIA首領グスミを大統領〈カリフ〉とする"イスラム政府"設立が声明され、首相に任命されるが、95年12月、ジャザーリスト仲間18人とともにGIAに粛正され、非業の死を遂げた)(注12)。

議会選挙勝利

選挙参加を決めた後のFISの選挙運動はすさまじかった。頻繁に集会が行われ、イスラム関係の本やカセット・ビデオ、カセット・テープ(アッバーシ・マダニやアリ・ベンハッジの説教を納めたもの)の展示即売会も盛況をきわめた。全国津々浦々のモスクがフル回転して、そこにFISの活動家が送り込まれ、徹底的なドブ板作戦が展開された。その活動ぶりは他の政党の到底及ぶところではなかった(新しく誕生した政党の多くは——イスラム政党であるMSPを除いて——アルジェリアで"クラス・ポリティック"と呼ばれるインテリ層を対象にしており、この状況は現在に至るも基本的に変わっていない)。かつての組織に頼るだけでのFLNが——それもFISにかなりの程度浸食されていたのであるが、——勝てるはずはなかった。しかしFLNの読みは楽観的で、FISの獲得議席は最大限30%と予測、逆に、ハッシャーニは、25〜30%程度とれればFISにとって名誉ある成果と考えていたとされる。12月24日、選挙の2日前、シャドリは演説して「選挙の結果がどうであろうと、次の大統領選挙まで私は大統領の職に留まって責任をまっとうする。後世の歴史家により、国が私を必要とした時に責任を逃れたと判断されたくない」と述べる。

12月24日、メヘリFLN書記長は「選挙運動期間、特段の事故もなく全ては順調に運んだ。アルジェリアは民主主義の試験に合格した」と述べた。12月26日『エル・ムジャーヒド』は、国民を投票へと促す「今日はデモクラシーとの約束あり」との赤い文字の手書きの文章でその一面を飾った。

選挙の結果は驚くべきものであった。総数430議席の内、231議席が確定し、その内訳は次の通りであった。

	獲得議席数	獲得票数
FIS	188	3,260,222
FFS	25	510,661
FLN	15	1,612,947
独立候補	3	
RCD	0	200,267
HAMAS	0	368,697
NAHDA	0	150,093

投票率等は次の通りであった。

有権者総数	13,258,554	候補者総数	5,712
投票者総数	7,822,625	選挙区総数	430
投票率	59%	投票所総数	31,930

FISは確定した議席数の内の81％を獲得した。未確定議席数は199であったが、大部分の選挙区でFISの候補者は第2回投票に残っており、過半数216議席獲得のためにはあと28議席とれば足りた。

しかし、よく見れば奇妙な結果でもある。FISは有効投票約780万票の内320万票、41％の票数であったが、議席数では81％をとったこと、FFSの獲得票数は50万票で、その3倍の150万票をとったFLNより10議席も多い25議席をとっていることである。

どうしてこのような結果になったのか。獲得票数と獲得議席数に大きな乖離があり、これは選挙制度上の欠陥であろう。しかし、獲得票数でFISがFLNに倍以上の差をつけたことも紛れもない事実である。この選挙は巷間"ペストとコレラの間の選択"と言われた。FLN懲らしめ票がFISに回ったことは確実であるが、他方、ペスト、コレラいずれも選択し得ない者は棄権した。棄権がFISを利したことは間違いない。なぜならFISは固定票を有し、その中からの棄権は多くはなかったはずだからである。FISの獲得票数が地方選挙の際と比べてちょうど100万票減っているが、この選挙でFISが獲得

した320万票が当時のFISの固定票で、減少分100万票の内、50万票は2つのイスラム政党に流れ、残り50万票は元々はFISには行かなかった票と分析することが可能であろう（注13）。

FLNはFISに息の根を止められた。『エル・ムジャーヒド』はこの衝撃的な選挙結果をどのように報じたか。

選挙の翌日、同紙は「3党が第2回投票へ」との見出しのもと、「投票制度の複雑さ、選択の多様さが選挙に大きく影響し、政治的現実からはほど遠い結果となった」と報じた。28日付は「異議申し立て」の見出しのもと「選挙の非公式結果に対し、諸政党、独立候補から約50件の異議申し立てがなされている」「第1回投票を棄権した有権者は第2回投票に参加し、FLN候補者に投票するだろうか。アルジェリアは政治的安定を必要としており、国益のためにそうあることを期待したい」と書いた。30日付同紙は「歪曲された流れ」との見出しのもと、「本日発表される選挙結果の公式発表は、選挙が有権者の自由な選択ではなかったことを示すことになろう」と予告する。そして「諸政党は、第2回投票に参加し、デモクラッツを支持するよう呼びかけている」として、これら政党の選挙批判の声明、「未だノー・リターンの状況ではない」(FFS)、「選挙結果は現実を反映していない」(MJD)、「選挙は反憲法的であった」(PAGS)等報じている。憲法評議会の審査を経た後の投票の正式結果は、選挙区ごとの投票者、棄権者等の総数、投票率等の詳細な表とともに、1991年12月31日付『エル・ムジャーヒド』の第三面に事実関係のみが簡単に報じられた。その第一面には「デモクラシーはデモクラッツを求める」との意味深長な、あるいは意味不明な大見出しが掲げられている。

なお、この日、同紙は、併せて第一面で、その前日行われた人民議会秋会期及び、87年以来の同議会の任期終了を宣言したベルハーデム人民議会議長の演説を報じている（この時以降議会不在の状態になるが、これは年を越えて1月初旬、シャドリ大統領が辞任した後、大きな憲法上の問題を提起することになる）。

FISの悪夢──FIS包囲網の形成

主役FISはどのような反応を示したか。FIS自体、勝利の余りも

の大きさに驚いた。選挙期間中あれだけ熱心に動いたFIS活動家も鳴りを静め、勝利を祝うデモも起こらなかった。ハッシャーニは12月26日夜、記録的な数の内外記者に囲まれて会見を行う（但し『エル・ムジャーヒド』は30日まで報道を抑える）。「FISは力尽くで権力をとろうとするのではない。我々を選んだのは国民である。選挙の運営が悪かったために投票できなかった有権者がいた。それがなければ、FISはもっと票をとっていたであろう。いずれにしても、投票の結果は、国民のイスラム国家樹立の意思を示している。まだ162の選挙区でFISの候補者が残っており、第2回投票でFISは過半数を獲得するであろう」イスラム国家の政策について彼はこう述べる。「我々は実行すべき政策を有している。外国プレスが流しているような"アルジェリアのイラン化"は生じない」。彼はこうも言った。「第2回投票でFISが過半数をとれなかった場合には、FLNと連立政権を作ることもやぶさかではない。全ての有能な人に門戸は開かれなければならない。大統領との間でも何の問題も生じないであろう」。なお、スキクダ選挙区から立候補したハッシャーニ自身は、FLN候補者に阻まれて当選を果たせなかったが、これは取るに足りない些事であった。

　12月30日、FISは執行委員会を開催する。委員会は、FISに投票した有権者への謝意を表明するとともに、「現下の情勢下、イスラム勢力に何よりも要請されることは、挑発に乗らない慎重さである。予言者のスンナに忠実に、寛容と博愛の精神を倍加することにより我々の敵を無力化しよう」とのコミュニケが発表された。FIS包囲網が作られていく形勢にあり、FISとしては、じっと動かずに挑発に耐えることが最善の策であった。モスクでの説教も、それまでのものとは打って変わって政治色のないおとなしいものになった。

　しかし、サイードが「アルジェリア国民は食生活と衣服の習慣を変える必要がある」と発言したと報じられ、ハッシャーニはこの発言に激怒したと伝えられる。執行委員会は再度会合する。年を越えて1992年1月1日、挑発に乗らないよう再度強調したコミュニケ第3号が発表される。2日にはマジュリス・シューラが召集される。イスラム国家反対戦線ができつつある情勢にどう対応するか、FIS指導部内でも緊張が高まる。「"国民の選択"を阻止することは重大な結果を招く。プレスがその報道に客観的かつ真剣であるよう訴える」

との趣旨のコミュニケが発表された。

しかし今度はラバーハ・カビールが「FISに反対する者の選択は、国を変えるか、国民を変えるかのいずれかである」と述べて、反FIS感情、対FIS警戒感は絶頂に達する。更に追い打ちをかけるように、『Financial Times』が「6億ドルが得られる予定のEUとの連合協定交渉の停止、対外債務の利子支払い停止」とハッシャーニが発言したと伝える。彼はこの発言を否定し、この記事を書いた記者は後に「ハッシャーニとインタビューしたのではなく、彼の演説を分析して書いた記事」と釈明するが、もう後の祭りである。

その後事態は1月11日、シャドリ辞任、翌12日、第2回選挙の中止発表と急展開する。世上言われる通説は、軍がクーデタを起こし、シャドリを辞任させ、選挙を中断したというものであるが、実体はそれほど単純ではない。第2回選挙中止の声がUGTAを中心とする国内諸団体から上がってくる。政府にも匹敵する力を持つ、国営企業労働者を網羅する労働総同盟UGTAのベンハンムーダ議長はアルジェリア救国国民委員会 (CNSA、Le Comité National pour la Sauvegarde de l'Algérie)を選挙の翌日に発足させ、これに多くの団体が参加する。その目的は「一党独裁から別の形の一党独裁への移行拒否、自殺行為的な選挙の停止を求める」ことにあった (なお、ベンハンムーダはCNSAを作ったことでイスラミストの強い怨嗟の的になり、1997年1月末テロリスト・グループFIDAにより暗殺される)。

選挙継続の立場をとったのは、FISは当然として、FLNも『エル・ムジャーヒド』の報道ぶりから判断する限り、大統領辞任決定まで同様の立場をとり続けた。第1回投票で25人の当選者を出したFFSも、"FLN体制反対、民主主義の貫徹"の原則から同じ立場をとった。同党は"イスラム国家反対、警察国家反対"をスローガンに1月2日大規模デモを行った (但し、同党の中には、"形式的な民主主義が独裁政権を生み出すのは問題、選挙継続を主張する者はFISの共犯者"として、少なからずの幹部が離党した)。このデモは、アルジェリアの直面する矛盾を赤裸々に示すことになった。即ち、FFS党首アイト・アハマドの意図は、民主主義貫徹のために第2回投票を行うべきこと、FISの勝利を妨げるために民主主義勢力の結集を呼びかけることにあった。しかし、デモは、"民主主義擁護のためにはFISの政権獲得を阻止すべきであり、そのためには選挙中断及び軍部の介入が必須"との

主張と混同され、結果的に、このデモが軍に介入の最終的な決断をさせたとも言われている。また、10日、PAGS（共産党系）の理論家党首ハシェミ・シェリーフが行った発言は、軍介入の必要性を見事に理論付けした。彼はこう言った。「この国には愛国主義、民主主義の大きな可能性がある。これらの勢力が第1回投票前に目覚めなかったのは残念であった。しかし、今この運動は燃え上がっている。この運動は、民主主義を目指し、その敵から国を守ろうとする"体制内の"勢力と結合することが必要である。この結合は大至急なされなければならない」(注14)。

以上の経緯は、第1回投票で示された"国民の選択"（FISの合い言葉）とは別の国民の声に押されて軍の介入が行われたことを示している。この上なく興味深いのは、FISも"国民の選択"擁護のための軍介入を呼びかけていることである（選挙中断が決定された92年1月12日付FISコミュニケ第5号は、"中立"を軍に呼びかけ、続くコミュニケで、より直截に軍の介入を呼びかけた）(注15)。FISの中には、"時はFLNの時代からFISの時代に変わった。国民は今や旧単独政党ではなくFISと共にある。軍がこの新しい政治勢力の側に付くのは当然である"という考え方が広く持たれていたようである(注16)。民主主義の形式を重視するFIS及びFFSと、形式よりも実質を重視するCNSAに結集した諸団体、諸政党の間で"軍の取り合い"が行われ、最終的に軍が裁断したとも言える。通常軍事クーデタと言われる軍の介入とはかなり性格を異にしている（アルジェリアにおける軍の役割については諸説言われるが、このような事実関係を十分踏まえた分析が必要であろう。なお、ハッシャーニはこの種の発言が軍の分裂、軍の蜂起を扇動したとの理由で、1992年1月22日、逮捕される）。

FLNの動きについて敷衍すれば、シャドリ、FLN、FISの3者間でコアビタシヨンを目指しての取引が行われ、FISに政府を譲るも、シャドリは大統領に留まり、FISは大統領選挙の前倒し実施を要求しないことについて合意したと伝えられた（注17）。

FLN体制は最早風前の灯火である。その終焉の最終段階、10日ばかりの間の『エル・ムジャーヒド』の報道ぶりを追ってみたい。

（1992年）1月1日付同紙は「第1回投票の数字にいかなる真実ありや」の見出しのもと、細かく数字をあげて選挙結果を批判。

1月2日付同紙。「英知と分別」と題して、第2回投票でのFLNに対する支持を強く呼びかける中央委員会声明を掲載。併せて、2つの重要な出来事を報道した。一つは上述"アルジェリア救済のための国民委員会"の内務省による設立許可承認、もう一つは、FFSによる"民主主義とアルジェリア救済のための"大規模デモについてである。このデモの趣旨が混同されたことは前述の通りであるが、PT等一部政党を除き全政党がこれに参加した。

1月3、4日同紙は「新たな出発」と題して、3日より13日までの間行われる第2回投票のための選挙運動開始について報じた。併せて、前日行われたデモについてアイト・アハマドの言葉「民主主義を救うために更なる民主主義が必要、最後まで憲法的合法性を追求すべきである」を伝えている。

5日付同紙。見出し「デモクラッツの挑戦」の下に、選挙戦が始まったことを報じ、この選挙に参加するのは10政党、FIS、FFS、FLN、MDA、RCD、HAMAS、NAHDA、PSD、PNSD、PRA及び独立候補としている。また、ベンハンムーダUGTA議長の記者会見について「FISの政策はUGTAとして受け入れえない。CNSAはUGTAの政策を守るために設立された。UGTAの運動は如何なる政党とも共同戦線を組まない独自のものである」等同議長の発言を報じている。

6日付同紙。見出し「決定的選択」の下に、ゴザリ首相の記者会見での苦渋に満ちた発言を伝えている。「第1回投票では手違いで90万の有権者カードの配布漏れ、無効票が100万票もあったこと等多くの問題があった。投票結果は政治的現実を反映していない。国民は変化を求めてきたが、今や混乱に直面しており、事態は国民が希望したところとは逆の方向に進んでいる。新しい形の独裁のために、民主主義を破壊するために民主主義が利用される危険がある。我々は深刻なジレンマに直面している。政府は国民に民主主義を約束した。しかしそれが民主主義を殺す踏み台として利用されているのではないか。国民は新たな十字路に立たされている。危機は深刻である。私は国民がこの挑戦を克服する能力を有すると確信する」

7日付同紙は、同首相のラジオ・ユーロップ1とのインタビューを掲載。「第1回投票は自分にとって半分失敗であった。大多数の国民はその思うところを表明しなかった。もし、民主主義を圧殺する

ような政党が政権をとろうとするのであれば、国民はそれを阻止するために立ち上がるであろう」と述べ、「FISを合法化したことが間違いではなかったとしても、今の状況下で第2回選挙を行うことが必要か」との質問に対し、「それは熱を下げるために体温計を壊すに等しい。選挙は必要である。さもなくば敵前逃亡になる」

8日付同紙「FLNは国民に奉仕し続けるアルジェリア社会の真の力」とのメヘリFLN書記長が行った内外記者会見が一面トップ。

10〜11日付同紙は「第2回投票の賭」と題し、アルジェリア全土の172選挙区でFLN候補者が有利に選挙戦を進めていると報ずる。

そして遂にその翌日、1992年1月12日付同紙は、シャドリの上半身写真入りでその辞任を伝える。「昨夜シャドリ大統領は、共和国大統領の職を辞任する旨声明した。辞任の理由を説明した憲法評議会宛書簡は大統領府に召集された同評議会に手交された」とし、その書簡の内容を次のように報じた。「アルジェリアは複数政党主義に基づく民主主義構築の努力を重ねてきた。しかし多くの問題や逸脱が生じており、それを克服することは私には最早できなくなった。国家は今差し迫った危険に直面している。今までの措置では平和と国民の合意を保証できないことが明らかになった。熟慮の結果、私が到達した唯一の結論は、最早大統領としての職責をまっとうできないということであった」

同日夜、ゴザリ首相はテレビを通じ、政府は通常通りその責務を遂行する旨声明するとともに、国民に平静と責任ある行動を呼びかけ、また、予防的措置として、軍に対し、治安維持に当たるための準備措置をとるよう"要請した"と述べた("指示した"ではなく、"要請した demande"となっている点、政府と軍の関係を示すものとして興味深い)。

翌13日、同紙は「国家安全最高評議会、選挙継続不可能と認定」と報じた。

一党独裁FLN体制終焉の最終幕が降りた。しかし、この時期は同時に、本格的なテロ活動が始まった時期としても記録されなければならない。アルジェリアは新たな苦難の時代に入る。

（注1）投票結果は、選挙法案については賛成229、反対7、棄権16、区

割り法案については賛成151、反対71、棄権30であった。1991年10月14日付『エル・ムジャーヒド』（以下『EM』と略称）。

(注2)　アルジェリアにおける選挙では、非識字有権者を考慮し、候補者の名前、あるいは政党名（比例代表制選挙の場合）を有権者自身が書くことにはなっておらず、候補者、あるいは政党ごとに、それらを印刷した紙——これが投票用紙になる——が準備される。従って投票用紙は選挙区ごとに、候補者数×有権者数だけ必要となり、かつ、それがその選挙区内の全投票所に、その投票所で投票する有権者の数に応じて配布される必要がある。これを全国の選挙区及び海外選挙区について行う必要があり、選挙準備はきわめて大がかりで複雑なものになる。有権者は、選挙管理委員からその選挙区の候補者数、立候補政党数だけの投票用紙を受け取り、囲いのされたボックスに入ってその中から自分が投票する候補者、あるいは政党の投票用紙を1枚選び、その他はそこに用意されているゴミ箱に捨て、選んだ1枚を封筒に入れ、ボックスを出て選挙管理委員の前に置かれた投票箱にその封筒を入れる。候補者名、政党名を識別するために、それぞれの投票用紙に数字の番号、あるいはアラビア語アルファベット1文字が打たれており、非識字有権者はそれにより投票用紙の中から自分が投票する候補者、政党の投票用紙を選択する。候補者、政党は投票に先だって、自分、あるいは自分の党に打たれた番号ないしアルファベット文字を有権者に周知しておく必要がある。

(注3)　この部分、『EM』及び主として、Amine Touati「Algérie, les islamistes à l'assaut du pouvoir」（L'Harmattan, 1995.4, Paris）によったが、多くのアルジェリア人にとってこの時期は未だ生々しい現実であり、彼ら、特に新聞記者の見聞も大いに参考にした。

(注4)　ブヤリについては、Ⅰ1.(4)「暴力的過激派集団の系譜」を参照。

(注5)　この部分、上掲書、72～74頁に詳しい。

(注6)　同上　72頁。

(注7)　彼らは記者会見を行ってFISよりの離脱声明を発表、この記者会見はテレビで放映され、6月30日付『EM』がこれを報じた。この日は、アッバーシ・マダニとアリ・ベンハッジが逮捕された日であった。

(注8)　アルジェリアの政治が語られるとき、しばしば"東高西低"と

言われる。アルジェリア東部出身者が権力の中枢にあることを示す言葉である(ブーメディエン、シャドリ、ゼルアールほか軍幹部はほぼ例外なくアルジェリア東部出身)。この日集まったFIS幹部も東部出身者が中心で、FISにおいてすらこの傾向が見られるのは興味深い。臨時全国執行委員会を構成したメンバーの大部分も東部出身者であり"コンスタンティーヌ・グループ"と呼ばれた。

(注9) 7月26、27日付『EM』はこのバトナ会議について「ジャザーリストの勢力」の見出しの下、「ムハンマド・サイードほか、マーレク・ベンナビに近い学卒者に率いられたジャズアラが会議を支配した」等詳しく報じている。但し、ハッシャーニの名前は見当たらず、この時点では彼がまだ注目される存在ではなかったことを示している。

(注10) その後カビールは92年1月、ハッシャーニとともに逮捕されるが、同年4月、脱獄して独に渡り、政治亡命を認められる(いかにして脱獄でき、また、独に行けたのか、今もって謎とされている)。FIS海外代表を自称(海外にいる他のFIS幹部はこれを認めていない)、その名で多くのコミュニケを発表。最近独からトルコへの入国を図り、国境で拘束され、現在は独当局に収監されている模様。独はある時期まで、同人をFISが政権をとった暁の外務大臣と予想して大事にしていたと言われる。

(注11) 当時FISが選挙参加を戸惑った理由は十分に理解されるが、アルジェリアにおいては、一般的に選挙に参加するかどうかが常に問題になるという珍しい現象がある。最近で言えば、1995年の大統領選挙、(選挙ではないが)96年の憲法改正国民投票、98年の議会選挙等について、政党が最初に決定すべきことは"選挙に参加するかどうか"の問題である。選挙(国民投票)は、所詮、政府・体制側により行われるものであり、それに参加すること自体、体制側の行為を認知することになるという考え方がその背景にある。選挙(国民投票)反対、従って党としてこれに参加せず、国民にボイコットを呼びかけるという対応がなされることは珍しくない。

(注12) 当時の明るい話題を一つ。1991年8月から9月にかけて東京で行われた世界陸上選手権大会において、男子及び女子1500メートルでアルジェリア人モルセリ(男子、21歳)、ブーメルカ(女子、23歳)がそれぞれ世界新記録で優勝した(前者3分32秒84、後者4分02秒

21)。9月21日付『EM』は一面トップで「この青年たちは希望の担い手、24時間以内に2度、アルジェリア国旗が掲揚され、日本の首府にアルジェリア国歌が響き渡った。シャドリ大統領は2人に祝電を送った」と報じた。この2人はその後数年にわたって世界チャンピオンであった。2人とも今も現役で活躍している。閑話休題。

(注13) 過去8年間の選挙に現れたイスラム票の推移を見ると興味深い。

  地方選挙　　　　（1990年）　　約420万票
  国民議会選挙　　（1992年）　　320
  大統領選挙　　　（1995年）　　300
  国民議会選挙　　（1998年）　　250

(注14) Amine Touati の上掲書　127頁。

(注15) 同　128頁。

(注16) Luis Martinez「La guerre civile en Algérie」Editions Karthala, Paris, 1998, 112頁。

(注17) 92年1月付『El Watan』紙。

(1998年12月12日　脱稿)
(中東研究　1999年1月号所収)

2. 1992年1月～1995年10月（国家崩壊の危機）

(1) 本格的テロの時代の幕開け

HCE——大統領権限代行機関——の創設

シャドリが辞任したのが1992年1月11日、それにより生じた権力の空白はどのように埋められたか。軍の介入が行われた場合、憲法が停止され革命評議会といったものが設立され、これが全権を掌握して国政に当たるのが普通である。しかし、アルジェリアの場合に特徴的なことは、すべてが憲法の規定に従い、合法的に処理されたことであった。少し煩雑になるが、記録のためにも、この間の事態が制度的、法的にどう処理されたか、『エル・ムジャーヒド』紙（以下『EM』）にそって見ておきたい。

憲法第162条に基づく国家機関であるHCS(国家安全保障最高評議会)は、シャドリ辞任の翌日（1992年1月12日）、選挙継続不可能と認定した。同日付で、同じく憲法上の機関である憲法評議会は、以下の声明を発出した（1月13日付『EM』）。

・92年1月11日付シャドリ大統領の辞任に関する書簡をテーク・ノートし、
・大統領職に空白が生じていることを確認し、
・憲法は、議会解散による人民議会議長の不在、大統領の辞職による大統領職の空白のいずれの場合も想定していないことを考慮し、
・憲法第24、75、79、129、130、153条に基づく権限を付与された国家機関が国家の継続性を確保すべきことを宣言する。

1月15日付『EM』は、「HCE設立」との見出しの下に、この憲法評議会の声明を受けて要約、次のように報じた。

・HCSは、憲法第24、75、79、129、130の規定するメンバーで、12

日以降、継続的に会合してきた。
- HCS は、1月12日付憲法評議会の声明を考慮し、
- HCS は、そのメンバー間で協議を重ね、憲法評議会と最高裁判所長官に諮り、及び首相に通報した上で、
- 国が直面している異例な状況の継続は、国家と共和国にとって重大な危険を招来すること、国家の継続的存在のためには、共和国大統領に付与された憲法上の全ての権限を行使する代行機関の設置が必要であることを声明し、以下の通り宣言する (主要点のみ)。
- 次の5名からなる HCE (国家最高委員会) を設立する。

ムハンマド・ブーディアフ	(議長)
ハーリド・ナッザール	(委員)
アリ・カーフィ	(同)
テジュニ・ハダム	(同)
アリ・ハルーン	(同)

- HCE は大統領に委ねられた憲法上の全ての権限を行使する。
- HCE 議長が死亡もしくは辞職により欠けた場合には、HCE はそのメンバーの中から新議長を選出する。
- HCE は国家機関と憲法的秩序の回復までその任務を遂行するが、1988年12月の選挙により選出された大統領の任期を越えないものとする (即ち、93年12月末まで)。
- HCS の会合は HCE が宣誓を行った時点で終了する。
- HCE 設立に関するこの宣言は官報に掲載される。

以下6名の HCS メンバーがこの宣言に署名している。

首相、経済相	シド・アハマド・ゴザリ
国防相 (少将)	ハーリド・ナッザール
内相	ラルビ・ベルヘール
国軍参謀総長 (少将)	アブデルマリク・グナイジーア
外相	ラハダル・ブラヒミ
司法相	ハムダーニ・ベンヘリール

HCE は、大統領の辞職という憲法上想定されていなかった事態が生じたため、その空白を埋める目的で設立されたものであったが、この点については若干の説明を要する。即ち、当時の憲法は、その

第84条において、大統領が死亡した場合、もしくは病気等でその職務遂行が不可能になった場合には、大統領代行者として、まず、人民議会議長、次に憲法評議会議長を規定していた。しかし、人民議会は92年1月4日、任期終了に伴い解散し、この時点では憲法上最早存在しておらず、従ってその議長もいない状況であった。憲法評議会は、恒常的国家機関として存在し、その議長はベンハビレス(独立戦争時代のFLN極東代表で東京に駐在、その後64年から67年まで駐日大使、77年から79年まで司法相)であったが、同議長は、憲法は"辞職"により大統領が欠けた場合を想定していないとして、大統領代行に就任することを拒否したため、大統領代行者が不在であったということである(但し、この理屈でいけば、たとえ人民議会議長がいても、大統領代行には就任できない。なお、96年の国民投票で採択された新憲法では、この際の経験を踏まえ、大統領が欠けるケースとして、上記2つのケースに加え、"辞職"を追加した)(注1)。

クーデタは憲法規定を越える行為であり、従って憲法の停止措置がとられるのが普通である。しかし、アルジェリアのケースは、大統領が"辞職"した後、憲法に従ってことが処理されており、その措置は官報に掲載されるとまでされている。実体は、軍が介入してシャドリを辞任させたとしても(但し、軍が出動して大統領官邸を包囲し、辞任を迫ったわけではない)、形式的には、シャドリ辞任、憲法上の機関であるHCSが会合して、同じく憲法上の機関である憲法評議会の裁定を踏まえ、HCEが創設されたという形をとっており、合法性は守られている。

HCEは、形式的にはいわゆる革命評議会的なものであるが、その構成メンバーは、およそ通常の革命評議会からはほど遠い。その顔ぶれを見ておきたい(HCSのメンバーは、憲法の規定に基づくものであり、特に説明を要しない)。

HCEメンバーの横顔
議長ブーディアフは後にして先ず、その他のメンバーから見ていきたい(1月15日付『EM』に紹介された略歴による)。
・アリ・ハルーン——1927年、アルジェ県生まれ。法学博士。独立戦争当時、臨時革命政府メンバー。ゴザリ内閣の人権問題担当大

臣（現在、ANR副党首）。
- テジュニ・ハダム——1921年、トレムセン生まれ。胸、心臓専門医。独立戦争時、FLNテュニス代表部医療担当、その後FLNカイロ事務所。独立時、制憲議会メンバー。人民議会議員。宗教大臣、厚生大臣を務めたのち、駐サウディアラビア、テュニジア大使。テュニジア大学神学博士号。1989年パリモスク代表。人権団体LADH（アルジェリア人権同盟）の創設者（その甥アンワル・ハダムはFISメンバー、米に亡命）。
- アリ・カーフィ——ONM（全国ムジャーヒディーン機構）事務局長。1928年、スキクダ生まれ。独立戦争時、第2管区（オラン地区）大佐。独立後、シリア、レバノン、テュニジア、エジプト、イラク、イタリア大使を歴任。1979年FLN中央委員。
- ハーリド・ナッザール——1937年、バトナ県生まれ。独立戦争時、ALNの将校として各地で戦闘指揮。独立後、軍調達本部長、イタリア、ソ連に留学。1969年中佐、1975年フランスに留学。79年FLN中央委員会委員。同年大佐昇進。82年第5管区（コンスタンティーヌ）司令官。84年参謀次長、86年陸軍司令官、88年参謀総長を経て、90年少将昇進、90年7月、国防相。
- そしてムハンマド・ブーディアフ議長。ブーディアフは、アルジェリア独立戦争の歴史的9人（注2）と呼ばれる人物の一人である。1919年、ムシラ県（アルジェリア東部、オーレス地方）生まれ。独立戦争開始前、PPAの活動家、OS (Organisation Secrète) のコンスタンティーヌ地区代表、50年フランスにて欠席裁判で死刑判決。54年、ベンベラ、アイト・アハマドらと11月1日の武力蜂起を準備したCRUA（アルジェリア革命国民評議会）を設立。56年10月22日、モロッコからテュニジアに向かうが、搭乗のモロッコ機がフランス軍戦闘機によりアルジェに強制着陸させられ、ベンベラらとともに拘束され、6年間、監禁される。その間、アルジェリア臨時革命政府の国務相、次いで副大統領。1962年3月釈放。6月、独立後の新政府の構成等を決めるCNRAで少数派となり、政治局の構成に反対し、アイト・アハマドらとともに退場、その1年後逮捕され、2ヵ月後釈放。64年7月、アイト・アハマドらとともに、革命擁護国民委員会を創設。亡命生活に入り、1972年、政党PRSを創設、モロッコ、フランスを往来しながら政治活動を行う。そ

の後は、モロッコにて農業に従事、ついで3人の息子と小さな煉瓦工場を経営(後述のように、アリ・ハルーンがHCE議長受諾説得のためモロッコに赴いたのであるが、クネイトラに彼を訪ねた時、「ブーディアフは泥にまみれた手で家から出てきた」とアリ・ハルーンは当時の政府系週刊誌 Algérie Actualité とのインタビューで述べている)。

ブーディアフのHCE議長就任は、アルジェリア人、また、アルジェリア・ウォッチャーにとって青天の霹靂であった。何故なら、彼の名前は歴史的9人の一人として記憶こそされてはいたが、ほぼ30年間政治の世界からは完全に消えていた人物だったからである。何故、彼が選ばれたのか。アリ・ハルーンの頭に彼が閃き、それを諮り——誰に諮ったのか、アルジェリアのいわゆる pouvoir の核に迫る問題であり、極めて興味深い——それが受け入れられたとされる。アリ・ハルーンはこの案を持って、密使としてモロッコのクネイトラに赴き、やっとのことで彼を説得したと言われている。ブーディアフは1月16日、約30年ぶりに祖国の地を踏む。

1月17、18日付『EM』は「14日、HCE議長に指名されたブーディアフは昨日、亡命期間の大部分を過ごしたモロッコから祖国に戻る」として、ブーディアフがアルジェ・ブーメディエン空港に到着、HCEメンバー、閣僚他要人に迎えられたこと、直ちに大統領官邸に入り、HCEの他のメンバーとともに就任の宣誓を行ったことを報じている。また、モロッコ出発直前にブーディアフが行った記者会見での発言として「私は責任を引き受けることが祖国に対する義務と考えた。アルジェリアは特別の状況下にある。これ以上血が流れることを望まない」「人々はFLN懲らしめとしてFISに投票した」等伝えている。ブーディアフは、その夜テレビを通じ演説を行い、「イスラムは国民全てのものであり、特定の個人やグループのものではない。イスラムは神聖であり、何人もそれを独占したり、特定の目的のために利用してはならない。国民和解と相互協力により、我々の殉教者が夢見たアルジェリアを建設しよう。私はその達成を誓う。我々は、11月革命の勝利者であったように、意思と勇気と自信により、困難を乗り切ることができる」と述べた。

ブーディアフ体制がスタートした。

ブーディアフ HCE 初代議長。(Liberté 提供)

ブーディアフの"治世"

シャドリの演説はアラビア語文語のテキストを読み上げるスタイルであったのに対して、ブーディアフは、アラビア語口語でわかりやすく国民に話しかけた(1991年に人民議会で採択されたが、反対の強かった"アラビア語の使用普及に関する法律"の適用を延期した)。彼は、それまでタブーであった汚職・腐敗の追放（彼は俸給を返上した）、教育改革の必要性等について大胆に発言し、国民は国が変わると希望を抱き、彼こそは、議会選挙がもたらした国論の分裂、国内の混乱を収拾できる指導者と期待された。しかし、ブーディアフは、同年6月30日、ボディ・ガードに暗殺されその"治世"は6ヵ月にも満たなかった。もしこの時点で彼が暗殺されていなければ、アルジェリア危機はどのように展開していたであろうか、大きなifである。短いブーディアフの時代を見ておきたい。

1月18日（宣誓式の2日後）、HCEは最初の会合を行い、治安秩序の維持、国家の安全と市民生活の安寧確保、国民評議会(CCN)の設立準備等5項目を優先政策として打ち出した（19日付『EM』）（注3）。

これらの中で最も重要なのが治安の維持であったことは言うまでもない。一般に、アルジェリアのテロは、議会選挙が中断されたことが契機となって始まったように理解されているが、事実はそうではない。91年5月から6月にかけてのFISによるゼネストの際、テロリスト・グループ Takfir wa Hijra が初めて姿を現したことは既に述べたが、その後議会選挙1ヵ月前の11月29日（1991年）、アル

ジェリア国民を震撼させた大規模なテロ事件が起こった。11月29日付『EM』は、この事件について要旨「29日午前2時、約60名からなる武装グループがゲンマール地区の（アルジェリア・テュニジア）国境警備隊駐屯所を攻撃、兵士3名が死亡、武装グループは武器を奪って逃走した」と報じた（併せて、29日、アルジェ市内クッバにおいて武装グループが警察治安部隊に発砲し、警察官1名が負傷したことも報じている）。

このテロ事件こそは、来るべき本格的なテロ時代の到来を不吉に予告するものであった。この事件は、ANP（アルジェリア国軍）の脱走士官の周りに集まった武装グループによるものであったが、軍の兵舎を襲って武器を略奪するというパターンと、殺された3人の兵士が無惨に体を切り刻まれるという残忍な手口において、その後のアルジェリアにおけるテロの一つの類型になった。また、議会選挙前日の1991年12月25日にもテロリスト・グループによる警察官殺害事件が起こっている。

政府は、モスクがFISの政治的な集会場所として利用されてきたという事実を前に、これを規制することを決定し、1月20日、モスクに関する法律（モスク周辺での全ての集会等の全面禁止、公道の使用、占拠の全面禁止等を規定）を公布した。これを報じた1月23日付『EM』は、アルジェリア全土で公認されたモスク総数9073、国により配属されたイマームは3893人で、その他のモスクは、それを管理する資格を有しない者の手に委ねられているとし、宗教大臣の発言として、「約5000人のイマーム不足を3年計画で埋める。政治活動は禁止されるが、宗教的、教育的モスクの利用には何らの制限も課されるものではない」と伝えている（注4）。

モスクの政治的利用禁止に関する法律はハムルーシュ首相時代に既に作られていたが、適用は見送られていた。この法律が選挙中断の10日後から施行されたことはFISに大同団結していたイスラム勢力の反発を一挙に高めることになり、その後約1ヵ月にわたって、アルジェはもとより主要地方都市においても、金曜日ごとにモスクを中心に治安警察側とFISを中心とするイスラム勢力（その中には、敬虔なイスラム教徒も無頼の徒も含まれていたであろう）との間で衝突が起こり（"モスク戦争" あるいは "暗黒の金曜日" と呼ばれた）、治安情勢は一気に悪化していく。例えば2月7日の金曜日、主要病院だけに限った数字としてアルジェにおいて11名死亡、115名負傷（内重傷10名）、

バトナでは、13名死亡、68名負傷、その他シディ・ベルアッバース、サイダ等でも死者、負傷者が出た (注5)。

ブーディアフは、2月8日、HCEを開催、期限1年の戒厳令布告を決定する。1988年10月暴動以来3度目の戒厳令 (2度目は91年5〜6月のFISによるゼネストの際) であった (この戒厳令は、翌93年2月9日更新され、その後今日に至っている)。戒厳令公布により、FISの活動家や幹部の逮捕が相次ぎ、FIS本部の閉鎖措置がとられる。FISの側からは警察官、憲兵隊員、兵士に対し、命令不服従の呼びかけがなされ、2月の第3金曜日2月21日、殉教者広場に向かってのデモの呼びかけがなされる。大学でも、FIS系の学生がストやデモを呼びかけ、SIT (イスラム労働組合) も動く。バトナでは (バトナ会議が開催され、ジャザーリスト主導の新FISが誕生したことからも明らかなように、ジャザーリストの牙城であった) 4日間衝突が続き、町中にバリケードが築かれて、市街戦の様相を呈し、死者20名、負傷者は100名を越えた。

しかし、これら衝突の中でひときわ深刻であったのは2月10日、カスバのど真ん中で起こった警察パトロール部隊に対する襲撃事件で6名の警察官が死亡したことであった。これは先のゲンマール事件と並び、官憲との衝突を越えた完全なテロであった。この事件は、その後頻繁に起こる警察官殺害 (及び殺害された警察官からの武器奪取) の嚆矢となった。また、2月の第2金曜日14日早朝にも、カスバ近くにある警察庁本部を出たパトロール車が銃撃され、その午前中にはカスバを舞台に派手な銃撃戦が展開された。カスバは、映画『カスバの戦い』で知られるように、独立闘争時のゲリラ活動の重要拠点であったが、これらの事件は、カスバが武装イスラミストの活動拠点になったことを示し、アルジェ市内でもっとも"熱い地域"として、"90年代版カスバの戦い"がしばしば再現され、この状態は98年央頃まで続いた (注6)。2月10日の事件は、GIAを構成するグループによるものであったが、事件当時は、一般国民はもとより、治安当局側もテロ・グループの組織や実体を把握できていない状況であった。なお、2月21日の大集会は、軍が出動して"殉教者広場"を押さえ、市内の幹線道路を封鎖したため不発に終わった。この時点までFISは引き続き、ジャザーリストに支配・指導されていたが (ハッシャーニ、ラバーハ・カビールが逮捕された後、全国執行委員会のメンバーたるアブドル・ラッザーク・レジャムが指揮をとった)、このデモ・集会の

動員の失敗により、ジャザーリストに再建された政治組織としてのFISも消滅する。かくしてFISの中での政治運動としてのジャザーリストの役割も終わる。

2月23日、ゴザリ首相が辞表提出、再度組閣を命じられ、第2次ゴザリ内閣が成立するが、内務、国防、外務等主要閣僚はすべて留任した。3月に入って政府側は5日、FISの解散に踏みきる（手続きとしては、先ず、戒厳令布告の2月9日、内務省より「FISは政党法第34、35、36条に違反して破壊的活動を行い、公共の秩序、国家機関を危機に曝しているので、その活動の停止、解散に向けての措置をとることを決定した」との声明が発表され、それを受けてアルジェ裁判所行政部の決定という形をとっており、FISへの正式通報は3月16日付。FISは上訴するが、年を越えて3月中旬、最高裁判所は上訴を棄却、解散が確定する）。これもきっかけとなって、テロはアルジェのみならず、全国の主要都市で日常茶飯化し、同時に官憲側による大量逮捕も相次ぎ、もう鼬ごっこである。2月だけで警察庁の公式発表で警察官の死者18名、負傷者128名、市民死者76名（武装グループを含んだ数字と思われる）であった。

政府側は、逮捕した者をサハラ砂漠のワルグラ、アドラール、インサラー等7ヵ所の急拵えの収容所に送る。今度はこのような政府側の対応が人権問題として国内のプレス（最早『EM』紙1紙の時代ではなく、多くの新聞が存在している）、及び、人権団体から問題にされる。反体制人権団体として1985年に設立されたアルジェリア人権同盟の代表アリ・ヤヒヤ・アブデルヌール（今もFISの弁護士として活動している）は、キャンプを訪問して、「キャンプはナチスの収容所と同類、人権侵害の世界新記録、植民地時代、独立戦争時の収容所よりも悪い」とする報告書を発表。他方、政府の人権機関である人権監視委員会も3ヵ所の現場を訪問、「収容の条件はテントが超満員であることを除けば、満足すべき状況にある」との報告書を発表、また、シャワー、完璧に衛生的な寝具、サハラ式トイレ等収容所の環境を詳細に記述、唯一の問題は「砂埃によるアレルギーである」として、この地方のトワレグ住民を羨ましがらせたと言われる。HCEは、国内世論の圧力もあり、その年（1992年）のラマダン月（3月4日～4月5日）の終わり頃、砂漠収容所の非拘禁者7454人の内、400人を釈放した。しかし、この頃から大学での騒動が激しくなり、官憲との衝突が頻発する。FIS系学生の要求は、"人民の選択"復活のための国

アリ・カーフィ HCE 二代目議長。(Liberté 提供)

民的対話、全ての拘禁者の釈放等であり、無期限ゼネストを呼びかけた。大学キャンパスが逐次閉鎖されていく。5月5日には全国殆どの大学で、同じような覆面をしたグループが破壊や放火を行う。また、この時期コンスタンティーヌ大学で初めての爆弾テロ事件が起こった。

ブーディアフの暗殺、後継者アリ・カーフィ
ブーディアフの暗殺に触れる前に、上記に見たような著しい治安情勢の悪化と比較すれば最早、全くの些事であるが、2つのことに触れておきたい。

一つは、FISが多数を占めた地方議会の解散である。即ち、全国1540の市・区議会の内、FIS議員に支配された450の市・区議会が解散され、内、アルジェ地区では33を占めた。また、FLN支配の議会の内の28、独立系議員支配の議会も7議会が解散された。これら地域では議会に代わるものとして中央政府により任命されたDEC (Délégation Exécutive Communale) が設置された。

もう一つは、ブーディアフの公約の一つであったCCN（国民諮問議会）の設置問題である。CCNは議会不在の間、議会機能を代行する機関として構想されたものであったが、ブーディアフは「この諮問議会のメンバーとなるべき60名の議員を見いだすことは困難である」と述べて、この公約が果たせないことを表明した。諮問議会の設立はゼルアールの登場まで待たなければならない。

5月中旬頃、HCEの実力者ナッザール国防相は、アラビア語紙

『アッサラーム』との匿名の記者会見で、テロ鎮圧政策だけでは問題は解決されないとして、FISの非合法化解除について観測気球的な提案を行い、FISも含めた国民和解のための話し合いの気運が出てくる。FISもそれに応じて地下機関誌を通じて反対提案を行う。警察官等に対するテロは依然として続発していたが、アリ・ハルーンも、5月から6月にかけて砂漠の収容所の閉鎖を示唆する。ナッザールは、FISの非合法化解除の主張者メヘリFLN書記長と会談

アリ・ベンハッジ。(Liberté 提供)

する。ベルヘール内相は大統領選挙の年内実施を声明し、全般的に緊張緩和の雰囲気が出てくる。ブーディアフ自身も国民和解について語り、5月末の30名の釈放に加えて6月4日、更に182名が釈放された。

　ブーディアフがHCE就任後初めての国内"巡幸"先としてジジェルとアンナバに行くことにしたのはこのような時期であった。6月30日、ジジェル訪問を無事終え、ブーディアフは土地の民族衣装をまとった少女達の踊りに迎えられ、上機嫌でアンナバ空港に降り立ち、そのまま県庁舎に向かう。そこのサロンで小憩の後、文化会館に向かい演説会場に入る。彼は演説を始め、約10分後、「良きも悪きも我々次第、自分の手で国を破壊することが許されようか」と述べた後の次の言葉「イスラムは」が彼の最後の言葉になった。演壇背後の幕の陰で演壇へのアクセスをチェックする任務を課せられていた少尉ランバレックが突然壇上に突入し、ブーディアフをめがけて発砲、弾丸はブーディアフの首を貫通した。会場には56人の大統

領ボディガードがいたのにどうしてこのようなことが起こったのか。7月1日付『EM』は「11月1日の男（"54年革命の男"の意)、ブーディアフ大統領への告別」と報じた。

事実調査委員会が設置され、報告書は、大統領警護部隊に責任ありとするが、暗殺犯人については、ランバレックが「自分はジハードを行った」と主張しているように、単独犯罪なのか、それとも背後関係があるのかの点については「単独犯行とは見られない」と述べるに留まった。ランバレックは死刑の判決を受けたが、未だ執行されておらず、セルカジ中央刑務所に収監されている（注7）。

1月14日付のHCE宣言第3項に基づき、7月2日、HCEのメンバーの中からアリ・カーフィが議長に選出された。この後ゼルアールがHCE議長に任命されるまでの主要な出来事を鳥瞰しておきたい。

7月9日、ゴザリ首相辞任、後任首相として、ベライド・アブデルサラームが任命される。国防相を除き、唯一の軍出身で体制内実力者であったベルヘール内相に代わってハルディ内相が就任、外相（ブラヒミ）、国防相（ナッザール）は留任した（注8）。7月16日、前年6月末に逮捕されたFIS幹部に対するブリダ軍事裁判所判決がおり、アッバーシ・マダニ、アリ・ベンハッジ12年、その他5名の内1名に対し6年、4名に対し4年の懲役刑が科された（注9）。

8月27日、アルジェ国際空港に対する爆弾テロ。死亡者8名、負傷者128名（但し空港は数時間閉鎖されただけであった）。その犯人の一部は10月2〜3日にかけて逮捕されたが、ブヤリ・グループのテロリスト及びアルジェリア航空内のSIT（イスラム労働組合）メンバーが仕掛人であった。10月1日、新法としてテロ対策法が公布され、12月3日にはテロ対策法に基づく特別法廷が設置された。

年を越えて1993年、治安は更に悪化していく。それまでの警察官や治安関係者暗殺に加えて政治家、ジャーナリスト、芸術家等が暗殺の対象になり始め、アルジェを含む"死の三角地帯"を中心にテロが荒れ狂う。特記すべきこととして、この時期に外国人をテロの対象にするとの警告が発せられた（注10）。

7月、ナッザール国防相が退任、その後任にゼルアールが就任する。8月、アブデルサラームが辞任し、後任首相にレダ・マーレクが就任する。

HCEの任期は92年1月14日のHCS宣言により、93年12月末までとされていたが、12月19日HCSは、任期を94年1月末まで延長し、HCEに代わる大統領権限代行機関を設置し、その機関による宣誓が行われた時点でHCEはその任務を終了する、94年1月25、26日、国民和解会議を開催する旨の声明を発表した。

(注1)　若干の混乱も見られる。即ち、1月12日付『EM』は、人民議会議長の不在のため、憲法上の第2位大統領代行者である憲法評議会議長が大統領職を代行する、その期間は45日を越えてはならず、その間に大統領選挙が行われなければならないと解説している(公式の機関による公式の声明ではない)。
(注2)　アルジェリア独立のための武力蜂起の決定に参画した次の9名。

ラルビ・ベンムヒディ	(戦場で死亡)
ディデューシュ・ムラード	(同)
ムスタファ・ベンブライド	(同)
ムハンマド・ヒデル	(1967年、マドリッドにて暗殺される)
アハマド・アイト・アハマド	(現FFS党首)
アハマド・ベンベラ	(初代大統領)
ラバーハ・ビタート	(1977年～1990年、人民議会議長、大喪の礼のアルジェリア代表、1999年アルジェにて逝去)
ムハンマド・ブーディアフ	(1992年、アンナバにて暗殺される)
クリム・ベルカセム	(1970年、フランクフルトにて暗殺される)

1954年11月1日の武力蜂起決行の際、ヒデルとベンベラはナセルと協議のためカイロにおり、そのためこの2人が除かれ"歴史的7人"と呼ばれることもある。
　なお、FLNが結成される前まではメサリ・ハッジの率いるPPA(1937年設立、その後1946年MTLDに発展的に解消)が独立を目指す運動の中心勢力であった。武力蜂起が決定された際、彼は時期尚早としてこれに反対、それ以降PPAは独立運動に反対した勢力、祖国

を裏切った者としての刻印が押される（メサリ・ハッジは1974年フランスで客死）。

(注3) なお、この日の『EM』は、在イランのアルジェリア大使を召還、同時に在アルジェリア・イラン大使の本国召還を求めたこと、「在ワシントン・アルジェリア大使館は米国におけるイラン利益代表部たることを停止する」との外務省声明を報じている。その理由として、イランは、アルジェリアの国益、主権を害するキャンペーンを行ってきており、1月7日、在アルジェリア・イラン大使に警告を発したが、イランは、反アルジェリア・キャンペーンを再開したためとしている。また、1月21日付『EM』は、「ムッラーの陰謀」として、「イランは、アルジェリアをマグレブ地域におけるシーア派影響力拡大のための戦略的拠点としている」と報じている。3月28日、アルジェリア政府はイランに対し外交関係断絶を通告する。

アルジェリアはイラン・イラク戦争当時、アラブ諸国がイラク側についたのに対し、中立的立場から両国の仲介に入り、その過程で、ベンヤヒヤ外相等、アルジェリア要人の乗った飛行機が両国国境地帯で撃墜される（1982年5月）等多大の犠牲を払い、また、米大使館人質事件でも仲介に入り（人質はアルジェリア航空でアルジェに移動、最終的に解放された）、事件解決後は、ワシントンにおけるイラン利益代表部を引き受けていた。

(注4) 同日（92年1月23日）付『EM』は、ハッシャーニがアルジェリア国軍兵士に反乱を呼びかけたとする軍当局からの申し立てを受けて、検察当局により同人の逮捕請求が発出され、それに基づき同人が逮捕された旨、また、この呼びかけを掲載したアラブ紙『アル・ハバル』責任者も同時に逮捕された旨報じている。ハッシャーニはその後裁判が行われないまま拘置されていたが、1997年7月初旬、初めて裁判が行われた。懲役5年の判決を受けたが、拘置期間がそれを上回り、同日釈放された。

(注5) "暗黒の金曜日"の部分、次の"ブーディアフの暗殺"の部分等、Amine Touati「Algérie, les islamistes à l'assaut du pouvoir」(L'Harmattan, 1995. 4, Paris)によった。

(注6) 1998年7月、GIAのフリーシャ・グループ10数名が摘発、殲滅され（但し、手製爆弾製造にたけた1名のテロリストは取り逃がした）、その後カスバは平静を取り戻し、最近は、ラマダン期間中の

行事も行われるようになり、カスバ再開発プロジェクトも進行しつつある。
(注7) ブーディアフ暗殺については、何らかの陰謀があったとの説がなされている。ブーディアフの地方"巡幸"が決定された後、ブーディアフの警護隊長は、ブーディアフの官房長に対し、警護隊増員が必要と要請、これが了承され、軍治安局所属のGIS(特別介入部隊)からランバレック1名が増員された。
(注8) これ以降内閣の中の軍出身者は、国防相1名だけとなった。ゼルアール登場以降は、ゼルアールが国防相を兼任した。
(注9) アッバーシ・マダニは、1997年7月15日、政治活動を行わないとの条件付きで釈放された。ハッシャーニも(注4)の通り、その1週間前に釈放されたので、旧FIS幹部ではアリ・ベンハッジのみが未だブリダの軍刑務所にて服役中である。
(注10) 10月24日、3名のフランス人がテロリスト・グループに誘拐され、3日後に釈放されるが、釈放に際し、「在アルジェリア外国人は1ヵ月以内にアルジェリアから退去すべし」という乱雑な手書きの手紙を持たされる。各国大使館にも同様の手紙が送りつけられた。

(1999年1月20日 記)
(中東研究 1999年3月号所収)

(2) ゼルアール国家主席とFISとの対話の試み

ゼルアール"国家主席"

ゼルアール時代は、前期と後期に分けることができる。前期は1995年11月の大統領選挙まで、後期は彼が大統領辞任と大統領選挙の繰り上げ実施を発表し(98年9月)、ブーテフリカ大統領が選出される(99年4月)迄の時期である。以下はその前期である。政府側とFIS側との間での虚々実々の駆け引きが行われ、それに関連してFIS内部のサラフィストとジャザーリストの主導権争い、ローマ会議もあり、この時期の情勢はきわめて混沌としている。

治安は引き続き悪化する一方であり、テロに対して鎮圧政策("tout sécuritaire 治安対策全面主義"と呼ばれた)だけでは問題は解決されない

のではないか、非合法化されたFISを政治の舞台に戻すことによってしかテロを押さえることはできないのではないかという雰囲気が強くなってくる。国際的にも"アルジェリアは大丈夫か、原理主義勢力が政権をとるのではないか"との懸念が高まってくる。今から振り返ると1993年から94年を経て95年中頃までは、アルジェリア危機の10年の中でも最も深刻な時期であった。米等西側諸国の一部は、FISに代表されるイスラム勢力が政権をとることありうべし、あるいは、イスラム勢力を含んだ連立政権成立ありうべし、との情勢判断をしていたように見える (注1) (現実には、テロの主体は、FISの影響力外にあるGIAであったが、当時としては、そのような状況は未だ必ずしも充分には判明していなかった。なお、FISの軍事部門AISの設立は94年前半)。

　政府側は、各政党グループとの協議を重ねた後、1994年1月26日、国民和解会議開催にこぎ着ける。この会議には、28政党、1235人が参加したが、非合法化されたFISをこの会議に呼ぶわけにはいかず、FIS抜きの会議であった。FISを会議に含めるべしと主張するFFS等一部の政党はこの会議をボイコットした (注2)。

　政府側にとってもう一つの問題は、3年の期限付きで (94年1月まで) 設立されたHCEの後継体制をどうするかであった。結局、国民和解会議は、テロ問題については何ら答えを出し得なかったが、HCEの後継機関については、アルジェリア憲法上の公選された"大統領 Président de la République"とは区別される"Président d'Etat"("国家主席"としておきたい)を創設し、ゼルアールが国防相を兼任したままそのポストに就任する。

　ゼルアールは就任後、直ちに「"例外なしに"全ての者と対話を行う」と声明するが、これはFISはもちろん、テロ集団をも対話に含めるものと理解され、国内で強い反対の声が上がる。特に、イスラム勢力に対して強い立場をとるEttahadiのハシェミ・シェリーフは、テロこそ最大の政策課題として、FISとの和解を主張する政党の活動凍結を主張し、ゼルアールに対してその立場を明確にするよう求める公開書簡を送った。一部の新聞は、「ゼルアールはアンナバの文化会館 (ブーディアフが暗殺された場所) を訪問すべし」とまで書いた。このような声に押されてゼルアールは「対話は法を尊重する者だけに限定される」と声明した。FISの議会選挙勝利後に生じた国論の分裂——第2回投票を行うべきか、選挙を中断すべきか——と全く

同様のFISを巡っての国論の分裂状況が再現された。

FISとの対話の試み

しかし、ゼルアールはFISを通ずるテロの解決について断念せず、人を介し、また、自らもFIS両幹部が服役しているブリダの軍刑務所に赴いて秘密の交渉を試みる。アッバーシ・マダニとアリ・ベンハッジは、交渉の前提条件として、テロ・グループに武器を置くよう呼びかけることを求められるが、彼らは、91年選挙に示された"人民の選択"の尊重、92年のクーデタを行った者の裁判、大統領選挙の早期実施等を要求する。また、アリ・ベンハッジは（最早アッバーシ・マダニは、アリ・ベンハッジの言うなりであり、彼が全てを決めた）、政府側代表との第三国での公開討論を求め、それが拒否されると、テレビ中継されることを条件に、アルジェリアでの討論でも構わないと譲歩した。不思議なのは、秘密であるはずのこのような交渉内容がFIS海外代表を自称する在独ラバーハ・カビールの知るところとなったことであり、彼は独より、AFPにこれを流す。政府側は、譲歩して旧FISの名称を変えての再建について提案するが、武器を置くことを宣言しない限りはアッバーシ・マダニらの釈放には応じないという態度は変えず、FISはこの提案を拒否する。

他方、旧FIS幹部で逮捕されていないハシェミ・サハヌーニ（盲人）は、FISの要求が正確なところ何であるのかを政府側に知らせる目的でアリ・ベンハッジに会い、そこで彼らは、「いかなる政府側との交渉も、マジュリス・シューラ全体の決定による」(即、FIS幹部全員の釈放）との条件を打ち出す。しかし政府側は、釈放の前提条件"武装グループが武器を置く"を変えない。サハヌーニは、コミュニケの形で、体制側にFISの全国執行委員会の会合を獄にいる者も含めて行うことを提案、このようなやりとりの後、逮捕されていたFIS幹部の内、2名（アリ・ジェッディとブーハムハム）が釈放される。この2名の釈放は、テロリスト・グループの勢力や所在について彼らに正確な報告を作成させ、アッバーシ・マダニとアリ・ベンハッジが釈放された暁にはテロ・グループについて充分な情報を持った上で政府側と交渉を行い得るようにするためとされた。政府側としては、これらの情報を得てテロリスト・グループの所在を突き止め、彼ら

ゼルアール大統領。(APS提供)

を潰してしまう思惑も当然あったと思われる。

　更に複雑なのは、このようなサハヌーニの動きは、サラフィストによるFIS再建と受け取られ、今やジャザーリストのトップを自認する在独ラバーハ・カビールは、アリ・ベンハッジの当初の条件以外のものはすべて拒否すると声明する（注3）。そして外からのアルジェリア政府に対する圧力として、FIS在外議会代表を自称するジャザーリストのアンワル・ハダムがイニシアティブをとって、イタリアの宗教団体Sant' Egidio主催で、また、米、フランス、イタリア等一部西側諸国政府も陰に陽にこれを後押しして、ローマで94年11月、95年2月の2回にわたって会議が開催される。国内の反体制政党やFIS寄りのスタンスをとる政党もこれに参加、会議は"ローマ協約"と呼ばれる声明を発表、FIS指導者の釈放、FISの非合法化解除等を求める。このような動きに対して、アルジェリア政府は「アルジェリアの内政問題は、アルジェリア国民によってアルジェリア国内でのみ解決される。アルジェリア内政へ介入を許さない」と激しく反発した。Sant' Egidio会議は一言で言って、アルジェリア問題(危機)を国際化し、国際的圧力でFISの復権を図ろうとするものであった。独立闘争当時、FLNがアルジェリア問題を国際問題化する（国連総会の議題とする）ことに成功し、国際的圧力でフランスを追い込み、これが独立達成の重要な要因になったという歴史的事実があり、FISとFISを支援する特にFFSの動きに同様の意図が読みとれる（注4）。

ここで、テロの活発化に大きく寄与した2つの出来事を取り上げておく必要がある。一つは94年1月に起こったアルジェリア西部オーレス地方の山中にあるランベーズ刑務所からの凶悪テロリスト900名の集団脱走事件である。この刑務所は警備の堅さで知られたフランス時代の政治犯収容の刑務所であり、部内の協力者なしには起こり得ない事件であった。脱走者は、もともと社会には復帰できない凶悪犯罪者であり、彼らは山（マキ）に逃げ込み、テロ・グループに加わった。

二つ目。ゼルアールは、95年11月、政府側のイスラム勢力に対する融和策の一環として、南部砂漠地帯7ヵ所の収容所を閉鎖するとともに、1万とも言われた非拘禁者全員を釈放したが、この政策は完全に裏目に出て、彼らも大部分はテロ・グループに流れ込んだ(注5)。アルジェリアの刑務所で一般に問題にされるのは、刑務所の条件が劣悪で(開発途上国一般に共通する問題であろうが)、更正のための教育等は一切行われず、むしろ刑務所内で洗脳が行われ、テロリストの再生産、あるいは組織化が行われたことであった。

このような動きからも明らかなように、ゼルアールはテロ問題解決のために、総じて宥和的政策をとった。しかし、FISとの交渉に関しては、結局話し合いはつかず、政府は、95年7月11日、「これまで忍耐強くFISとの話し合いに応じてきたが、7月10日結論が出され必要な措置がとられた」として、対話打ち切りを声明し、それ以降「FISのファイルは閉じられた」

なお、この時期の特記すべきテロ事件として、94年12月、エール・フランス機のハイジャック事件が起こり（マルセイユに強制着陸させられ、アルジェリア駐在フランス大使のコックがテロリストに殺された。GIAの犯人グループはフランス特殊部隊により全員射殺された）、この事件以降、西側航空会社は一斉にアルジェリアへ乗り入れを停止した。また、95年夏には、GIAによる連続爆弾テロ事件がパリ等フランスの一部都市で起こった。

(注1) 「当時、これら諸国は、体制側とFISの"2頭の馬"に乗っていた」とアルジェリア各紙に評されており、多くのアルジェリア人識者も同様の指摘をしている。米RAND Corporation委託によるGraham E. Fuller（元アルジェリア担当CIA職員）の「Algeria, The Next

Fundamentalist State」(Santa Monica RAND, 1996) 論文は、"2頭の馬"の政策オプションに答えるものであり、"FIS政権成立ありうべし、それはそれほど悪くない、米としてFIS政権との共存可能"との結論を出している。

(注2) 会議規則第6条は、Haut Conseil de Sécurité (国家安全保障最高評議会) により、Président d'Etatが任命されると規定しており、ゼルアールの就任はこれによった。また、1月27日付『EM』は、前日の会議閉会を伝えるとともに、ブーテフリカ元外相が"国家主席"就任を断ったと報じている。また、この会議で、任命議員200名からなる暫定諮問議会 (Conseil National de Transition) の設置が決定された。

(注3) FISとの交渉が行われていた間、テロ・グループ間の抗争も激化する。政府とFISとの対話、ゲリラ・グループとのありうべき対話に備えての指導権争い、ゲリラ支配地区の勢力圏争い (陣取り合戦) であり、グループは細分化し、GIA内部、あるいはGIAとAIS等の間で血みどろの闘争が展開される。

アルジェリアの政治の世界 (表の世界) で多数の政党が林立し、大同団結ができないのと同じ現象がテロリストの世界 (裏の世界) でも見られることはきわめて興味深い。

(注4) ローマ会議に参加したのは、FIS、FLN、FFS等6政党であった。選挙中断後のFLNの軌跡には興味深いものがある。FLNは一党独裁の座から滑り落ちると同時に、反体制政党になり、FISの復権を意図したこの会議にもメヘリ書記長が出席した。しかし、その後、党内で路線闘争があり、改革派とされたメヘリが書記長の椅子を追われ (FIS寄りが改革派とされるのも興味深い)、保守派とされたベンハムーダが新書記長になり、現在に至っている。書記長の交代に伴い、反体制政党から体制党に変わった。

(注5) サハラ収容所は特に問題であった。被拘禁者は92年の選挙中断直後の騒擾で逮捕された者たちであったが、裁判も行われないまま長期拘留され (もっとも数千人に上る被拘禁者の裁判が容易でないことは確かであるが)、そこでは確信的イスラム原理主義者によるそうでない者に対する教育、洗脳が行われ (収容所内にはある種の自治が敷かれ、新規到着者歓迎委員会も設立されていた)、テロリストが大量生産された。前掲のSeverine Labat「Les islamistes algériens」に

よればそこは"武力闘争幹部養成学校"であった（同書251ページ）。この危機初期の段階での政府側の対応のまずさがアルジェリア危機をより大きく、より深刻なものにしたとの指摘はつとになされるところである。なお、2000年8月首相に就任したベンフリスは当時司法大臣で、サハラ収容所拘禁政策に反対して辞職した。

(1999年1月20日　脱稿)
(中東研究　1999年3月号所収)

3. 1995年11月～1999年3月
(危機からの立ち直り——民主化過程の推進)

(1) ゼルアール大統領選出と憲法改正国民投票

　1995年11月、アラブ世界では初めてのこととして、複数候補者間で国連等国際監視のもと、大統領選挙が行われ、ゼルアール"国家主席"は61%の得票率で他の3候補を退けて選挙で選ばれた大統領になった (投票率75.7%)。同時に立候補したのは穏健イスラム政党とされるHAMAS (イスラム社会運動) のナハナハ、カビリ地方を基盤とするRCDのサーディ及びPRAのブクルーフであったが、それぞれの得票率が25.6%、9.6%、3.8%であったことを考えると圧倒的多数の国民が同大統領を支持したことになる (主要政党の正式名称等、末尾の注の後に一括まとめて掲載した)。この選挙は実質的には同大統領信任投票であった。というのは、同大統領が国家安全保障最高評議会 (HCS) により"国家主席"に指名されたのが94年1月であり、その時から選挙の時点までの彼の実績がこの選挙で問われたことになったからである (注1)。

　ゼルアール大統領にとっての重要課題は、テロへの対処と併せ、複数政党制に基礎をおく議会制度の再構築である。大統領は過去の失敗の轍を踏まないよう、まず憲法、そして、選挙関連法律を改正してから議会選挙を実施しようとしており、憲法改正国民投票を11月28日 (1996年) に行うことを決めた。アルジェリアで起こっていることは、周辺諸国へ影響を及ぼし、いずれ他のアラブ諸国でも起こりうることである。アラブ世界に本格的な複数政党制に基づく政治体制ができるか、アルジェリアは巨大な政治の実験室である。

国民投票に備え、政府系新聞『El Moudjahid』は10月いっぱい次のような広報記事を毎日掲載した。

〈コミュニケ〉

憲法改正国民投票が1996年11月28日に行われることになったことを踏まえ、選挙団召集にかかる大統領令に基づき、

内務省は、全国民に対し、選挙法の規定に基づき、選挙人名簿の年次修正が1996年10月1日より1996年10月31日までの間、行われることになったことをお知らせする。

本件に関し、選挙法第3条により、選挙人名簿に未登録の全国民、特に、1996年11月28日をもって18歳になる者は、居所のある市町村役場にて選挙人名簿に登録するよう要請される。

登録にあっては次の書類の提示が必要なことに留意する。
1. 身分確認のため、身分証明書、運転免許証、または旅券
2. 居所確認のため、以下の書類のいずれかの提示
   家屋所有書、借家契約書、家賃領収書、下宿証明書、電気・ガス代領収書

ここ迄到達するまでの道のりは決して平坦なものではなかった。1992年1月の選挙中断の後、ブーディアフが国民の希望を担って登場したが、6ヵ月で暗殺され、アル・カーフィが跡を継ぐ。首相もめまぐるしく代わった。治安情勢は悪化の一途をたどり、同時に、アルジェリア政府は民主主義的でないとして国際場裏で責め立てられる。このような四面楚歌の状況下で登場したのがゼルアール"国家主席"であった。94年2月7日の就任後初めての演説の中で、大統領は「国の現状に鑑み、政治行動の基本として対話を優先する。政治危機解決のためには、対話と全ての政治組織が参加する複数政党制に基づく民主主義の確立以外にない」(注2)と述べて、3月から10月まで国民対話と呼ばれる一連の対話を行った。この期間の対話を第1回とすれば、第2回は95年2月から11月の大統領選挙までの間、そして、第3回目は本年1996年3月から9月まで行われた。対話は種々の形を取った。ある時は政党の代表者と個別に、ある時は政党

の代表者を一堂に集めて、また、ある時は市民団体、あるいは有識者と呼ばれるような人を個別に呼んで意見を聞いた(注3)。

このような対話を始めるに当たって、大統領が初めから明確なシナリオを描いていたのかどうかわからないが、結果的には、それぞれの対話が次のステップを用意することになり、全体として一貫した政治過程が出来上がった。即ち、第1回の対話の結果を踏まえ、大統領は94年10月31日、95年中に大統領選挙を実施することを発表した。この大統領の決定に対し、賛成する政党グループ、大統領の決定は一方的決定であるとしてこれに反対するグループ、大統領選挙より議会選挙を先に実施すべしと主張するグループの3つがあり、第2回対話は、これらグループとの対話、特に第2、第3グループの説得に当てられ、同時に政党法や選挙法の問題も議論された。大統領選挙後に始められた第3回目の対話は、事態正常化の最終段階を確定するためのものであり、2つの重要文書が生まれた。一つは96年5月2日付大統領府発表メモランダム(注4)である。この中で憲法改正、政党法改正、選挙法改正等の必要性が指摘されるとともに、憲法改正のための国民投票を96年末までに、議会選挙を97年前半に、地方議会選挙を97年後半に実施するという今後の政治スケジュールが示された。二つ目は、それまでの対話を総括した文書として、国民和解会議において国民和解綱領が9月7日に採択された。

このような対話の積み重ねにより、1996年11月28日に憲法改正のための国民投票を行うところまでこぎ着けたのであった。

主要改正点

10月23日に発表された憲法改正案は、前文と182条からなり、全体の構成は次の通りである(注5)。

前文
第1編　アルジェリアを支配する一般原則
　　第1章　アルジェリア　　　（第1条〜第5条）
　　第2章　国民　　　　　　　（第6条〜第10条）
　　第3章　国家　　　　　　　（第11条〜第28条）
　　第4章　権利及び自由　　　（第29条〜第59条）
　　第5章　義務　　　　　　　（第60条〜第69条）

第2編　権力組織
　第1章　行政権　　　　　　（第70条〜第97条）
　第2章　立法権　　　　　　（第98条〜第137条）
　第3章　司法権　　　　　　（第138条〜第158条）
第3編　審査及び諮問機関
　第1章　審査　　　　　　　（第159条〜第170条）
　第2章　諮問機関　　　　　（第171条〜第173条）
第4編
　憲法改正　　　　　　　　　（第174条〜第178条）
　経過規定　　　　　　　　　（第179条〜第182条）

　改正案では改正部分を明らかにするため、追加の条文、追加の字句等太字で印刷されている。全体の構成に変化はないが、全文167条と1条の経過規定からなる現憲法と比べて、条文数が大幅に増加している。

　改正案の特徴として、大統領(行政府)権限の強化、政党の設立及び活動に関する規制強化が挙げられる。また、アマジギテ(ベルベルの言語・文化)が前文にではあるが、初めて憲法に現れたことも注目される。この3点は各政党の間で最も論争を呼んでいる点である。また、あまり注目されていないが、大統領が欠けた際に備えて第2位までの大統領代行者を詳細に規定した。以下、これらの点を中心に取り上げてみたい。

(大統領権限の強化)

　改正案98条は次のように規定する。「立法権は、国民議会と国民評議会よりなる議会(Parlement)によって行使される」。第101条は、両院の選出方法等について規定、国民評議会議員については、その3分の1は大統領によって科学、文化、専門的職業、経済、社会分野における能力ある人材の中から任命され、残り3分の2は地方議会議員の中から彼らによる間接、かつ、秘密投票によって選出される、としている。

　第120条は、法案の採択に当たっての両院の関係について規定、国民評議会は、国民議会で採択された法案を4分の3の多数決で採択するとされ、両者の間で意見の相違が生じた場合には、共通テキスト策定のため、両院協議会が召集される。相違が継続する場合には

法案は撤回される。

　大統領は、首相の任免権を持つ（第77条第5項）。この点は現憲法と変わらないが、議会第一党から首相が任命されるとは規定されていない。

　議会は、予算法律案をその提出日より遅くとも75日以内に採択するものとされるが、その間に採択されない場合は、大統領は大統領令によって予算法令を公布する。

　また、129条は、国民議会、国民評議会の両議長、首相との協議を経て、大統領は国民議会を解散できるとしている。

（これら条文は、デモクラットより、国民議会の犠牲において大統領権限が強化されていると批判されるが、他方、たとえ、イスラミストが国民議会において多数を占めても、国民評議会の構成と採決方法により、その動きを充分にコントロールできるとしてこれを支持する政党もある）

（政党条項）

　第42条は「政党設立の権利は認められ、かつ、保障される」と規定する（現憲法では政党ではなく、"政治的性格を有する団体"という言葉が用いられ、また、"保障される"という言葉はない）。

　その第3文は「政党は宗教、言語、人種、同業組合、性別、地域に基礎をおいて設立されてはならない」と規定する。この条文は、改正案第2条の「イスラムは国の宗教である」という規定と並んで大きな論争を引き起こしている。

（アマジギテ）

　ベルベルの文化、言語を改正案にどう取り込むかは上記2つの問題同様大きな問題であったが、改正案では前文で、イスラム、アラビズムとならんでアマジギテがアルジェリアのアイデンティティを構成する基本的構成要素と規定された。

（大統領が欠けた際の代行規定）

　第88条は、これを精緻に規定している。大統領が病気で職務遂行不能になった際には、憲法評議会が全会一致でその旨を議会に報告し、議会は3分の2の多数決で職務遂行不能を宣言し、国民評議会議長が最大45日間大統領職を代行する。45日を越えて職務遂行不能状態が継続する場合は、上記と同様の手続きで大統領の空席が宣言され、また、大統領の死亡及び「辞職」の場合、国民評議会議長が、国民評議会議長空席の場合は、憲法評議会議長が大統領職を最大限

60日間代行し、その間に大統領選挙を行う。大統領代行者は、大統領候補者たり得ない。
(現憲法では、大統領が欠けた場合の代行者として、国民議会議長と憲法評議会議長がそれぞれ第一位、第二位の代行者として規定されているが、「死亡」により欠けた場合しか規定していない。92年1月、シャドリ大統領が「辞職」した時点では議会が存在せず、従って国民議会議長がおらず、憲法評議会議長が大統領職につくことが想定されたが、当時の議長（ベンハビレス初代駐日大使）は「死亡」のケースではないので憲法の規定にそわないとしてこれを断った）

(大統領任期の限定)

大統領の任期5年は変わらないが、再選は1回に限られることになった（第74条）。

(大統領弾劾制度の創設)

大統領が職務上行った大反逆罪、首相の重・軽罪を裁くための国家高等裁判所が新たに創設される（第158条）。
(この条文については、大統領といえども一市民であり、その犯罪は通常の裁判手続きによれば十分であり、国の機構を増やすべきではないとして反対の意見がある）

(憲法改正)

現憲法では、憲法改正発議権は大統領のみに認められているが、改正案では、両院の4分の3の議員により憲法改正案を大統領に提出できることになった（第177条）。

国家の共和国的性格、複数政党制に基づく民主主義的秩序、「国の宗教としてのイスラム」、国語及び公用語としてのアラビア語等6つの点については、如何なる改正もなされてはならないとの新たな規定が設けられた（第178条）。
(この条文については、第7条により「国民主権は排他的に国民に属する」（"排他的に"は新たに追加された）にも拘わらず、憲法改正の内容を将来にわたって制限するのは問題との指摘が「世俗的国家」を主張する政党からなされている）

改正案に対する主要政党の態度

改正案が発表されて以来、それに対する賛成、反対の議論が新聞を賑わせている。各政党は、首都アルジェはもとより、全国各地で党大会や討論会を陸続と開催している。改正案に最も強く反対して

いる政党から賛成の政党までその主張のポイントは以下の通りである。

まず、最も強く改正案に反対しているのは、デモクラットと呼ばれる諸政党でその代表格は RCD と FFS である。11月5日発表されたRCD（党首サーディ）の声明は次のように述べる（注6）。
「体制側（POUVOIR）は、危機の最終的解決をめざすことなく党派的利益を優先してイスラム・保守同盟を確立した。宗教の政治的利用禁止問題は譲歩に譲歩を重ね、宗教過激派の前に完全に屈服した。従来にも増して、イスラムは残酷かつ、危険なマヌーヴァーの中心に位置することになった。大統領の厳粛な約束にもかかわらず、アマジグ語は国語としての地位を憲法上認められなかった。言論の自由は国家権力の恣意のままに抑圧されている。国民投票をボイコットすることによってのみ、国の内外にアルジェリア国民の憲法改正否認を明らかにすることが出来る。それ以外の方法は単一政党を目指す体制側によって利用される。我々アルジェリア人は、開票作業の公正さについて如何なる幻想ももっていない」。サーディは「改正案はアルジェリア社会に対する戦争宣言である」「投票所に行く者は、国を埋葬するものである」等述べる。

サーディは在フランスの有権者に対する遊説のため11月17日フランスを訪問、テレビ、新聞・雑誌のインタビューを受けた。アルジェリアのデモクラットは欧米諸国、特にフランスの応援を仰ぐ姿勢が顕著である。サーディは、また、米国大統領選挙の直前、米国（及びカナダ）を訪問、国務省高官と会談を行ったが、その動静はアルジェリアの新聞に詳しく報じられた。上記のRCD声明が「"国の内外に" アルジェリア国民の憲法改正否認を明らかにすることが出来る」と述べているのは国際世論を強く意識してのことである。

FFS（党首アイト・アハマド。ブーメディエン時代の初期、彼と対立、投獄された後、脱走し、それ以来スイス在住）は、ブーメディエン、シャドリの歴代政権に反対し、現政権の今までの試みにも全て反対、"怨念の党" と言われる。今次改正案についても大統領の権限を強め "憲法的独裁制" を作るとして反対している。従来より政府側の対テロ公権力行使を暴力としてテロよりも強く非難、最近もその幹部の一人は「イスラミストが殺しているとは今もって信じられない」と述べている。最近、この党はアイト・アハマドに忠実なジュネーブ派と

現地アルジェリア派との意見の相違が出てきているようであり、前者は反対投票、後者はボイコットを主張している。

　この両党の基盤は、いずれもカビリ地方であるが、両党首間の感情的反発からお互いに宿敵関係にある（注7）。アマジグ運動母体としてMCBなる団体があるが、これもRCD系、FFS系等の3つに分裂している。

　この他、反対ないしボイコットを主張しているのはMDA（党首ベンベラ）、ETTAHADI（共産党系）等々あり、これらの政党もデモクラットと呼ばれている。FLN改革派の頭領とされるハムルーシュはFLNと袂を分かち、「改正案は国家にとって有害であり、国にとって危険である。改正案は、89年憲法（現憲法）、76年及び、63年憲法よりも全体として後退している」と述べる。

　第2のカテゴリーとして、穏健イスラム政党と呼ばれるHAMASとNAHDAがある。この2つの政党の立場は大きく揺れ動いた。改正案が発表された当初は、両党ともこれを歓迎する意向を示していた。例えばNAHDA党首のジャーバッラーは、憲法42条とNAHDAの関係について「我が党は42条に影響を受けない。わが党は宗教政党ではなく、イスラム政党である。なぜなら第2条がイスラムは国の宗教と規定しており、我々はそれに包摂されるからである」と述べた。しかし、各党が党内議論を経て次々と改正案に対する態度を打ち出していった中で、この両党は、なかなか正式態度表明ができず、11月18日になって、やっと両党とも「党としての態度は決定せず、"有権者"の自主的選択に委ねる」との態度を打ち出した。注目されるのは、HAMAS党首のナハナハ自身は改正案に賛成であるが、その線では党内をまとめきれず、逆にジャーバッラー自身は反対、しかしその線では党内をまとめきれなかったとされていることである。もう一つ注目されるのは、他の政党の場合、態度決定イコール党員への投票態度指示（consigne）であるが、この両党は"党員"ではなく"有権者"の自主的選択に委ねるとしていることである。その意味するところは、イスラム教徒たるアルジェリア人全体の判断に委ねるということであろうか。なお、HAMASは、昨年の大統領選挙でナハナハが25％の票を集め第二位になり、その余勢で議会選挙に臨めば有利との判断から、大統領選挙に続いて議会選挙を行うこと、及び憲法改正案もその議会で審議することを主張していた（こ

の点RCDも同様)。

　この両政党は、FISの流れを引く、あるいはFISと同類として警戒されており(現にテロを少なくとも明示的には糾弾していない)、今後どういう政党になっていくのか、例えば、西欧のクリスチャン・デモクラットのような政党に脱皮していくのか、非常に興味あるテーマである。

　第3のカテゴリーは賛成派であるが、最近、デモクラット・ナショナリストと呼ばれはじめている政党と、かつての政権党であるFLNの2つに分けて考える必要がある。この内、FLNはアルジェリアでは「政権の党、政権への党(parti du pouvoir、parti au pouvoir)」と呼ばれており、アルジェリア危機の元凶として国民の見る目は厳しいが、「過去の栄光よ、もう一度」として政権復帰を目指し、現政権ににじり寄っているとされる(FLNはメヘリ書記長のもと、前述のローマ会議に出席し、当時は反政府であったが、その後、彼が追われてベンハンムーダが書記長になり、路線を体制寄りに変更した)。

　ANR(党首レダ・マーレク元首相)の主張は、改正案の不十分さは認めつつも、政党条項の重要性の故に全体に賛成するというもので明快である。アマジギテの問題に同情を示しつつ次のように言う(注8)。「国のアイデンティティを構成する3つの要素を定義する条文を憲法本文第4条として設けるべきであった。改正案の前文には、アマジギテが言及されており、原則はそこに現れているが、もっとすっきりした形で書かれるべきであった」。国民評議会の創設についても批判的で、特に4分の3の多数決は重すぎるので改正されるべきであるとする。政党条項に関しては次のように言う。
「第42条は重要である。ただし、書き方としては、宗教、言語、地域に基づく政党は禁止されるとのみ書くべきであった。形式上の問題として、政教分離という重要原則を性別、同業組合等と同列に書いてしまうとその重要性がぼけてしまう」。第2条と42条との関係については「イスラムは国の宗教であるという規定と宗教に基づく政党設立の禁止とは無関係である。イスラムは国の宗教という規定は、植民地から独立を達成したイスラムの国の憲法には必ずある規定である。重要なのは、政治の分野での宗教の利用が明確に禁止されたことである。91年、我々はイスラム政党の一つが社会を転覆しようとした経験を味わった。この経験を葬り、これを乗り越えるた

めには、宗教に基づく政党が作られないよう憲法で穴を埋めておかなければならない。我々にとって大切なことは第2条の削除を求めることではなく、政教分離の原則を来るべき選挙に備えて法律という形で実施に移すことである。イスラムが我々の文化的全体の一部をなし、好むと好まざるとに拘わらず、我々がイスラム世界の一部をなしていることは歴史の与件であり、現実である。第2条の削除を求めることは無益である。イスラミストは、自分たちの利益に反することを自分たちの為になるようにうまく使おうとし、逆に、デモクラットは、自分たちの為になるものを拒絶しようとしている。これは悲劇的な誤りである」

しかし、事柄は彼が言うほど簡単ではない。第42条を、どう政党法（現在の"政治的性格を有する団体に関する法律"が改正される）に反映するのか、例えば「宗教に基づく」とは何か、これをどう定義するのか、このあたりの難しさが各方面から指摘されている。

政府側のキャンペーンについても一言触れておく必要がある。政府側はウヤヒヤ首相が先頭に立って閣僚を総動員し、アルジェはもとより、全国各地において連日、改正案説明のための大キャンペーンを展開している。在外においては、在フランス、米、英、ベルギー、エジプト等のアルジェリア大使が在住アルジェリア人に対し改正案説明のための会合を主催していることが報じられている。

結びに代えて

アルジェリアの政治過程、ないしは、よく言われるような"民主化過程"を見る場合に、一つの大事な前提が必要なように思われる。その前提とは、アルジェリアは発展途上国であり、同様にアルジェリアの民主主義も発展途上の段階にあるということである。また、他のアラブ諸国との比較も必要であろう。

この2点を考慮した場合、筆者の見るところ、アルジェリアには既に十分な民主主義が存在する。政府が憲法改正案を発議し、それに対して各政党が賛否両論の議論を展開し、あるいは、投票ボイコットを主張し、デモすら組織され、これが新聞に報じられる。これはとりもなおさず、複数政党活動、結社の自由と表現、報道の自

由が十分に存在するということである。少なくとも他のアラブ諸国との比較ではその民主主義の度合いは格段に高い。選挙（国民投票）についても、在外投票制度が確立していることを含め、発展途上国としてはよく整備された制度が出来上がっている。ついでながら、国営アルジェリア航空、国営石油公社を含め、労働者のスト権も認められており、実際にも頻繁にストが行われていることも記しておきたい。

アルジェリアの政治危機は相互に関連する3つの側面を持つ。議会選挙中断後成立した政権の合法性が国内的にも国際的にも問題視されたこと、議会制度の導入、そしてテロの問題である。政権の合法性の問題はゼルアール大統領が選挙で信任を受けたことにより明快に解決された。今ゼルアール大統領が取り組んでいるのが第2の問題と第3の問題である。

複数政党制に基づく議会制度の導入に当たって、先の失敗を繰り返さないよう、大統領権限の強化と政治の宗教からの分離を盛り込んだ憲法改正をまず行うというのが政府側の意向であるが、正に、この2点を巡って政府側と政党の間で激しい綱引きが行われているのが現在の状況である。

91年以降のアルジェリアの政治過程に特徴的なこととして、全ては、政権側（POUVOIR）と政党の対立を軸に動いていることである。言い換えれば、大統領の党・政府与党と野党の対立という図式ではない。即ち、全政党が民主主義を要求して体制側を責め立てるという構図であり、我が国明治初期の藩閥政府に対する自由民権運動を想起させるものがある。諸政党の中でもデモクラットと呼ばれるRCD、FFS等の主張は激しい。PT（労働者党）のルイザ・ハヌーン（女性）はこう言う。「改正憲法は、王政に似た独裁者を作りだす」。このPOUVOIRに対する挑戦が彼らの民主化要求である。彼らにとっては強い大統領、強いPOUVOIRはそもそも民主主義に反し、あたかも悪の権化であるかの如く打倒されるべき対象である。

しかし、見方を変えれば強いPOUVOIRがあったからこそ、この危機の6年、アルジェリアは無政府状態や内乱に陥ることなく、国としての一体性を保てたのではないか。即ち、原理主義者が政権をとることが確実な情勢になった時、シャドリに詰め腹を切らせ、

ブーディアフを引っぱり出し、彼の暗殺後はアリ・カーフィを担ぎ出し、ついでゼルアールを大統領に据えた。その後今日までの政治過程を進めてきたのもPOUVOIRであった。そこには、アルジェリアのインテグリティを護持せんする国家意思とでも呼ぶべきものが強く働いており、揺るがぬ権力の中枢が存在する。ゼルアール大統領といえどもこの権力中枢の一構成部分でしかなく、この中枢の顔が見えないところがアルジェリアの政治を分かりにくくし、あるいは誤解を招く原因を作っている。

POUVOIRとは何か。この点についての筆者の試論的解釈はこうである（注9）。アルジェリアは"一人の"英雄を作らない。これは、国民の間に自然に根付いた伝統であり、独立闘争に由来する。これに参加した"国民一人一人の全て"が英雄であり、何人も"一人で"アルジェリア独立の英雄たる地位を占めることは出来ないという考え方である。独立闘争の過程で枢要な役割を果たした幾つかの組織が出来たが、組織の長はいても、その構成員の間で序列がつくことはなかった。唯一人の実力者はいないのである。POUVOIRの原型がここにあるような気がする。アルジェリア型統治方式である。POUVOIRを構成する者に軍がいることは確かであるが、それだけではないことも確かである。よく、ゼルアール大統領の背後にいる真の実力者は誰かということが問題にされるが、よく分からないから、POUVOIR即、軍という定説が出来上がる。POUVOIRは、一人だけの実力者を特定できない"アルジェリア型権力パッケージ"なのである。

91年、クーデタで軍が政権を握ったとされるが、軍服を着た軍人が戦車に乗って現れて大統領になったのではない。軍事政権が出来たと理解されたことは、アルジェリアにとって気の毒であり、また、不幸なことであった。非常事態が宣言されたが、憲法が停止されたわけでもない（注10）。

そもそも、倒すべき文民政府があったわけでもない。大統領が欠けたことによって生じた権力の空白が埋められたということである。空白を埋めたのはせいぜい言っても陰の軍部である。多くの開発途上国で、そしてアラブ諸国でも王政、共和制を問わず、陰に陽に軍が政権を支えているのはごく普通のことである。よしんばアルジェリアが軍政であるとしても、それは世間並みのことに過ぎない。そ

れなのに何故アルジェリアだけが責められるのか。

その答えは次のようなことだと思う。即ち、アルジェリアの民主主義は、他のアラブ諸国との比較では明らかに進んだ段階にある。それは、それを実現した歴史的、政治的背景が既に存在し、併せて、更なる民主化を求める政治的土壌も存在するということである。改革は常に現状から出発する。その現状が進んでいるので、意識的、無意識的に、より進んだものが求められる。その担い手がほかならぬデモクラットである。そして彼らを支援する国際的応援団もある。アムネスティ・インターナショナルはテロリストの人権擁護を叫ぶ。フランスの新聞は、憲法改正案に反対するデモクラットの声のみを伝え、これに賛成する勢力もあることは完全に無視する。かくして、アルジェリアでは、民主勢力が独裁的軍事政権と戦っているという国際世論が出来上がる。

それにしても痛々しい、悲劇的な国論の分裂である。国のおかれた歴史的背景、優秀な政治的エリートの存在、彼らによる問題の先取り等がもたらしている国論の分裂である。民主化の問題は、イスラムを巡る問題、イスラムと政治の関わり合いの問題とも絡んでいる。テュニジアは、この問題を1988年の政党法の改正で一応解決したが、独立後急速なアラブ化を進めたことが(それをせざるを得なかったのであるが)一つの原因になって、この問題は、アルジェリアではきわめて先鋭な形で現れた。加えて、アルジェリア特有のベルベル語の問題もある。カビリ地方を基盤とする2つの政党が怨念の宿敵関係にあり、ベルベル推進運動団体が3つに分裂していることはアルジェリアの分裂状況を象徴して余りある。更にいえば、2002年までにアラビア語の完全公用語化を実現するための法案(このような法律は他のアラブ諸国では不要である)が現在、暫定議会で審議されているが、賛成、反対、時期尚早論者等の間で激しい議論が行われている。

こう見てくると、アルジェリアが治安を回復し、政治の安定を実現するためには、強い政府こそ必要なのではなかろうか。PRAのブクルーフは言う。「今必要とされるのは、国を危機から救い、国の統一と一体性を守れるような強い安定した政府である。そこから先のことは、試行錯誤を要する時間の問題であり、政治的文化の問題、政治家の世代交代の問題、そして将来世代の問題である。今はイスラム国家とか世俗国家とかの神学論争をしている時ではない」(注11)。

「詰まるところ、アルジェリアを選ぶか、民主主義を選ぶかの問題である」と言った人もいる。我が国においても、帝国議会の開設から原敬内閣の成立まで40年を要したことが想起されるべきであろう。

複数政党制に基づく議会選挙が1991年に初めて行われたとき、国民はペストとコレラの間での選択を迫られたと言われる。つまりFLNとFISの間での選択である。この状況は、国民投票が終わり、選挙法が改正されて1997年前半、次の議会選挙が行われる時も、ペストとコレラほどではないにしても、力のある新鮮な責任政党の不在という点では今とほとんど変わっていないであろう。ブクルーフの言うように、時間をかけてのアルジェリア国民の政治的成熟が必要であろう。

国論は分裂している。しかし、分裂は同時に多様性でもある。アルジェリア国民は過去6年、余りにも大きな犠牲を払ってきた。この分裂が多様性という形で克服され、多様性がアルジェリアの一体性の中に包みこまれる時、それは大きな力を発揮しよう。遠からずそのような日が来ることを念願しつつ、この稿を締めくくりたい。

(注1) この大統領選挙は八百長選挙ではなかった。ゼルアールがこの時点で選挙を打ち出したこと自体、まず、治安情勢上これが可能かどうか危惧され、かつ、彼が勝つという確実な見通しもなかった。

この選挙の結果、ゼルアールはアルジェリア憲法上、正式に大統領（Président de la République）になった。それ以前のステイタスは、Président d'Etatであり、ブーディアフ、アリ・カーフィのステイタスは、Président du Haut Comité d'Etatであった。このようなステイタスの使い分けは、非常事態の中でも、出来るだけ憲法にそってことが措置されようとしたことの現れである。このあたりのリーガル・マインドは極めてアルジェリア的である。

(注2) 1994年2月8日付『EL MOUDJAHID』（以下『EM』）紙。
(注3) これら一連の国民対話に関しては、在京アルジェリア大使館発行の下記資料によった。

アルジェリアの国民対話『総括と展望』（1995年5月特別号）
アルジェリア大統領府『国民対話』（1996年5月）
(注4) アルジェリアの政治で特徴的なことの一つは、政府・政党等の活動について多くの文書が作成され、すべてが"文書で勝負"的な観

があることである。

これは、アルジェリア独立戦争開始の2年目、Soummamで開催されたFLN-ALN第1回総会の採択文書"Soummam宣言"以来の伝統である。ということは、それ以前からそのような慣習が既に存在していたということであろう。ついでに言えば、前述の国民和解会議等のような大きな会議が開催される時は、"役員選出"のためのセッションが設けられ、議長、副議長、ラポルトールが選ばれるのが慣例である。

(注5) 1996年10月23日付『EM』紙。

(注6) 1996年11月5日付『LIBERTE』紙。

政党の声明は新聞広告、または、政党がそれを新聞社に送付し、新聞社が記事の中で取り上げるという形で明らかになる。この場合は新聞の一面を使った広告である。

(注7) サーディとアイト・アハマドが犬猿の仲であることはよく知られており、カビリを基盤とするRCDを前者が作ったとき、後者は烈火の如く怒ったと言われる。アイト・アハマドは、昨年の大統領選挙の際、その国際管理を主張し、今次国民投票についても同様の主張を行った。なお、サーディはアルジェリアのマスコミ界の寵児であり、彼の顔写真が新聞に出ない日はないほどである。ゼルアールの写真は彼に関連する行事がある時以外は出ない。在フランスのアルジェリア人（その7割はカビリ地方出身と言われている）は、彼らの有力な地盤である。

(注8) 1996年11月14日付『Le Matin』紙。

(注9) これは、あくまでも試論であり、私論である。アルジェリアの政治の複雑さを解く一つの鍵はPOUVOIRにあると言われる。この点については、更なる歴史的、実証的、文献的検討が必要とされる。

(注10) 91年の"政変"はPOUVOIRの存在と役割を検討する絶好の実例を提供しているが、これも今後の研究課題。一点だけ述べれば、当時の刊行物（Algérie Actualité 1992年4月23～29日号）によると、軍が表舞台に出ることは、全く想定されていなかったようである。軍は"共和国軍"として、政治には直接介入しないとの考え方が既に定着していたとされる。

(注11) 1996年10月30日付『El Watan』紙。

暗殺される前に、過去との断絶と若者の積極的進出の必要性を説い

たブーディアフを除けば、政治家の世代交代の必要性について指摘しているのはPRAのブクルーフとRCDのサーディだけである。対立関係が複雑で、アルジェリアの現在の政治抗争を世代間の抗争と見ることはできないが、そこには、世代的な要素もあることには留意する必要がある。開発途上国にしては、老人政治家が多いことはアルジェリアの一つの特徴であり、これも独立戦争に由来するアルジェリア特有の事情である。

即ち、独立の早い段階で権力の座から遠ざけられた者として、FFS党首アイト・アハマド（76歳）、MDA党首ベンベラ（80歳）、FLN時代に権力の中枢にあった現同党主流のベンハンムーダ（63歳）らである。ゼルアールは55歳であり、彼らよりは一世代若い。

彼らに比べ、その他の政党の党首は、ANRレダ・マーレク（65歳）を除けば、FLN改革派のハムルーシュ（53歳）、PRAブクルーフ（46歳）、RCDサーディ（46歳）は若く、また、イスラム政党のHAMASナハナハ（53歳）、NAHDAジャーバッラーも若い（40歳）。なお、FISのマダニは65歳。

ついでに、ウヤヒヤ首相44歳。アッターフ外相43歳（いずれも1996年現在）。

アルジェリアの主要政党（1996年現在）
FLN
(Front de Libération Nationale：民族解放戦線)
書記長：ブーアレム・ベンハンムーダ
特徴：1954年の独立戦争開始と同時に、諸派を糾合した統一戦線として結成。独立後、アルジェリア型社会主義路線を採用し、長期にわたり、アルジェリアは同党の一党独裁体制下にあった
FFS
(Front des Forces Socialistes：社会主義勢力戦線)
設立：1963年（秘密裡）、1989年公認
議長：ホシン・アイト・アハマド（1963年以降スイス在住、独立戦争"歴史的9名"の一人）
特徴：国際社会主義路線、政教分離、カビリ地方を基盤とする
RCD
(Rassemblement pour la Culture et la Démocratie：文化と民主主

義のための結集)
設立:1989年
書記長:サイド・サーディ
特徴:中道、経済開放、自由化路線、政教分離。カビリ地方を基盤とする。1995年の大統領選でサーディ候補は約10%（第3位）得票

MDA
(Mouvement pour la Démocratie en Algérie)
設立:1982年（秘密裡）、1990年公認、1997年自主解散
代表（創設者）:ベンベラ元大統領
特徴:中道、社会主義路線、イスラム主義

MDS（ETTAHADI）
(Mouvement Démocratique et Social)
設立:1967年（秘密裡）、1989年公認
書記長:ハシェミ・シェリーフ
特徴:党名（挑戦）に込められた意味は進歩主義、近代主義、民主主義、政教分離の世俗主義。1963年設立のアルジェリア共産党の後身。1998年にETTAHADIから党名変更後自主解散。しかし、ハシェミ・シェリーフは言論人として活躍

HAMAS（イスラム社会運動）
設立:1991年
党首:マハムード・ナハナハ
特徴:ブリダを中心とし全国的組織を持つイスラム政党。ナハナハは1995年の大統領選挙で26%（第2位）の得票。1997年に党名をMSP（Mouvement de la Société Pour la Paix）に変更

NAHDA
(又は、MNI:Mouvement de la Nahda Islamique:イスラム・ナハダ運動)
設立:1990年
党首:アブダッラー・サアド・ジャーバッラー
特徴:コンスタンティーヌ地方を中心とするイスラム政党。1999年ジャーバッラーを党首とするMRN（Mouvement de la Réforme Nationale）が分派

PRA
(Parti du Renouveau Algérien:新生党)

設立：1989年
党首：ヌールディン・ブクルーフ
特徴：現実的進歩主義。1995年の大統領選でブクルーフは4%（第4位）の得票
ANR
(Alliance Nationale Républicaine)
設立：1995年
特徴：現政権に近い現実路線
FIS
(Front Islamique du Salut：イスラム救世戦線)
設立：1989年（公認）、1992年アルジェ行政裁判所の決定により非合法化

（1996年11月28日　国民投票前夜）
（中東研究　1996年12月号所収）

(2) 開発途上国における民主主義の問題
——アルジェリアのケース

(本稿は、前稿「ゼルアール大統領と憲法改正国民投票」（中東研究　1996年12月号所収）に対し、一部の研究者より、「見方が余りにも体制寄りである」との批判を受けたことに対する反論として書いたものである。
（中東研究　1997年2月号所収）

[1]　アルジェリア情勢を考えるに当たって無視すべきでないことは、その有する（キッシンジャーの言葉を借りれば）"地政学的要素"であり、極論すれば、多少悪い政府であっても、その安定こそ最大のプライオリティではないでしょうか。アルジェリアに、例えばイラン型の原理主義政権が成立した場合、あるいは、そこまではいかなくても、アルジェリアが内乱や無政府状態に陥った場合、その国際的な影響は計り知れないと思われます。まず、両隣のモロッコ（その王政は盤石とは言えない）、テュニジア（今は原理主義の押さえ込みに成功している）に波及する可能性は十分あり得ましょう。

これに劣らず重要なのは、地中海を越えてのヨーロッパへの影響です。その影響は2つあり、一つはマグレブから難民等の形で多くの人の流入が起こり得ること、二つ目は、テュニジアからイタリアへ抜けるパイプライン、モロッコからジブラルタル経由スペインに抜けるパイプライン等による天然ガス供給の面で西欧は既にアルジェリアに大きく依存しており、西欧のエネルギー問題に大きな影響が出てくることが予想されます。更に言えば、アルジェリアはアフリカ、特に西アフリカ仏語圏諸国への門戸でもあり、これらの国への影響すら生じ得ましょう。特に、92年から95年にかけての情勢は混迷を極め、先行きが深刻に懸念されましたが、結果的にはこの6年間、最悪の事態が生じなかったことは幸いであったと考えるべきでしょう。

2　アルジェリア政府は、決して悪い政府、ならず者政府ではありません。まず対外的に国として革命の輸出とか、国家テロといった悪行はしていません。敢えて言えば、ポリサリオを庇護しており、これがモロッコとの関係で棘になっていますが、アルジェリアのポリサリオ支援も昔日ほどのことはなく、むしろ現状は過去のいきさつから手を引きたくても引けない状況だと思われます。

　国内的には、例えば、報道の自由の問題。政府批判を含め、きわめて高い程度の報道の自由があります。目下、暫定議会において、昨年1年の政府施策のレヴューが行われていますが、首相の総括報告に対して、プレスは「自己満足の報告」とか「首相の報告に疑義あり」といった見出しを付けて報道、議会でも首相がつるし上げられています。また、アルジェリアは、イラクやかつてのナセル時代のエジプトのような秘密警察国家ではないし、政府による人権抑圧や一般国民の締め付けが目に見えて強いわけでもありません。アムネスティ・インターナショナルがテロリストの扱い等について定期的に取り上げており、テロリストやその周辺の者の人権問題があることは確かでしょうが、そこは凶悪なテロと戦っている国として少し寛大に見て、政治的に目をつぶってやる必要があるのではないでしょうか。

3　残るはいわゆる民主化の問題。政権の合法性自体は、95年11月

の大統領選挙でゼルアールが選出されたことにより解決されました。今残っている問題は、どの程度"民主的な"議会ができるかということであり、アルジェリアの民主化を監視している国は、今やこの点に目を光らせていますが、これは、国内問題そのものであり、外からあれこれ注文をつけるべきではないと思います。

4 ゼルアール大統領は94年1月に就任以降、対話路線を積み重ねてきましたが、ここで問題となってくるのが世上アルジェリアについてよく言われるPouvoirです。国内政治の図式は、当初はPouvoir対全政党でしたが、FLNが政権寄りに脱落し、FIS以外のイスラム政党は是々非々、その他政党も、是々非々の態度をとる党と、Pouvoirに徹底抗戦する党に分かれました。

　私が前稿で分析を試みたのは、Pouvoirの性格とその役割であり、また、このPouvoirという揺るがぬ権力中枢が存在したからこそ、アルジェリアを吹き荒れたイスラム原理主義にもかかわらず、内乱状態や更なる内政の混迷が避けられたということです。特に経済面では、世銀・IMFの支援を取り付け、その他、南部の石油・ガス開発もメジャー等の直接投資により進められつつあります。新規のスペインへのガス・パイプラインの稼働についても記した通りです（米、英政府がアルジェリアに対して政治的に厳しい対応をとっているにもかかわらず、ベクテル、BP等が果敢に進出を図っていることはさすがだと思わせます）。要するに、この強いPouvoirのお陰でアルジェリアは統治能力を失わず、アルジェリア危機が国境外に波及することもなかったと言えるでしょう。

5 西欧諸国で特にアルジェリア民主化の担い手とされているのは、カビリ地方を地盤とするベルベル系の2政党で、彼らはPouvoirの存在そのものを民主主義に反するとして糾弾します。彼らは、フランス政治思想の影響を受けた、仏語を母国語とすると言ってもいいくらいの政治エリートであり、国内での政治活動もさることながら、むしろフランスを向いて、あるいはフランス国内での活動に力を入れています（その内の一政党RCDの党首サーディは「エリゼーの指示で動く」と揶揄されることがある）。国内でも、仏語紙が彼らの動向を大きく伝えます。しかしながら、彼らの国内的支持基盤はせいぜい人口の2

割程度とされており、その周りに他の政党が集まって大同団結しない限り(その可能性は零)、大きな政治の流れにはなり得ません。彼らをデモクラッツ・インターナショナルと呼ぶとすれば、デモクラッツ・ナショナリストと呼ぶべき他の政党グループがあり、むしろ、このグループの方が今のアルジェリアにとっては現実的・建設的に思えます。

サーディは若くて大変立派な法学部教授タイプの人ですが、アルジェリアの現在の身丈にあっていないことを今導入しようというのがその主張です。そして、この点はデモクラッツ・ナショナリストから批判されているところです(このような点は欧米のプレスは一切報道しませんが)。彼のような人物がいることは、アルジェリアにとって大きなアセットであり、彼自身、民主主義のダイナミズムの体現者ではありますが、国民の 30～40％が文盲とされる現在のアルジェリアで、しかも、この危機の時期に、彼が考えるような"民主主義的"政治制度を導入することは現実的とは思われず、また、彼の政党に政権担当能力があるとも思えません。

(例えば、ハンガリーでは、アルジェリアの今の RCD のような政党が共産政権崩壊後の第1回戦挙で第一党になりましたが、2回目の選挙では凋落、再生共産党が第一党になりました。アルジェリアの現在の危機的状況下ではこのような実験・試行錯誤は許されないと思います)

6 それでは、その他の政党が政権の担い手になり得るか、その可能性もないと言わざるを得ません。まず FLN ですが、FLN は旧ソ連東欧諸国の共産党と同じ状況下にあり、将来再生することはあり得るにしても、少なくとも現時点では政権復帰は不可能です。穏健とされる2つのイスラム政党も、国民のかなりの部分から所詮はイスラム政権を目指す党として FIS と同一視、危険視されており、これらが政権を担うことも困難と予想されます。デモクラッツ・ナショナリストの勢力も残念ながら今のところは微々たるものです。こう見てくると消去法で、結局、目下政権を担い得るのは Pouvoir しかないと考えざるを得ません。

7 政治的な安定と進んだ民主主義の両方が同時に達成されればそれに越したことはありませんが、それが不可能な場合、民主主義は

ある程度犠牲にしても、国の安定の達成を優先すべきであろうというのが私の考えです。特にアルジェリアの場合、とにかく、余りにも犠牲の大きい現在の危機的状況から一刻も早く脱出することが至上命令であり、そのためには、強い安定した政府が必要です。今次憲法改正により二院制が導入され、上院の3分の1は任命議員とされる等、大統領権限が大幅に強化されましたが（この点を一部西欧諸国等及びそのマスコミが強く批判）、新憲法体制は、弱体な第四共和制に代わってド・ゴールの第五共和制がアルジェリア問題を解決したのと同じように、アルジェリア版第五共和制と言えるのではないかと思います。今後のアルジェリアにおける更なる民主主義の発展は、とにかくまず、現在の危機を脱出してから、そしてその間、政権を担い得るような責任政党の成長と国民の政治的成熟を待つ、もう少しアルジェリアに時間を貸そうではないかというのが私の結論です。その末尾に引用している「アルジェリアをとるか、民主主義をとるかの選択である」は深い含蓄に富む言葉だと思います。

⑧　以上から出てくる一つの大事なポイントは、西欧諸国が民主主義の旗印の下に、アルジェリアを外から揺さぶるのは賢明ではないということです。このような対アルジェリア政策は、非現実的な民主化グループを鼓舞し、更にはテロリスト・グループをすら勇気づけることになり、結果的に、この国の早期の安定達成の障害となり、国際社会全体の利益には何ら貢献しないと思います。

　一部西欧諸国は木（民主主義の推進）を見て、森（政治の安定、国際社会全体の利益）を見ていないというのが私の印象です。彼らは民主主義伝播の使命感に燃え、戦略的思考を欠いていると思います。アルジェリアは、例えばスーダンとは違ってその"地政学的要素"を無視するには余りにも重要な国です。

⑨　西欧諸国は、1992年1月の時点でアルジェリアにおけるイスラム原理主義政権の成立を恐れて選挙中断を事実上黙認したのですから（この点、ミャンマーと異なる）、それならその後のアルジェリアの政治過程について多少のイレギュラリティには目をつぶり、事態の正常化のための時間を与えるべきではないかと思います。西欧諸国がとっている態度は辻褄が合わないと言うべきでしょう。

キッシンジャーは『外交』の中で、「歴史上のif以上に無益なものはない」と言っていますが、メンタル・エクササイズとして、第2次選挙まで行われてFISが政権をとっていたらどうなったか、私の推測は次の通りです。最初はFIS穏健派の政権であっても、革命においては穏健派は常に急進派に追われるのは幾多の歴史的例が示すところであり、今のGIAのようなグループが遠からず権力を握っていたのではないか。一つ言われる説に、とにかく、選挙の原則は守り、FISに政権をとらせ、FISが本格的なイスラム政権樹立に向かいだしたら、その時点で軍部が介入すればよかったのではないかというのがありますが、この場合はそれこそFISと軍部の闘争となって内乱的な状況が現出していたのではないか。こう考えると、より悪い状況を避けたという意味で第2次選挙を中止した当時のPouvoirの判断は正しかったということになります。しかし、その後現出したことは、より悪い状況ではなかったというだけで、悪い状況には違いなく、その克服のために高い代償を払っているということでしょう。結局、問題は、何故、アルジェリアにFISの登場に反映されるような原理主義が現れたかということに帰着します。

[10]　更に、もう一点言えば、西欧諸国が民主主義を要求する場合、どうしてもある種のダブル・スタンダードになります。即ち、民主主義の動きがない国は責められず、その動きがある国については、それを更に進めることが求められるということです(例えば、クウェイトには湾岸で唯一、公選議会がありますが、選挙権が第一級市民男子に限られていることが批判されます)。ここをどう説明するのか、私には今のところ答えがありません。例えば、人類社会の普遍的価値として、民主主義はあまねく地球上に広がるべきであり、少しでもその可能性のあるところには、あるいは、その可能性のあるところから、それを求めていくということなのでしょうか。しかし、歴史的条件、民度、政治的成熟度等を十分考慮に入れない民主主義の求め過ぎが混乱をもたらしたり、地域全体を不安定化させれば、その国民やその地域の人々は却って苦しむことになります。アルジェリアはそのテスト・ケースを提供しているのではないかと思います。

[11]　テロの問題が残ります。西欧諸国は、政治への全員参加の原則

と、現下のアルジェリア危機のもとになった議会選挙停止を黙認したことに対する後ろめたさもあってか、未だにFISとの対話による問題の解決に未練を持っているようです。しかし、対話による解決の機会は最早失われたと考えるべきでしょう。一般的に欧米のマス・メディアは「(イスラミストを政治過程に含んだ形で)民主化が進まないからテロも止まない」と主張していますが、そのようなパラレルな関係は、少なくとも今はなくなったと考えられます。FIS傘下のAISは銃を納めるかもしれませんが、これだけのテロを行った連中をどう処遇するのかという問題が残ります(アルジェリアのテロは無差別テロであり、ゲリラ対政府軍という対決の構図ではないため、ゲリラの社会復帰を含む最近のグアテマラ型の解決は不可能だと思われます)。他方、幹部クラスのかなりがアフガン帰りであるGIAは対話拒否戦線であり、また、内部抗争が激しく、話すべき相手もおりません。結局、時間はかかっても、もぐら叩き的な武力制圧以外にはなく、近い将来、エジプトのテロ程度に抑え込めればまずはよしとすべきかと思われます。

アルジェリアのテロには、それこそアルジェリア的な極めて複雑な要因が絡んでいますが、最近、特に目立つのは、人里離れた村落に住む一般市民を対象にしたテロで、大部分はGIAによるものとされています。その一つの説明は、かつては住民は陰に陽に(あるいは強いられて)テロリストに金銭的、物質的支援を与えていたが、最近それが行われなくなり、テロリストから見れば、住民は政府側についたことになり、"人民に対するジハード"として彼らはテロを行っているというものです。

(1997年1月11日 脱稿)
(中東研究 1997年2月号所収)

(3) 国民議会選挙 (1)

1月10日から始まった今年 (1997年) のラマダンは、血塗られた聖なる月となり、テロが荒れ狂った。あたかもアルジェリアの同義語がテロであるかのように。

このような国内治安情勢にも拘わらず、ゼルアール大統領はその

公約に従って、今年前半に国民議会選挙を実施すべく、国内諸政治勢力との協議に入った。

　本稿では欧米や日本の新聞には載らない2つの明るい話題をまずご紹介し、続いて国民議会選挙の準備状況、最後に経済情勢について書き綴った。

日刊紙『La Tribune』の再発行

　同紙は1980年代末の自由化の波の中で生まれた仏語新聞の一つで、系統的にはFLNに近いとされ、特にアルジェリア軍や治安・テロに関する情報には定評があった。この新聞が掲載した政治漫画(下記)がアルジェリアの国旗を侮蔑したとされ、昨年(1996年)7月末、アルジェ軽犯罪裁判所は、6ヵ月の発行停止処分と、編集長と漫画家に対し罰金と執行猶予つき禁固刑の判決を言い渡した(控訴も可能であったが、被告側は控訴せず刑が確定)。これらの措置はアルジェリアの民主化を監視している諸国より、言論の自由の抑圧として強く批判された。

　この新聞が刑期を終え、ラマダン明けの2月11日、再びその姿を現した。この日は丁度、ゼルアール大統領が議会選挙に向けての協議を主要政党代表者と行う日であり、その見出しは「本日、大統領、政党と会談、選挙、秒読み」というものであった。この関連記事が二面、三面いっぱいを占め、第四面は「アルジェ県の治安強化」、第五面は暫定議会における政党法、選挙法の審議状況に関する記事であった。

　何れの記事も内容豊かにしっかりと書き込まれている。アルジェリアの新聞では一般に記事は署名入りで書かれるが、この新聞についても例外ではなく、これらの記事全ては署名入りであった(もっとも身の安全のため、全て偽名であるが)。

　記者が書けないことがどのように辛いものなのか、私には想像出来ないが、何れの記者も満を持してこの日を待ち、健筆を競って一気に書き下ろしたのであろうか、記者の喜びが行間に感じられる。

　この新聞の再登場は誠に喜ばしい。何よりも、アルジェリアが民主的でないと責め立てられる理由の一つが減ったことをこの国のために喜びたい。

II 危機の10年の展開 189

「この旗は7月5日（独立記念日）を祝うため?」
「いや、汚れた下着を干しているだけさ」

スポーツ
　次の明るい話題は、同じく2月11日付のこの『La Tribune』紙の最終紙面に掲載された記事からである。「96年、世界50名のトップ陸上選手の中にアルジェリア人9名、内、女性2名」と題して、96年9月4日付、国際陸上連盟ランキングによるアルジェリア人の活躍ぶりが紹介されている。
　それによると、アルジェリア人で間違いなくトップクラスの陸上選手は、1マイル、3000メートルで1位を占め、1500メートルで2位を占めたヌールディンヌ・モルセリ。その他、28位、38位、41位等にアルジェリア人選手が名前を連ねている。マラソンでは2時間11分10秒を記録したシド・セクリが暫定的に39位を占めている。
　その他のスポーツでは、昨年12月、ハンドボール・ナショナル・チームが象牙海岸で行われたアフリカ選手権を制し、帰国した選手団は熱狂的な歓迎を受けた。女子柔道も盛んである。ゴルフ連盟も細々ながら存続している。サッカーナショナル・チームは最近は振るわず、監督の人選やコーチのあり方が問題にされている。

アブデルハック・ベンハンムーダの暗殺と犯人グループの射殺
　アルジェリアは、またまた有為な人を失った。ベンハンムーダ

UGTA（アルジェリア労働総同盟）の書記長である。国民議会選挙に向けて中道勢力を結集した新政党の旗揚げを行う直前であった。彼が設立しようとしていた政党が今後のアルジェリアの政治の安定にとって如何に重要であったかを理解するには、現在のアルジェリアの政界勢力分布を知る必要がある。

それは大きく3つの勢力に分けられる。旧支配政党FLN、デモクラッツ（インターナショナル、ナショナルの双方を含む）と呼ばれる諸政党群、そしてHAMASに代表されるイスラム政党である。このうち、FLNは現在のアルジェリア危機をもたらした元凶とされ、国民一般の支持は無く、ゼルアール大統領はその政治基盤をそこにおくことは出来ない。デモクラッツ・ナショナルは現実路線で大統領の支えにはなるが、所詮、その勢力は余りにも小さい。結局、今のままの状況で近い将来選挙が行われると、イスラム勢力がかなりの議席を取ると見込まれているが、大統領としてそこに基盤をおくこともできない。大統領が自分を支える第3の勢力を「大統領の党」として必要とし、それをベンハンムーダの新党に託していたとされるゆえんである（2月8日付、英『Gardian』紙は、アルジェリアは内乱状態に陥りつつあり、ベンハンムーダを暗殺したのはほぼ間違いなく、政権内部の者であると解説したが、これなど、欧米の新聞がいかにアルジェリアのことを知らず、悪意に満ちたことを書いているかを示す例である）。

アルジェリアは大事な時に大事な人を失う。1992年6月のブーディアフの暗殺がそうであった。アルジェリアの悲劇である。

ベンハンムーダの暗殺から2週間を経た2月12日。その夜半、午前3時から5時間にわたってアルジェのど真ん中、5月1日広場（東京で言えば渋谷駅前広場か）近くで暗殺グループの大捕物帖が展開された。この種のテロにからむ事件については、公式発表は一切なされないので真相は藪の中であるが、新聞の報ずる一つのバージョンは次の通りである。

ベンハンムーダの暗殺に関しては、FIDA（武装聖戦イスラム戦線）から犯行声明が出されていたが、治安当局は犯人は暗殺現場であるUGTA本部近くに潜む者と睨み、現場から100メートルと離れていない14階建てのアパートの5階に犯人の隠れ家があることを突き止めた。子連れの2人の女性が住む2部屋のアパートに、複数の男が

頻繁に出入りするのを怪しんだ住人が警察に内報したことによるものである。警察・治安部隊が付近一帯を包囲し、最初はマイクで犯人の投降を呼びかけたが、それに対し犯人グループは銃で応じ、2時間にわたり銃撃戦が続く。犯人グループは男性4人、女性2人であったが、女性の一人は2歳の子供、もう一人は1歳と7ヵ月の2人の子連れであった。警察・治安部隊側はテロリストに女性と子供を解放するよう呼びかけたが、銃の応射があるのみ。手榴弾でアパート入り口を爆破して治安部隊は階段の下から銃撃。女性の1人は2歳の子供を盾に応戦。勇敢な治安部隊員の1人が女性を狙撃しつつ、女性に飛びかかって子供を引き離した。この治安部隊員はこの女性の撃った弾に当たって負傷した。結局、男性テロリスト4人、女性2人が射殺され（子供も死亡）、この掃討作戦は午前8時に終了した。

その後の捜査で、男性2人は氏名手配中のテロリストとしてその身元が割れたが、2人は不明。女性2人は、治安当局により以前射殺されたテロリストの妻と判明した。これらテロリストはGIAより追放され、その後FIDAに加わったメンバーと断定された。

大部分の新聞は以上のようなストーリーを報じたが、このテロリスト・グループは、多数の死傷者を出した1月のアルジェ市内での2件の自動車爆弾事件の犯人であると報じた新聞もあった。

国民議会選挙監視委員会の設立

2月15日付、政府系紙『エル・ムジャーヒド』は「民主主義の春」という大きな見出しで、国民議会選挙準備のためにゼルアール大統領が始めた一連の政治協議を報じた。大統領は国内政治勢力を3つのグループに分けて、2月11日、13日、15日に、それぞれのグループを大統領府に招き、長時間にわたって（初日5時間、2日目7時間、3日目5時間）協議を行った。

これに招かれた政党や政治団体は、アルジェリアの政治の舞台での目下のプレイヤーである。しかし、その多くは来るべき選挙後には（むしろ選挙前にも）消えてしまうことは確実であり、記録のために煩雑さを恐れず、グループごとにこれを記しておきたい（政党名はフランス風に頭文字を綴った略称で呼ばれる）。

2月11日（10政党、反政権グループと呼ばれる）

FLN　HAMAS　NAHDA　RCD　PRA
ANR　MDA　PNSD　MAJD　PSL
(これら政党については、Ⅱ3(1)「ゼルアール大統領選出と憲法改正国民投票」の注の政党リストを参照)
2月13日 (18政党、暫定議会に議員を送っているミニ政党グループ)
PPD　MJD　MFAI　RAI　UPA　FDU　FGI　UDL　MSA
FFP　RNA　RUN　HEH　RJNA　PNDS　MNJAA　PJJ
MNND
2月15日 (7団体、旧FLN傘下の団体)
ONM　UGTA　UNPA　ANRANP　ONEM　ONEC　CNEC

なお、何れの協議にも招かれなかった政党として、PT (労働者党、党首・ルイザ・ハヌーン、女性) 及びPST (社会主義労働者党) があるが、これら2政党はトロツキスト的傾向の党とされている (非合法化されているわけではない)。前者は協議に呼ばれなかったことについて抗議の声明を発表した。

協議の主要議題は、国民議会選挙をいつ行うかという日程の問題と、選挙の公正さを確保するための選挙監視の問題であったが、選挙実施の前提として治安の問題が大きく取り上げられたことは当然であり、大統領は選挙が平穏な状況下で行われること、及び立候補者、有権者の安全を全面的に保障したとされる。

アルジェリア情勢の観察を難しくするのは、西欧的(フランス的)要素、アラブ的要素、そしてアルジェリア的要素が混在し、ある時はそれが同時に、ある時はそれが別々に現れることである。フランス的要素の最たるものは、制度や法体系であるが、その実施はアラブ的である。選挙にそれが端的に現れ、選挙の制度面は精緻きわまりないが、実際の選挙の公正さ、透明性は必ずしもその制度とはパラレルではない。

来るべき国民議会選挙について、ゼルアール大統領はその公正さと透明性確保を重視し、早い段階から国際監視団を受け入れる旨、及び、独立の選挙管理委員会を作ることを公約していた。国際監視団については2月12日付でアルジェリアがメンバーである国際機関の国連、アラブ連盟、アフリカ統一機構に対しその派遣を正式に要

請した。1995年11月の大統領選挙の際にも、これら3国際機関からの監視団を受け入れたが、国連からの派遣は8名というシンボリックな数にとどまった。今回は国連より、より多くの派遣を希望していると伝えられる。

国内的には国民議会選挙監視国内独立委員会（CNISEL）を設置すること、そのメンバーは選挙に参加する政党の代表者によって構成されること、その委員長はそのメンバーの中から選ばれることが合意された。その構成や任務の詳細については、2月18日より作業を開始するワーキング・グループが検討を行うこととされた（大統領選挙の際にも選挙監視委員会が作られたが、委員及び委員長は任命制であった）。

選挙日程に関しては、大統領より、5月29日、または、6月3日のいずれかが提示され、2週間後に同じく上記の第1グループに属する各政党が回答することになった。
（このあたり、我が国における話し合い解散、選挙日の決定を思わせるものがある。欧米の新聞は、しばしば、アルジェリアの現体制を"軍事独裁体制"と書くが、これだけ国内在野諸勢力と対話を行っている"軍事独裁体制"は世界に類を見ないであろう。対話はこれが初めてではなく、ゼルアール大統領登場以来、節目、節目にこの種の対話が行われ、今回で4回目である）

主要政党の動向

11日の大統領府での協議に招かれながら、これを辞退した政党が2つあった。一つはアイト・アハマド党首のFFSである。1963年以来ローザンヌに住むアイト・アハマドは従来より、アルジェリアは内乱状態にあり、そこから脱出するにはFISを含む国際会議が必要との主張を行っており、最近もクリントン大統領に直訴を行ったと伝えられるが、今回の協議についても、同党のアルジェリア支部代表は「まず平和の達成が必須。選挙への参加、不参加の問題より、より重要なのは戦争か、平和の問題である」と声明して協議をボイコットした。同党は、ゼルアール大統領が進めてきた政治改革路線を全て否定してきており、立場の一貫性からすれば、国民議会選挙もボイコットすべきであるが、他方、これをボイコットした場合、同党が政治の舞台から消滅してしまうことになりかねず、対応に苦慮していると言われる（なお、MDA、党首・ベンベラも似たような状況に置か

れている)。FFSの一部は、このような本部の意向を不満として党を割って新党を旗揚げする動きを見せている。

　ボイコットしたもう一つの党は、アルジェリア共産党の流れを汲むETTAHADIであり、その理由はFFSとは逆に、イスラム政党とは同席できないというものであった。同党はHAMASに強い警戒心を抱いており、その責任者の一人は「HAMASは旧FISよりも危険である。今度の選挙の結果は、1991年12月のそれと似たようなものになろう」と述べている。

(欧米の新聞は、しばしば、アルジェリア問題解決のためには、FISとの対話が不可欠であるとしてこれを拒否する現政権を非難するが、国内には、FISはおろか、合法的に活動しているイスラム政党との同席すら拒否するETTAHADIのような政党が存在することは報じない)

　そのイスラム政党であるが、FISなき後、HAMASとNAHDAが全国的組織網を使って活発に活動しており、選挙準備もこれら2党が最も整っていると言われる。特にHAMASの党首ナハナハは、95年の大統領選挙でゼルアール大統領に次ぐ25％の票を得たこともあり、FISとの違いを強調しつつ、その地盤をそっくり引き継いで選挙での大勝を期しているとされる(したがって、FISとの対話、ましてや、その復帰には強く反対である。なお、イスラム過激派はHAMASメンバーをもテロの対象にしており、同党の最近の発表では、今までに115名がテロの犠牲になっている)。ナハナハは、昨年、フランス、米国(2回)、トルコを訪問したが、近く湾岸4ヵ国(サウディ、カタール、クウェイト、アラブ首長国連邦) 歴訪の旅に出ると報じられている。

　FLNの事情は複雑である。現指導部は政権寄りの保守派とされ、これに対抗する改革派とされるグループがあり、更にはFISに近い立場をとるとされるグループもあって、党は事実上3つに分裂している。現指導部は保守派のみで立候補者を固める模様であるが、いずれにしても苦戦は免れないであろう。

　ANR (党首、レダ・マーレク元首相) は、選挙日程に関し、政党法や選挙法の規定する種々の要件との絡みから、技術的に大統領提案での日程は困難とし、6月29日を提案すると報じられている。大学生の票田に期待するNAHDAも学期との関係から遅い時期の選挙を望んでいると伝えられる。

「大統領の党」(あるいは「大統領のための党」とも呼ばれる)がベンハン

ムーダの暗殺で頓挫したことは前述の通りであるが、構想自体は依然として生きているようであり、その党首にブーテフリカ元外相や、現暫定議会議長ベンサーリハの名前が挙がっている。

また、上記第2のグループのミニ政党群は、新政党法の下ではいずれも単独では選挙を戦えず、上記協議の際、UDL代表より18政党の大同団結構想が出され、大統領はこれを歓迎したと報じられている。

選挙関連法案の審議

議会選挙に備えて次の3つの選挙関係法案（正確には大統領令）が準備され、暫定議会で審議の後採択された。
選挙区画及び国民議会・国民評議会定数法
選挙法
政党法

第1の法案によると、国民議会及び国民評議会の定数等は次の通りである。
  国民議会 任期5年
      380議席　内8議席は在外選挙区（フランス4、その他欧州1、マグレブ・アフリカ1、アラブ1、米・大洋州・アジア1）国内選挙区は、県単位とされ、人口8万について1議席、それを越える分については人口4万につき1議席追加割り当て。人口35万以下の県については4議席自動的に割り当てる
  国民評議会 任期6年（3年ごとに半数改選）
      144議席（内96議席は48県について各県2議席ずつ、残り48議席は大統領任命）

選挙法の最大のポイントは比例代表制の導入である。
選挙権は、18歳以上。被選挙権は、国民議会については28歳以上（従来と変わらず）、新設の国民評議会については40歳以上とされている。

政党法

政党法(正確には89年の「政治的結社に関する法の改正法」)は新憲法第42条に基づくものであり、6章、45条からなる。宗教の政治的利用(その定義はなされていない)の禁止、小党分立解消のために政党の設立に厳しい要件を課したこと、この2点が主要点である。前者については憲法42条及び89年法と基本的に同じであるが、後者については、非常に厳しく、かつ、詳細をきわめた規定ぶりになっている。主要点のみ次の通り。

第1章　政党活動における一般規定(第1条〜第11条)
- アルジェリアのアイデンティティの基本的構成要素たるイスラム、アラブ、ベルベルの政治目的のための使用禁止(第3条、以下同様)
- 1954年11月革命の諸原則の尊重
- 表現及び政治活動の手段としての暴力及び強制力の否定
- 民主主義及び共和制の擁護
- 政権交代を尊重する政治的多元主義の導入

第2章　政党の設立及び活動(第12条〜第24条)(以下はそのごく一部)
- 政党設立には、少なくとも、48県中の3分の1の県に居住する25人の発起人が必要(第13条)
- 政党設立には、少なくとも、25の県から2500人の党員によって選ばれた400から500人の代表による設立総会の開催を要する。これら代表は各県につき、少なくとも16名を下回らないこと、一つの県の党員数は100名を下回らないこと、設立総会は、国外で開催されてはならない(第17条)
- 内務省により、政党設立のアグレマン請求が却下された場合には、行政裁判所、または、コンセイユ・デタに上訴できる(第21条)

第3章　政党活動の財源(第25条〜第33条)
- 財源は、党員費(1ヵ月につき法定最低給与〈4000ディナール・8000円〉の10％を超えない額)、寄付、遺贈、活動関連収入、(ありうべき)国家補助金(第25条)
- 外国よりの物的・資金的援助は厳しく禁じられる(第29

条)
第4章　保全罰則規定（第34条〜第39条）
・政党活動の停止または解散決定は、司法当局によってのみなされる。このような決定がなされた場合、当該政党はコンセイユ・デタに提訴でき、コンセイユ・デタは提訴を取り上げてから1ヵ月以内に判断を示す（第34条）
第5章　経過規定（第40条〜第42条）
・既存の政党は、新政党法公布から2ヵ月以内に政党名及び綱領を（新法に合致するように）変更しなければならない（第42条）

　政党法のこのような厳しい規制は、非民主主義的であり、健全な政党の育成を阻害するとの論が一部フランスの新聞によりなされている。しかし、それを言うのであれば、むしろ、政党法といった法律の制定自体が民主主義的でなく、したがって、そのような法律は作られるべきではないと言うべきであろう。アルジェリアの民主主義は、特に1991年の教訓もあり、未だこのような法律を必要とするような若い発展の段階にあることが理解されるべきであろう。

深刻な経済・社会情勢

　2月14日 SONATRACH 社総裁は、記者会見において要旨次のような昨年1年の業務報告を行った。

・生産量　　　　　177.8百万トン　（石油換算）　（前年比6％増）
・輸出量　　　　　 94.4百万トン　（石油換算）　（前年比10％増）
・石油ガス収入　 126億ドル　　　　　　　　　　（前年比28％増）
（平均石油価格　　95年17.5ドル、　　96年21.6ドル）

このように石油・ガス分野はきわめて好調である。

　アルジェリアは市場経済への移行のため、過去3年来、IMFによる構造調整プログラム推進の過程にある。昨年についてはインフレ率19.8％、国内総生産4.4％増、13億ドルの貿易黒字（高い石油価格と好天による記録的豊作による）を達成し（年末の推計）、IMF、世銀よりは高い評価を受けている。

しかし、ミクロの経済、社会問題は山積している。特に深刻なのは住宅、失業問題である。最近、計画省より発表された「アルジェリアにおける雇用問題 (1985～1996)」によれば、96年における失業者総数は、220万人、失業率 28.2％とされ、サブ・サハラのアフリカ諸国を除くと世界でも最も高い部類にはいるとされる。その中身は更に深刻である。即ち、平均失業期間は92年の27ヵ月から30ヵ月に延び、失業者の80％は30歳未満、その中の73％は何らの資格、学歴等有しない者とされており、これは高学歴者の失業よりも重大であろう。住宅問題がこれに加わり、テロリストのリクルートの豊かな水源になるからであり、実際、テロリストの主体は18歳から最年長でも24歳くらいまでの若者といわれる (これに対し、大学卒の失業率は4.4％、職業教育を受けた者のそれは11.3％に止まっている)。現在、非効率な国営企業の整理、清算が行われつつあり、雇用情勢は今後益々厳しくなることが予想される。

　これらは待ったなしの解決を要し、しかも、その解決に時間のかかる重要課題である。事態は深刻であり、1988年10月に起こったような社会的騒擾の再発も危惧されないわけではない。時間との競争である。政府がこれらの問題に早急かつ有効に対処できるよう、政治的安定の一日も早い達成が望まれる。

(1997年2月20日　脱稿)
(中東研究　1997年3月号所収)

〈追記〉
　2月21日 (1997年) に今後のアルジェリア政治地図に大きな影響を及ぼす新党が設立される等、情勢は日々動いている。以下それらを補足しておきたい。

1　新党の設立
　本文〈主要政党の動向〉のところで触れた新党がRND (Rassemblement National Démocratique 民主国民連合) の名のもとに、ベンサーリハ暫定議会議長を代表として設立された。これに参加したのは、2月15日の協議に呼ばれた旧FLN傘下の団体からCNECが抜け、UNJA (アルジェリア青年国民同盟) が加わった7団体であった。

2 ベンハンムーダ暗殺グループ首領の自白
　24日国営テレビニュースは、最近逮捕されたベンハンムーダ暗殺グループの首領（一般にテロリスト・グループの首領は"エミール"と呼ばれる）の自白を放映し、それが翌日の新聞に大きく報じられた。この自白は今回の暗殺事件に限られないテロ活動一般について犯人像、手口、資金源等一つのパターンを示していると思われるので、各紙の報道ぶりを以下まとめてみた。
・エミールはムジャーヒド・ラーシド、30歳。アルジェ大学文学部アラブ文学科卒。1991年FIS入党。92年逮捕、投獄される。95年釈放。GIAメンバーとなるが、その後これを離脱。GIA離脱者10名程よりなる独立のテロ・グループを結成。
・行動プログラム──武力で政権が取れないことが判明した現在、最大の宣伝効果を狙って、重要政治家等の暗殺、自動車爆弾等のテロ行為によりアルジェリア危機の長期化を図る。
・ベンハンムーダ暗殺を3ヵ月前から計画。UGTA本部近くのアパートを偽名で借り、そのバルコニーからベンハンムーダの出入りを監視。実行部隊4名で暗殺決行。この4名は2月12日の銃撃戦で射殺された。ムジャーヒド・ラーシドは当日現場に居合わせなくて射殺を免れたが、別の掃討作戦で逮捕された。
・アパート借り上げについては、アパート所有者の経済的動機に基づく（意図的なものではない）協力・共犯関係がある。即ち、所有者は税金逃れのため借家人と賃貸契約書ではなく、借家人を管理人とする管理契約を結ぶ。その書類は市役所の窓口で簡単に承認される。
・資金調達は5月1日広場周辺等目抜き通りの商店に対するゆすりが主。脅迫によって金を出させる。140万ディナール（約300万円）を集めていた。
・FIDAが事件後48時間以内に犯行声明を出したが、これは偽物である。FIDAは壊滅されたことになっており、組織の残存勢力は組織が再建されたことを示すため偽の犯行声明を発出した。

3 選挙管理委員会
　2月18日より作業を開始した国民議会選挙監視国内独立委員会設置のためのワーキング・グループは27日、同委員会設置綱領を採択

してその作業を終了、その結果は、3月5、6の両日、再度開催される大統領と諸政党間の協議に提出されることになった。この作業に参加した諸政党は、煩雑さを厭わずに、記録のために記すと次の27政党であった。

FLN RCD PNSD PRA PSL ENNAHADA HAMAS
ANR RND PPD MJD RAI UPA UDL FFP RNA
HEH RJNA PNSD PLJ MFAI FDU FGI MSA RUN
MNJAA MNND

4 6月5日——投票日

上記3月5日の会合において、選挙管理委員会設置綱領が採択された。投票日については、6月の最後の週にこれを延期することを求めた政党も幾つかあったが、上記27政党の大部分は大統領府提案の遅い方の6月5日を選択したとして、この日にすることが最終的に決定された。

(1997年2月20日　脱稿)
(中東研究　1997年3月号所収)

(4) 国民議会選挙 (2)　選挙1ヵ月前の状況

国民議会選挙は6月5日 (1997年) に行われることになった。選挙法により選挙運動期間は3週間と決められており、日本流に言えば5月16日選挙告示、この日を期して選挙運動がスタートすることになるが、選挙となれば事情はどこも同じで、既に激しい前哨戦が始まっている。今回の選挙は、1991年の選挙中断後6年を経て、やっとこぎ着けた政治情勢正常化の最終段階として行われるものである。選挙は憲法改正を受けて政党法、選挙法等が改正された後の新しい制度の下で行われ、諸政党も生き残りをかけてこの選挙に臨もうとしている。

有権者総数、約1600万人 (総人口2900万人)、投票所の数は、移動投票所4800を含め約3万5600、選挙事務所や投票所等のための要員60万人という大がかりな選挙である。

他方、大きな政治上の出来事の前にテロが活発化するという過去の例同様、この選挙を控え、ラマダン後暫く小休止していたテロも最近再び活発になっている。新聞報道を追いながら選挙1ヵ月前の情勢を記してみたい。

テロ情勢

4月13日 (1997年) 付各紙は、アルジェに隣接するブリダ県ブファリーク市郊外の山村で11日から12日にかけて起こった22名の惨殺事件を報じた。最近のアルジェリアにおけるテロの代表的事例として、事件の概要を新聞報道によりまとめてみた (注1)。

午前1時半頃、カラシニコフ、猟銃、肉切り包丁、刀等を持った約50名のテロリストがフランス時代の古い農園の村を包囲し、村民22名を惨殺した。犠牲者は女性14人、子供5人、80歳を越えた老人2人、それと聾唖者で、彼らは喉をかき切られ、あるいは首をはねられていた。出産したばかりの若い母親は赤ん坊とともにその老母の前で喉を切られ、12歳の少女の首は体から数メートル離れた所に投げ捨てられていた。

この村には自警団がなく、近くのマスーマ村の自警団が助けに駆けつけたが、村の入口近くに仕掛けられていた手製爆弾が爆発したため——幸いに怪我人は出なかったが——現場への到着が遅れた。テロリストとの銃撃戦が始まったが、30分後、テロリストは果樹園を突っ切って山岳地帯に逃げ去った。その後治安部隊も救援に駆けつけ、自警団とともにテロリスト捜索が開始された。12日午後にはヘリコプターも空から捜索に加わったが、未だ犯人グループを見つけだすには至っていない。

100人にも満たない村の住人は、彼らの持ち物、羊や山羊を集め、一刻も早くこの村から逃げ出そうとしている。ある者は、家具、台所用品、衣類、身の回り品をトラック、ライトバンに積み上げ、車を持たない者は、ロバが引く荷車を使った。「この地獄で一晩たりとも過ごせない。昨夜の犠牲者達と同じ目には遭いたくない」。家族全員が殺された一人の女性は「家族全員をなくした。どうしたらいいの、どこに行けばいいの」と泣き叫んでいた。

翌日、13日から14日にかけては、同じブリダ県のシェブリで32名が惨殺され、5人の女性が拉致された。19日付アルジェリア紙はこの事件の犯人グループの掃討作戦について報じた。それによると、治安部隊はヘリコプターを動員し、トーチカに潜んでいた30数名のテロリストを探しだし、殲滅した。誘拐された5人の女性は暴行された上、喉を切られて殺害されており、その死体は15日、惨殺現場から数キロの近くの村で発見された。このテロリスト・グループはこの地域で過去幾多のテロ行為を行ってきた者達と新聞は伝えている。

FISは12日、「過去2週間に100人を越えるアルジェリア国民が殺された。これは、国民を脅すことによって、力ずくで彼らを選挙に参加させようとする政権側の仕業である」との声明を発表した（注2）。

ヨーロッパ諸国、特に、フランス、英、ベルギー、伊、独、スペイン等にはFISやGIAのメンバーが政治亡命、あるいは非合法滞在等の形で在住しており、彼らがテロ・グループへの武器や資金調達を担っているとされているが、ここ数ヵ月、そのネットワークの摘発がかなり頻繁に行われている。最近のものとしては、4月6日、スペイン東部のバレンシアで11名のGIAメンバーが逮捕され、多数の銃、通信機材、偽造文書・旅券等が押収された（注3）。アルジェリアのテロ・グループに対するヨーロッパからの支援ルートが次第に狭められてきていることは確かである。

3つの政治潮流

選挙の準備状況、選挙に備えての諸政党の動きを見る前に、現在のアルジェリアの政治潮流を鳥瞰しておきたい。

それは大きく3つに分けられる。イスラムの潮流、旧FLNの潮流、及びデモクラッツと呼ばれる諸政党群である。

イスラムの潮流を代表するのはまず第一に、ナハナハの率いるHAMAS（イスラム社会運動、党名変更により、イスラムをとって"平和のための社会運動"MSPと呼ばれるようになった）であり、ついでジャーバッラーのNAHDA（イスラム・ナハダ運動、党名変更により、同じくイスラム

を党名からけずった)(注4)である。両党首ともFLN時代はそのメンバーであったが、複数政党制の導入とともにそれぞれ独自の党を設立した(FISの政党としての公認は1989年9月、HAMASは91年、NAHDAは90年)。

　この両イスラム政党の思想的・政策的な違いは明確ではないが、地縁・血縁上の違いははっきりしており、MSPはナハナハの出身地ブリダを本拠地とし、NAHDAはジャーバッラーの出身地コンスタンティーヌに依る。また、これら両党とFISとの違いも、FISが非合法化され、AISの設立に見られるように暴力化した後、両党とも"穏健イスラム政党"と主張してはいるものの、その実、末端に行けば行くほど、両党の支持者・活動家と旧FISのシンパの境は明確でなくなってくる。両党は来る選挙で旧FISの地盤で票を奪い合う関係にあると言われる。

　第二の潮流は2つに分かれる。その一つは、91年以来のアルジェリアの政治の中で"アラブ・保守派"と呼ばれてきた旧FLNである。二つ目は、本年2月にベンサーリハ前暫定議会議長を党首として設立されたRND(民主国民連合)を新たにこの潮流に含める必要がある。と言うのは、同党の設立基盤の中核は、かつてFLNの衛星と言われたその傘下の諸団体であるからである(注5)。同党がFLN bis (準FLN)と呼ばれる所以である。この政党は、テュニジアの立憲民主連合やエジプトの国民民主党のようないわゆる名実ともの presidential party ではなく、ゼルアール大統領自身も「自分の党はアルジェリアであり、自分は政党を持たない」と繰り返し述べている。しかし、一般には"大統領のための党"、あるいは"体制に作られた党"と目されている。このあたりがきわめてアルジェリア的であり、この国の政治を分かりにくくする一つの要因でもある。新聞の論説の中には、そこをつき、大統領がその与党を持つことこそ普通のことで何らコンプレックスをもつ必要はなく、見え透いた偽装はやめて、直截に、どうしてこの党を「ゼルアール党」にしないのかとするものもある。

　第三の潮流はデモクラッツと呼ばれる政党群である。1988年のFLN一党支配の事実上の崩壊の後制定された複数政党制導入の政党法の下に誕生した諸政党を指す。この時期、堰を切ったように政党

が生まれ、公認された政党数は61に上った。

代表的なものとしてサーディのRCD（文化と民主主義のための結集）、レダ・マーレク元首相のANR（国民共和同盟）、ブクルーフのPRAR（アルジェリア新生党）、アイト・アハマドのFFS（社会主義勢力戦線）、ベンベラ元大統領のMDA（アルジェリア民主運動）等がある。これらの政党だけがデモクラッツと呼ばれるのはおかしな話であるが、"反体制派"として（従って旧政権党のFLNは除かれる）、かつ、イスラムの潮流以外の政党としてこう呼ばれることが定着している。彼らは、主としてフランコフォーンの政治エリートであり、しばしばクラス・ポリティックとも呼ばれる。しかし、その中には、新政党法や新選挙法の求める要件を満たし得ず、選挙を待たずして事実上消滅し、あるいは自主解散しつつあるのもあるし、また、選挙に出て惨敗して政党としての政治生命を明白に断たれるよりも早々に選挙不参加（ボイコット）を打ち出し、議会の外での生き残りを期している政党もある（注6）。

FISの動向

アルジェリアの政治危機は、直接的には1991年選挙でのFISの躍進、選挙中断、FISの非合法化に端を発するものであるため、欧米を中心にFISとの妥協、FISの政治への復帰無しにはアルジェリア危機は解決されないとの見方が根強い。従って上記3つの合法的政治潮流の圏外ではあるが、FISの動向を見ておく必要がある。

FISにとっても今回の選挙は重要である。非合法化されて6年、この間のFISの"政治"活動は国外でのものに限られてきた。今回の選挙に参加できない場合は、非合法化のダメ押し的な措置として——国外での活動は行い得ても——国内でのFISの"政党としての"活動にはほぼ完全に終止符が打たれるからである。

しかし、FISは内部分裂している。FISの外国支部は93年8月、独在住のラバーハ・カビールを代表として設立され、12名で構成されていたが、最近、強硬派とされる5名が除名された。彼らは外国支部の解散を宣言するとともに、その内の1人カマルディーン・ヘルバーンはロンドンにおいて自らFIS代表を名乗り、他方、米国では、従来FIS議会代表を名乗っていたアンワル・ハダムが不法滞在で収

監された後はサイド・ラハラリが同代表の名で発言しているといった具合である。FISには最早、統一的指導部は存在しない。従って来る議会選挙への対応もバラバラで、ラバーハ・カビール派は、民主主義的複数主義、イスラム国家否定へ路線を変更したかに伝えられ、これに対し、強硬派はFIS創設者アッバーシ・マダニへの忠誠を堅持していると伝えられる。後者は選挙ボイコットを主張し（注7）、前者はFFSのアイト・アハマド等を通じ選挙への参加を画策した（注8）。

"非合法FIS"という受け止め方はアルジェリア国内では定着している（用語としては"解散させられた旧FIS"と言う呼び方が一般的である）。政権側として非合法化の解除は最早絶対になしえないことであり、また、国内政治勢力の何れも、その理由は異なるが、これを受け入れないであろう。FISの地盤を継承し、党勢拡大を期すイスラム諸党は、FISの"政党としての"復帰はその政治基盤を危うくするので受け入れず、デモクラッツ諸政党は政教分離、世俗的国家の原則からこれを峻拒する。言い換えれば、選挙からのFISの排除については確たる国内的コンセンサスがある。欧米の新聞、一部政治家（例えばジスカール・デスタン）、そして特にフランスのアルジェリア専門家達は、アルジェリア危機解決のためにはFISの政治過程への参加が不可欠であると説き、政権側がこれを拒否することをその独裁性の故として糾弾するが、このような主張はアルジェリア国内の現実の政治状況からはほど遠い（注9）。それと見落としてはならない点は、現在、国外に逃亡、あるいは政治亡命している旧FISの幹部は、程度の差こそあれ、アルジェリア国内でテロに関与し、アルジェリア政府にとっては国際手配中の犯罪者であること、従ってまず、法の裁きが必要であるということである。世界中のどの国が国際手配中の（政治）犯罪者の無条件帰国を認めて、政治活動をすることを許すであろうか。法治国家のマスコミや知識人達が何故アルジェリアだけに対してこれを求めるのであろうか。

公正な選挙

ゼルアール大統領は3月6日（1997年）、テレビ・ラジオを通じて演説を行い、国民議会選挙を6月5日に行うことを正式に発表した。

同時に、同大統領は選挙関連の3つの大統領令（政党法、選挙法、選挙区画法）を公布し、選挙監視独立国内委員会設立綱領に署名した（注10）。

これらによると、選挙関連日程は次の通りである。

候補者リストの内務省への提出	4月12日まで
選挙運動期間	5月16日より6月3日までの3週間
有権者登録修正期間	3月15日より4月3日まで
代理投票登録期間	3月22日より6月3日まで
投票日	6月5日（木曜日）

今度の選挙についてゼルアール大統領が特に腐心していると思われるのが選挙の公平性、透明性を如何に確保するかという問題である。より具体的には行政が中立を保ち、体制側が投票操作等を行わず、選挙が民主的に正当に行われたことが国内的にも国際的にも認知されることである。そのための国内的な措置が行政から独立した選挙監視委員会の設立であり、また、国際的には国連、アラブ連盟、アフリカ統一機構からの国際オブザーバーの受け入れである（もっともこれら2つは初めてのことではなく、1995年11月の大統領選挙の際にも同様の措置がとられた）。何よりも今回の選挙は、民主的に選ばれた議会を創設することにより、過去6年の異常事態を正常化することを最大の目的とするものであり、国内的にも国際的にも問題視されない選挙であることは至上命令である。

大統領は選挙における公平性、透明性、行政の中立性の重要性を機会あるごとに繰り返し訴えており、最近も特別メッセージを発出した（注11）。特に、行政の中立の訴えは大統領選挙や国民投票ではなかった点であり、注目される。これは選挙実施主体の内務省、及びその下部組織である県、市町村の役人に向けられた諫めの言葉であり、訓辞としての意味を持つものであろう。選挙における行政の中立は、先進民主主義国では当然過ぎて話題にもならないが、民主主義の歴史の浅い国では必ずしも当然のことではない。アルジェリアでも長年の中央集権主義と官僚主義から、お上に忠誠を尽くすという社会的・政治的風土性は強く、行政の下部組織や末端で票や数字の操作が行われることは十分にあり得ることだからである。

この面での大統領の決意は堅いと思われる。その背景には、新憲法、及び今のアルジェリアの政治情勢から選挙結果の操作は必要でないであろうということがある。即ち、FISは選挙から排除されており、選挙戦は政治的複数主義、非暴力にコミットしている上記の3つの政治潮流の中の政党間で争われ、大統領としては超然と高みの見物をしていればいい立場にあるからである。

さて、国民議会選挙監視独立国内委員会（Commission Nationale Indépendante de Surveillance des Elections Législatives の大文字をとってCNISELと略称される）であるが、委員長にブーブニデルなる人物が任命され、その他、副委員長としてRCD及びMSP代表を含む4名、及びスポークスマン1名が決まった（ブーブニデルは、独立戦争時代、在カイロ・アルジェリア臨時革命政府の広報宣伝活動担当で、"サウトルアラブ《アラブの声》"のニックネームで知られていたが、独立後公職に就いたことはなかった）。設立綱領によれば、CNISELは以上のほか、12県（選挙区）以上に候補者を立てる政党の代表者、政府側より外務省、内務省、司法省、アルジェリア人権監視委員会代表等より構成される（注12）。これは日本で言えば中央選挙管理委員会にあたるものであり、これとは別に、48県に選挙区ごとの委員会（Commission de Wilaya Indépendante de Surveillance des Elections Législatives、CWISEL）、そして市の下の区レベルでも合計1543の委員会（CCISEL）が設立されることになっており、これらの設立は日々進んでいる。

公平な選挙に関連し、政党側が政府側に求める重要な点の一つは、国営テレビ及びラジオの政党への開放である。昨年の憲法改正国民投票では、政府側はテレビ・ラジオを使って投票賛成のキャンペーンを行ったが、政党側には同様の機会は与えられなかった、あるいは政党側のキャンペーンはテレビ・ラジオでキャリーされなかったとして、国内的に問題にされ、欧米諸国のマスコミからもこの点が強く批判された。今回については政府側はテレビ・ラジオの各政党へ全面開放に踏み切ったようで、CNISELの啓発広報小委員会が政党による電波を通ずる選挙公報について細かい規則を制定した。また、テレビ、ラジオのキャスターやアナウンサーで立候補した者は5月15日以降は番組から降りること（注13）、大臣についても、大臣としての職務遂行はテレビ・ラジオではカバーされないこととされている（注14）。

国際オブザーバーについては、大統領選挙の際は、国連より8名、アラブ連盟より43名、アフリカ統一機構より52名であったが、今回については、48の全選挙区に各国際機関よりのオブザーバーを1名ずつ張り付け、それに本部要員等のために必要として、前回よりも大幅な派遣増を求めている。

アルジェの戦い

　候補者リスト提出期限は4月21日(正確には22日午前0時)、その日の朝刊の一つは、一面トップに"アルジェの戦い"という見出しを掲げ、主要政党の党首がアルジェ県選挙区でそれぞれの党のリストのトップに名前を連ねて立候補することを彼らの顔写真とともに報じた。アルジェ県は議席24の最大選挙区であり、そこでの勝敗は、首都決戦として大きな重要性をもつ。選挙運動解禁日の5月16日を待たずして、既に熱い選挙戦が始まっている(注15)。

　各政党は、立候補者を集めて研修集会・セミナー等を相次いで行っている。党首より、立候補者に対する一般的なオリエンテーションを含む基調演説がなされ、選挙綱領の徹底が図られ、選挙に臨む戦略が検討される、これがこの種会合の一般的なパターンである。新聞は全国で1300ヵ所の立会演説会場が確保されていると伝えている。

　新選挙法のもと、今回は比例代表制(名簿式)で選挙が行われる。過去1ヵ月以上、各政党はそのリスト作りに追われた。それぞれの政党にとってこの作業が容易でなかったことは想像に難くない。国内だけでなく、海外選挙区8議席もある。比例制では候補者のリスト上の順位をどうするかが大きな問題であるが、アルジェリアの場合、初めての経験であることに加えて、何よりも政党に議会や行政での活動実績が無いので、党員順位付の基準がない。新聞は、何々党の誰がどこから出そうとか、何々党の誰が何県でリストのトップであるとか、落下傘候補者の話であるとか、連日、噂の域の話を含め多くのことを書いた。PRAからの現内閣唯一の閣僚である観光大臣は、出身地のコンスタンティーヌで同党リストのトップを希望したが、それが入れられず、オファーされた別の地域でのトップを拒否して同党に離党届を叩きつけた(この大臣は、その後、PRAがオファーし

た代替選挙区の一つからRNDリストのトップで出馬し、PRAより裏切者として厳しく糾弾された)。また、RNDでは中央が決めたリストに地方組織が反発し、その役員が全員辞任した。一般に中央の決定に地方が反発しているケースが多い。主要政党間で共通リストを作る話も頻繁に伝えられた。実際にそのための真剣な話し合いが行われたのはANRとRCDの間だけであったが、リスト上位者を誰にするかで調整がつかず、話し合いは決裂した。

そして奇妙なことが起こった。多くの政党が21日までに候補者リストを提出できないとして締め切り日の延長につき、CNISELに泣きつき、CNISELはこれを大統領に取り次ぎ、政府レベル選挙準備委員会(委員長、ウヤヒヤ首相)は、大統領の同意を得て、妥協として、選挙法110条によるリストの提出期限の21日は動かさないが、同法第107条及び第175条の規定するリストに添付されるべき各種書類(例えば候補者の履歴書等)については、その提出期限を24日まで延長することを認めた。"大岡裁き"とでも言うべきこの大統領裁定は各党に歓迎された。これを伝える新聞の見出しは「提出期限変更無し」というものであった。原則的には全て法律に基づいてことが処理されるが、必要があれば柔軟に対応する。アルジェリアも間違いなくアラブ世界の一部である。

かくして24日、候補者リスト提出が最終的に締め切られた。全国の立候補者の顔ぶれは約10日後に確定することになっているが、一部の新聞は、70の独立候補者リストを含め、700のリストが提出されたこと、12のリストで女性が第1位候補者になっていること、380議席に対し立候補者総数は約8000人であること等を伝えている。また、リストを提出した政党数は41で、20の政党が姿を消したことになる。

候補者リスト締め切りと同時に候補者が発表されないのは次のような理由による。リストは付属書類とともに各県の内務省管轄下の選挙事務所で審査され、選挙法の規定する要件を満たしていないものは、提出後10日以内に受理拒否が通告される。受理を拒否された政党(独立候補者)は、2日以内に管轄裁判所に訴えを起こすことができ、裁判所は5日以内に裁定を下す。裁定が受理拒否を不当とする

場合には、そのリストはそのまま受理され、受理拒否を正当とする場合には、当該政党は、上級審への上訴はできないが、選挙の投票日1ヵ月前までにリストを再作成して提出することができる。

選挙となると金がつきものであるが、この点に関しては選挙法は次のような規定を設けている。有効投票の20％以上を獲得した候補者リストについては、法定上限の範囲内で実際に要した費用の25％が（国庫より）還付される。法定上限は、候補者1人につき15万ディナール（約30万円）として算定される。

新しい政治地図は如何に

ブーブニデルCNISEL委員長は、就任後初めての記者会見で今次選挙の重要性を強調し、アルジェリア独立戦争のプロパガンダの闘士の面目躍如に「今度の選挙は第2のアルジェリア革命である。6月5日には全国津々浦々に国旗を掲げよう」と呼びかけた（注16）。アルジェリアで進行中の政治過程は、単に1991年の選挙中断後の混乱を収拾するだけではなく、独立後のFLN一党支配下の負の遺産の清算過程とみるべきであり、彼の指摘は、きわめて正しい。

さて、どのような選挙結果が出るであろうか。選挙は常に水物、予測は困難であり、危険である。しかし政治情勢分析のためにはある程度の予測は必要である。新聞を克明に追っていくと最大公約数的に次のようなことが言えるのではないかと思われる（あくまでも、間違えることを覚悟の上での推測であるが）。

一つは、比例代表制で政党数が多い場合には票が拡散すると言われており、上記3つの潮流の中のどの政党も過半数（191議席）は取れないのではないか。思想的には、第一の潮流＝イスラム勢力と第三の潮流＝デモクラッツは鋭い対立関係にある。特に、世俗的国家を目指すデモクラッツの側からのイスラム政党に対する警戒には根深いものがあり、前者は、後者を、結局のところはイスラム国家を目指すものでしかないとして危険視している。アルジェリア全体の大きな政治的・社会的流れの中では、イスラム勢力がデモクラッツに代表される西欧的（フランス的）階層に対して押し気味であり、イスラム勢力は攻める側、デモクラッツは守る側という力関係にある。

そこで大事な存在になってくるのが上の2つの中間に位置する第二の潮流、即ちFLNと新しく生まれたRNDである（注17）。何れも、アルジェリア革命の遺産を守り、これを継承してきたと主張するグループである。他からは、往々にして、それを独占する既得権益グループと見なされる（良くも悪くも日本で言えば"保守本流"というところであろうか。アルジェリアで"アラブ・保守派"と呼ばれるのはきわめて的をついている）。2つの政党の中ではFLNは最早息も絶え絶えである。独立後30余年間一党独裁の地位にあったことへの一般国民からの反発があり、党内では3つ位の派に分裂しており、今回も候補者リスト作りで大揉めしたと伝えられている。しかし何よりもその支持基盤をゴッソリRNDに奪われてしまったことがある。FLNに託せなくなった"アラブ・保守派"が新党の結成に走ったからである。FLNの下部組織がRNDに流れているという報道が後を絶たない。

RNDは既存政党の間で評判が悪く、また欧米のマスコミも現在の体制支配の継続としてこれを叩く。そして、ウヤヒヤ首相、アッターフ外相、その他かなりの数の閣僚、閣僚に近い政府高官が各地の選挙区のRNDリストのトップで立候補したことから、一般にデモクラッツを支援する仏語系新聞は「RNDの仮面は剥がれた」とか、「POUVOIRが議会を簒奪」と書き立てている。しかし、政治はその時々の利害と力関係で動く。アルジェリアに特有の独立後の事情を考えた場合、FLNを失った後の"アラブ・保守派"の依って立つ基盤、あるいは彼らの票の受け皿として、このような党が生まれたことはむしろ自然なことであろう。そして現職閣僚がそこから立候補し、議席を争うことが何故非難されるのか。議会制民主主義では、閣僚は政党に属し、選挙になればその所属政党から立候補する。それと同じことである。アルジェリアでは今まで閣僚の所属すべき政党が無かったが、今度初めて所属できる政党ができたためにそこから立候補することになっただけの話である。

RNDは2つの対立する政治的・社会的潮流の間にあり、中道勢力と規定できよう。現下の政治状況を考えた場合、2つの潮流間のバランス勢力としてその存在は不可欠とさえ言えよう。二極対立よりも三極鼎立の方がパワー・バランスとして望ましいからである。

危機脱出に向かって

以上のような観察・分析は、読者から現体制擁護そのものであるとして、批判を受けるであろう。しかし、筆者の確信するところは、目下のアルジェリアにとって最も重要なことは、危機からの脱出、政治的安定の早期達成であり、そのためには、体制側が今まで進めてきた方策以外に代替策が無いことである。

アルジェリアの民主主義の歴史は未だ7年にも満たない。民主主義の構築、そのための選挙、すべてが試行過程の真っ直中にある。二院制、比例代表制、海外選挙区議席の導入、独立の選挙監視委員会の設立等すべてそうである。走りながら考えていかなければならない。具体的な一つの例を挙げれば、選挙の公正を期すために各政党代表も参加するCNISELを作ったはいいが、そこに代表として送られた政党の代表者は選挙に立候補しうるか(副委員長4名の内の2名、RCD、MSPの代表は比例リストに名を連ねている)という問題が出てきており、解決を迫られている(この問題は、CNISEL設立綱領には両方を兼ねることを禁ずる規定はないとして立候補可能との決定がなされた)。

公正な選挙が行われて議会が発足し、政策を中心に政党が整理・統合され、複数主義に基づく民主主義が育っていくのを待つべきであろう。そもそも、現体制あるいはその政党版であるRNDとデモクラッツ諸政党の間には国の内外政策において大きな違いがあるわけではない。と言うより、おしなべて、デモクラッツの政策には明確なものが無く、今までは、反体制であることのみがその存在理由であったと言っても過言ではない(イスラム政党においては、イスラム的という以外に政策が見えず、この点尚更であるが)。議会での活動となるとそうはいかなくなる。RNDという閣僚や政府高官としての実務経験を有する者の入った政党ができたことは政党間の切磋琢磨にプラスに働こう。この意味でもRNDの存在は重要になってくると思われる。

それにしても、アルジェリアの体制は強靭である。1991年、FISの政権獲得を阻止して以来の混乱と国難の時期を乗り切ってきた。ホメイニ革命時のイランと違って、アルジェリアの生命線である石油・ガス産業は影響を全く受けなかったどころか、今まで手がつけられていなかった油田・ガス田開発も着々と進められた。アルジェリアは、ユーゴスラビアのように国が分裂することはなかったし、

アルバニアやザイールのようにもならなかった。アルジェリアにFISの政権が成立したり、内乱や分裂状態が生じていたら、そのマグレブ地域、ヨーロッパへの影響には計り知れないものがあったであろう。

アルジェリアの体制は、西欧諸国やそのマスコミには"軍部に支えられた独裁政権"というレッテルが貼られ、きわめて評判が悪かったし、95年11月、ゼルアール大統領が大統領としての信任を受けた後、今に至るもそういう見方は変わっていない。しかし、陰に陽に、軍部に支えられていない政権を開発途上国で見出すのは難しい。アルジェリアにおける独裁の度合いも、例えばアラブ世界の各国政権と比べて特に強いわけでもない。今次選挙の準備過程、それに向かっての政党の活動、言論の自由等どれを見てもかなりの水準にある。西欧のマスコミのステレオ・タイプ的なアルジェリア批判こそ批判さるべきであろう。

冒頭に書いたテロ事件の後も4月21日（1997年）から22日にかけて93人、22日から23日にかけて42人がテロの犠牲になった。25日には、アルジェ近郊の通勤列車の線路に仕掛けられた手製爆弾により、22人が死亡、50人が重軽傷を負った。この1ヵ月足らずの内にテロの犠牲者は死者だけで500人を越えた。このような状況にもかかわらず、選挙は行われようとしており、そのための準備は着々と進んでいる。いやむしろ、このような状況であるからこそ選挙を行うことが必要とも言える。

この選挙の後、今年後半に地方議会選挙が行われ、その議員の中から間接選挙で3分の2の国民評議会（上院）議員が選ばれ（残り3分の1は大統領任命）、これをもって制度面での正常化は完了する。残るはテロの問題と経済再建（中央計画経済から市場経済への移行、住宅、雇用、教育問題等）である。何れも容易に解決が図られる問題ではない。来るべき選挙は、政府がこれらの問題に全力投球できるようになるための重要なステップである。

アルジェリアの国民も強靱である。新聞は、"砂漠の薔薇"と呼ばれるアルジェリア南部のワルグラ県で、4月25日、アルジェリア全土30リーグを代表する52チーム、610名の選手参加の下、少年の部

アルジェリア空手選手権が行われたことを写真入りで伝えている。5月下旬、熊本で行われる男子ハンドボール世界選手権にも選手団、役員、同行記者等30数名を送り込む。アルジェ周辺で凄惨なテロが連日のよう起こっていても、ビジネス・アズ・ユージュアルである。この強さ、逞しさはどこから来るのであろうか。

(注1) 主として4月13日付『LIBERTE』紙による。

(注2) 4月13日付パリ発AFP。

(注3) 4月27日付『LIBERTE』紙は、4月25日、更に4名のGIAメンバーがバルセロナにおいて逮捕されたが、首領はなお逃亡中と伝えている。

(注4) 諸政党は、新政党法により、綱領、党名等を変更することを求められ、NAHDAは党名からIslamiqueを削除することにすぐ応じたが、HAMASはそれが求められるのであれば選挙ボイコットも辞さないとほのめかしつつ、最後まで抵抗した。しかし、最終的には党名をMouvement de la Société IslamiqueからMouvement de la Société pour la Paixに変更した。但し、これをアラビア語にするとHarakat Al Moujutamaa min Ajuli al-Salamとなり、構成単語の頭文字をうまくつなぎ合わせると、従来のアラビア語党名のHAMASとなる。そのため内務省は党名をアラビア語の略称で呼ぶことを禁じた。

HAMASの抵抗は、結局は選挙目当てで、党名変更問題がHAMASの選挙参加問題とリンクされて新聞に書かれることで選挙の事前運動を行い、その目的を達したと指摘する新聞が多い。

(注5) RND設立の経緯、構成母体については、(3) 国民議会選挙 (1) の追記 ①参照。

(注6) アルジェリア共産党の流れを汲むETTAHADI（挑戦）はイスラム政党の選挙参加を忌避して真っ先にボイコットを宣言、ベンベラのMDAはFISの選挙からの排除を主たる理由としてボイコットを表明した。しかし、両党とも選挙で戦えるほどの基盤を有していないことがボイコットの真の理由である。

他方、FFSはアイト・アハマドの一貫した反体制の立場から選挙不参加の線を強く出していたが、同党国内派はジュネーブ路線を支持せず、一部は新党結成に走ったりした。同党も最終的には参加を決定したが、アイト・アハマドは出馬しない模様。

(注7) 『NEWS WEEK』4月4日号、カマルディーン・ヘルバーンのインタビュー。
　　同人は、ラバーハ・カビール派と対立するメンバーで"FIS指導部再建のための準備委員会"を最近発足させたと伝えられている。
(注8) その最後の試みは4月12～13日、スペインの社会党系約20のNGO主催の下に行われた会合である。この会合の出席者はMDAのベンベラ元大統領、ルイザ・ハヌーンPT党首、アリヤヒヤ・アブデルヌール（FIS擁護の弁護士として知られている)、FISラバーハ・カビール派のスポークスマンとされるウイルダッダらであった（但し、同人はスペイン当局よりマドリード到着後国外退去を命じられ、実際に会議に出席できたかどうか不明）。これらにFFS、FLNの前書記長メヘリ等を加えたグループが通称ローマ・グループと呼ばれる。アイト・アハマドはFFSとしての選挙参加を決めたため、今回は参加せず、同人の参加しない会合は重みを欠き、全く無意味であったと4月14日付『Le Matin』紙は伝えている。
(注9) 例えば、4月24日付『Le Monde』の Olivier Roy（フランスCNRS）のインタビュー。
(注10) 3月7日付『EL MOUDJAHID』紙。
(注11) 4月14日付『EL MOUDJAHID』紙。
(注12) CNISEL参加の政党は、その立ち上がりの時点では暫定的に27政党であったが、16政党が12以上に選挙区に立候補者を立てるという条件を満たし得ず、メンバーから退くこととなった。但し、CNISEL設立綱領に別の規定に基づきCNISELとのリエゾンの役割は果たすとされている。
(注13) アルジェリアTVからは4人がRNDから立候補した。その内、夜8時のニュースのキャスター（女性）は、5月15日を待たず番組から降ろされ、これに対しRNDはCNISELに抗議を行った。
(注14) 4月21日から22日にかけてのテロリストによる93人虐殺事件後ウヤヒヤ首相はテロを非難し、国民に警戒を呼びかける演説を行ったが、これはNAHDAより、テロを利用しての選挙運動の開始として非難された。4月26日付『LIBERTE』紙。
(注15) NAHDAのスポークスマンは、「もし次回選挙で同党が50～100議席、MSPが50議席取れなければ、これは選挙が公正、中立に行われなかったことを意味する」と述べた。4月26日付『LIBERTE』

紙。記者会見に立ちあった同紙記者は「このようなステートメントは90年の選挙前夜、FISが『過半数を取れなければ、それは政府による不正が大規模に行われたことを意味する』と述べたことを想起させる」とコメントしている。

(注16) 4月9日付『Le Soir』紙。

(注17) 4月27付『La Tribune』紙のRND党首ベンサーリハのインタビュー。同党首は党結成の構想は、1994年1月の国民和解会議を多くの政党がボイコットしたときに遡ることを明らかにしている。国の危機からの脱出のためには、これら既成政党に任せておけないこと、既成の政党に声を反映できない静かなマジョリティを代表する政党が必要と考えたことが結党の動機であることを強調している。そして新聞によるRND攻撃には明らかに行き過ぎがあり、彼らは真に独立であるべきこと、選挙中の政党による中傷合戦を回避するため行動倫理基準が作られるべきことを提案している。

(1997年5月6日　記)
(中東研究　1997年5月号所収)

(5) 国民議会の成立

国民議会選挙が6月5日(1997年)に終わった後、憲法の規定に従って10日後の6月15日に新議会が召集されることになった。ある新聞はこれを「アルジェリア第二共和制」の発足と報じた。

初議会の議長を務める栄を担ったのは、憲法の規定に従い、最年長のベン・ムハンマド議員(72歳、独立戦争の闘士、PT労働者党所属)であり、これを最年少の議員2名が副議長として補佐した(いずれも30歳、RND、FLN所属)。

アルジェリア人は議論好きであり、誰もが論客である。また、手続き問題が重視される。新議会開会時刻は午後3時の予定であったが、議長選出を先にするか、それとも、議会内部規則の制定を先にするかで揉めて開会式が1時間45分遅れた。翌日も、舞台裏でこの問題と議長候補の絞り込みについて協議が行われ、結局、17日のセッションで議長選出を先行することが投票で決まり、ついで議長

選挙が行われ、今回 RND を率いて選挙を戦ったベンサーリハ党首(前暫定議会議長) 1名が立候補、賛成215、反対27、棄権28で議長に選出された。

選挙は1992年1月の議会選挙の中断後、5年の国難の時期を乗り切ってやっと到達したやり直し選挙であった。
選挙の意味、位置づけ、新しく出来上がった政治地図、今後の政治日程等以下に書き記してみたい。

アラブ世界で初の本格的複数政党制選挙
今次選挙は、アラブ世界では初めての本格的な複数政党制に基づく自由選挙であった。非合法 FIS 及び、選挙に参加しうる組織力、動員力等を有しない政党を除いて全ての政党が参加した。その中には、体制打倒を第一のスローガンとして掲げる政党もあった。他方、選挙に参加しない自由も認められ、選挙ボイコットを主張した政党によるボイコット呼びかけの新聞広告が目を引いた。

今後アルジェリアにおいて複数政党制に基づく議会制が漸進的に発展していけば、それは、中長期的に他のアラブ諸国にも影響を及ぼしてくる可能性がある。今次選挙について、温かい評価をし、首相メッセージまで送ったヨルダンを除いては、湾岸の王制国やアルジェリアと歴史的・潜在的ライバル関係にあるエジプト、その他のアラブ諸国も何らの反応も示しておらず、報道ぶりもきわめて抑制されたものであったのは興味深い。

今回の選挙により成立した国民議会は、翼賛議会ではない本格的な複数政党制に基づく議会である。そこに席を占めることになった主要7政党の内、5政党はれっきとした反体制の党である。もともとアルジェリアにおける言論や政党活動の自由は、アラブ世界の中で傑出していたが、議会政治の面でもアルジェリアはアラブ世界でトップの位置に躍り出ることになった。

国際オブザーバーによる選挙監視
国内的、国際的に問題にされることのないような透明な選挙を行

うというのはゼルアール大統領の強い決意であったが、そのため、国内的には独立の選挙監視委員会が設置され、国際的にはOAU、アラブ連盟及び、国連傘下の各国オブザーバーが選挙監視を行った。もっとも厳しい姿勢でこれに従事したのは、特に西欧諸国からのプロ・オブザーバーを多数含む国連チームであった。彼らは投票所での開票に立ち会い、物理的・体力的に可能であった者は、夜を徹して県レベルでの票の集計にも立ち会った。これら3国際機関のオブザーバーの評価として、「よく組織された選挙であった」ことについては一致しており、一部透明性の欠如等が国連傘下のオブザーバーより指摘されたが、総じて、高いレベルの選挙であったと評価された。

アルジェリア政府の組織力、動員力

人口規模、国土の広さ、海外選挙区の存在(全世界を6ブロックに分け、外国在住のアルジェリア人に8議席を割り当てる)等から見て、アラブ世界では最大規模の選挙であった。例えば投票用紙一つとっても、多数の非識字有権者の存在のため、先進国で一般に行われるような投票方式はとれず、投票所において、有権者は政党ごとの候補者リストを全部とり、その中から1枚のリストだけを投票箱に入れる方式がとられた。従って投票用紙は、リスト総数(753)×有権者数(1680万)の約125億枚が必要であった。このリストを国内だけでも、まず、全選挙区(県)に振り分け、さらに、登録有権者の数に応じて約4万ヵ所の投票所に配布、また、全世界の在外公館にも送付する必要があった。

総勢200名に上った国際機関からのオブザーバー及び、約300名の外国メディアの安全確保という通常では不必要なことを行う必要もあった。彼らにも、国際オブザーバー同様、空港出迎えから始まって取材に際しても常に警護員が同行した。厳しい治安情勢の中での大オペレーションであり、これだけのことをやり遂げたアルジェリア政府の組織力、動員力には刮目すべきであろう。

選挙結果

6月6日ベンマンスール内務大臣による結果発表の後、憲法の規定に従い、それは憲法評議会に諮問された。更に、各政党より提起されたクレイムも合わせ同評議会で審査された。前者については6月9日、後者については6月18日審査結果が発表された。前者においては、投票人の数にいくらかの変更があり、投票率が内務大臣発表のそれより0.12％上方修正され、最終的に65.60％と確定、また、各党の獲得票数及び、その％にわずかな修正が施されたが、獲得議席数には変更はなかった。後者の審査結果ではFLNの獲得議席数が2議席減り、それが1議席ずつRNDとFFSにいくことになった。これら全てを加味した選挙結果は次の円グラフ通りである。

(なお、憲法評議会は、憲法第163〜169条に規定された機関で、9名で構成され、上記のような大きな権限を付与されている。憲法評議会は他のマグレブ諸国、セネガル、マリ等旧仏領諸国の一般的に見られる機関である。アルジェリアの場合、その議長は、大統領が欠けた際の上院議長に次ぐ第二順位の大統領代行者でもある)

各党の獲得議席について、一言ずつコメントすれば次の通り。

〈RND〉(156議席、総議席380の41％)　一般の予想を超えてよく健闘した。しかし議席を取りすぎてもおらず、妥当なところに止まった。

〈MSP〉(69議席、18％)　95年11月の大統領選挙の際の党首ナハナハの得票率25％に見合う議席は取れないであろうと一般に見られていたが、その通りの結果となった。

〈FLN〉(62議席、17％)　「博物館入りするかもしれない」とすら言われていたが、大方の予想を超えてもっとも健闘。今次選挙における最大のサプライズ。追い込まれた危機感が力を発揮した。

〈NAHDA〉(34議席、9％)　ほぼ予想通りであるが、選挙初陣としてはよく健闘。

〈FFS〉(20議席、5％)　昔日の勢いはないものの、本拠地で票の取りこぼしがなく、よく健闘。

〈RCD〉(19議席、5％)　議席総数は宿敵の兄弟党FFSとほぼ同じであるが、海外8議席の内、フランス3議席、マグレブ1議席、首都圏での4議席(これは光ってはいるが)を差し引くと本拠地での議席は11となり、不本意な結果であろう。

〈PT〉(4議席、1％)　トロツキスト党とされ、反体制的性格がFFSと

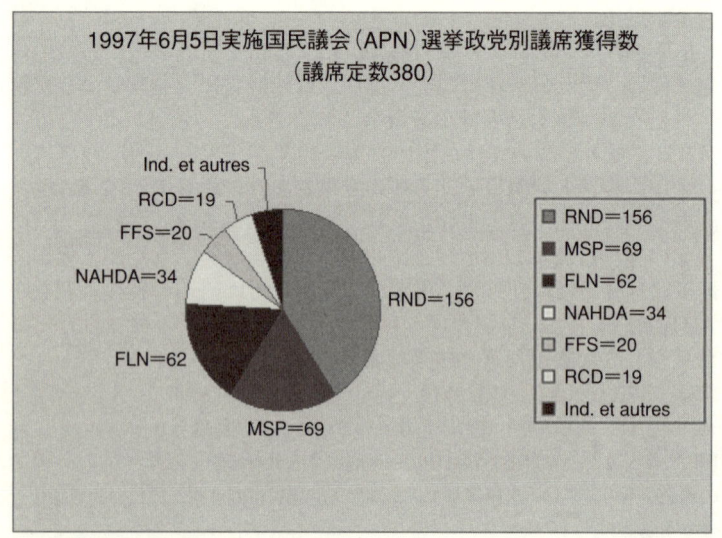

並んでもっとも強い。女性党首ルイザ・ハヌーンの歯に衣を着せぬ体制批判（"カラシニコフのように言葉を操る"と評される）が、帰属すべき場を持たない真の社会的不満層を引きつけたこと、及び旧FISの票を得て4議席を確保。FLNの健闘と並んで最大のサプライズ。

今回の選挙は、多すぎる政党を整理する意味もあった。選挙前の時点で62の公認政党、選挙に参加した政党は39であったが、議会内に議席を占めることになった主要政党は以上7政党に絞られた。今後、地方選挙を通じ国民評議会に席を占めることにより、敗者復活戦で中央政界にのぼってくる政党もあり得るが、アルジェリアにおける主要政党としては一応これらの7政党くらいにスクリーンされたと言えそうである。

各政党の反応

選挙結果に対する各政党の反応ぶりは興味深いものであった。結果を謙虚に受け止めての敗北の弁というものが一切なかったことである。RNDを除いて全ての党が一斉に例外なく、「我が党の予測で

はもっと議席が取れるはずであった。そうならなかったのは、政府による操作が行われたからである」と声明した。全ての予想を裏切る大健闘をしたFLNですら「122議席は取れたはず」と声明、選挙を無効とし、やり直しを求めた(ある新聞は「墓場から国会へ」と書いた)。MSPのナハナハの怒りはもっとも激しく、「政府による不正工作がなければMSPは第一党になっていたはず」と述べた。FFSはもちろん、RCDのサーディですら具体的に例を挙げて「どこの選挙区ではあと何議席取れたはず」と述べて、政府による不正工作を糾弾した。デモクラッツ政党と呼ばれ、政権に対しても是々非々の現実的態度をとる政党として評価の高かったANRとPRAは1議席も取れず完敗したが、それぞれの党首レダ・マレーク(元首相)、ブクルーフ(大統領選挙の候補者の一人)ですら、政府による票の操作等あったとして強く糾弾した(ある新聞は、ブクルーフは人格高潔な立派な人として通っていたのにそのような反応をするとは余りにもひどいではないか、見損なったと彼の態度を論評した)。獲得議席数の予測を(公表)しなかったRNDを除いた各党の予測議席を合計すると定数380の議会が650に膨れ上がる。

　巷間、アラブ人は決して自分の非や敗北を自ら認めることはないとはよく言われることであるが、それが見事に示されたと言ったら言い過ぎであろうか。アルジェリアのようなフランスの文化的政治的影響がもっとも強い国においてすらである。有権者の前で力不足、努力不足であったと頭を下げるなどもってのほかである。

　そして更に奇異であったのは、各政党とも選挙で当選者を出したことと、実際に議会活動に参加することとは別との態度をとったことである。もっとも典型的なのはMSPのナハナハで、国会召集日の召集時間の2時間前のインタビューでも、「MSPが議会活動に参加するかどうか未だ態度を決めていない」と述べている。結果的には全ての政党が議会に参加したが(その後MSPは連立に参加し、7名の閣僚を新内閣に送り込んだ)、恐ろしく難しい人達である。

　しかし、このような彼らの反応ぶりをアラブ人の性向やメンタリティだけで判断すべきではない。そこにはアルジェリア特有の事情がある。これら政党人を含め一般国民は本能的に反体制であり、それは彼らの思考・体質に深く根付いている。「体制・権力は信用できず、それは本質的に悪しき存在」という考え方である。恐らくはそ

のような考え方の原型は、130年にわたるフランスの統治時代に出来上がったものであろうが、それが独立後30余年続いた一党独裁支配の時代に更に強化されたことは間違いない。この間、一切の体制批判は完全に抑えられてきたが故に尚更である。

88年以降全てが一挙に自由化され、上からの民主化の過程が始まった。体制側に属さない一般国民が体制は信用できない、まずは全てを疑ってかかるという思考をするのはやむを得ないことである。PTの女性闘士ルイザ・ハヌーンは"Contestation par principe"と言ったが、まず、原則の問題として、とにかく異議申し立てをする(言っても何も失うものはない、とにかく言っておかなければ損)という態度である。

また、体制が国民にとって常に悪しき存在であったかどうかは別にしても、国民から信用されてこなかったことは理由無しとしない。今回の選挙についても、大統領が行政の中立をいくら説いたところで、行政の末端部分には、これまた、本能的な権力への忠誠心があり、このメンタリティから一気に解放されるわけはないのである。

選挙結果に対する異議申し立ても、このようなコンテクストで見る必要がある。また、このような申し立てをすることが出来るということ自体が、アルジェリアにおける政治の大きな自由度を示している。

投票率

新聞は各政党による異議申し立ての声明を大きく伝えつつも、たとえ多少のことがあったとしても、今次選挙の結果は、アルジェリアの現在の政治的・社会的状況をありのままに反映したものとして、投票率の分析を含め、91年選挙、95年の大統領選挙との数字上の比較をしつつ、種々の分析を行っている。

まず、65.60％の投票率をどう評価するか(選挙当日、12時、15時、18時の3回全国平均の投票率が発表された)。この数字が大統領選挙の際の投票率75.7％よりかなり低かったことをもって政権に対する不信の現れとする見方もあるが、このような見方は当たっていないであろう。この投票率は有権者(約1680万人)の3分の2をわずかに切る数字であり、可も無し、不可も無しの妥当なところではなかろうか。

興味深いのは、首都アルジェの投票率が全国最低の43.27％で（95年の大統領選挙、昨年11月の憲法改正国民投票でも全国最低の投票率であった）、その他ベジャイヤ（49.8％）、ティジ・ウズ（51.62％）といった首都県に近い、政治意識も一般に全国水準以上と見られているところでの投票率が極端に低かったことである。この3選挙区とシュレフが57.81％であった以外は、60％を切っているところはなく、これら4選挙区が投票率を押し下げるのに貢献したことは明らかである。アルジェ等3選挙区の投票率が例えばちょうど60％になっていれば、それだけで全体の投票率は70％を越えることになる。これに比べ南部の砂漠地帯や農村部の投票率は高い（最高はティンドゥーフの90.83％）。この現象は、都市部では投票率が低く、農村部では投票率が高いという先進国に一般に見られるパターンと同じである。砂漠地帯や農村部は保守性が強く、従来からFLNの金城湯池であったが、今回はそこにRNDが食い込み、かなりの動員（あるいは集団行動的な投票）があったことを示唆するものである。これに対し都市部では住民の政治意識の高さ、都市固有の浮動票の存在等あり、この種の動員は困難であろう。こう考えれば、65.60％という投票率はごく自然な妥当な投票率と解釈される。

アルジェリア社会の保守性

選挙結果について全体として言えることは、アルジェリア社会の保守性であり、それはまず、RNDとFLNであわせて約6割の議席を占めたことに示されている。「寄らば大樹の陰」の投票行動である。その支持者は、広い意味での既得権益層、現状維持層であり、RNDはテクノクラートを含む政府関係者、軍、警察等いわば都市依存型である。これに対しFLNは地方・農村・部族依存型であり、そこでの30年来の組織力と忠誠心が未だに衰えていないことが示された。政府関係者、軍、警察関係者等について更に言えば、現役組は今や時流のRNDに流れ、これに対し、退官、退役組はFLNに残ったと見られる。

RNDは大統領の党として欧米のマスメディアには"軍部に支えられた独裁体制"を強化するものとしてしか評価されていないが、事態はそれほど単純ではなく、むしろFLNと併せて国民の声を最も広

く吸収した中道勢力、ないしはナショナリスト・グループとして捉えるべきであろう。逆に言えば、RNDなかりせば、そこにいくべき票の行き所がなく、その場合には棄権がもっと増え、FLNやイスラム政党、特に MSP がもっと票を伸ばし、全体としてより不安定な議会構成になっていたに違いない。その意味では、新党RNDは、現下のアルジェリアの脆い政治状況にとってはむしろ必要な存在であった。国民の意識動向を最もよくつかんでいたのは体制であり、そのしたたかさが充分に示された選挙であったとも言える。

特に注目されるのは、MSPナハナハの地盤とされるブリダ県始め首都周辺のテロ多発地帯の全ての県、及び伝統的にイスラム勢力が強いとされてきたアルジェリア西南部の各県において、RNDの議席 (43) が MSP のそれを (23) 大きく上回ったことである。これは、テロにもっとも苦しんでいる地域住民のかなりの部分がFISとの境界の曖昧なMSPを見捨てて、RND支持に廻ったことを示すものであり、この点こそが今回の選挙の最大の意義とする見方すらある。これはまた、RNDがオラン出身の前暫定議会議長ベンサーリハをその党首に選んだことによる作戦勝ちでもあった。もう一つ別の角度から見れば、アルジェリアでは独立戦争以来伝統的に東高西低の政界構造があり、現大統領を含め政府、軍の要人はほぼ例外なくアルジェリア東部出身者（特に TBS と略称されるテベッサ、バトナ、スークルアハラスの3都市出身）であるが、今回RNDが西部で大きく議席を稼いだことは、このような伝統的な政治地図にいくらかの変更をもたらしうるものでもあり、注目に値する。

イスラム政党は、2党併せて 103 議席、議会の3割弱、票数では約245万票を獲得した。これは91年選挙の際のFISの獲得票数約320万票と比較して75万票少ないが、その際には相当数の浮動票、ないし、現状不満票がFISに流れたはずであること、また、今回旧FISのかなりの票がPT等に流れたといわれており、これらの要素を総合すると、イスラム的潮流の規模はほとんど変わっていない、あるいは、91年以降の人口増を考慮するとむしろいくらか退潮気味と分析される。

なお、MSPについてだけ見ると、ナハナハの大統領選挙の際の獲得票数は約300万票であった（この票数は浮動票を含まない、かつ、旧FIS及び、NAHDAを含めた堅いイスラミスト票と考えられる）。今回の獲得票数

は155万票、300万票の内90万票はNAHDAに流れたことは確実だとすると、MSPは55万票を別の所で失ったことになる。最大限に見てその内の20万〜25万票がPTとFFSに流れたとすると、少なくとも35万〜30万票が蒸発したことになる。上述のようなアルジェリア西南部でのRNDのMSPに対する健闘を考えると、これらの票はRNDに流れたと推測することも可能である。

カビリ系の2政党は併せて39議席、総議席の約10%を獲得した。95年の大統領選挙の際、RCD党首サーディは10%、約110万票を獲得したが、今回の両党の獲得票数はそれを20万票下回る。両党の地盤であるティジ・ウズとベジャイヤの投票率が上述の通り、極端に低かったことがその理由であることは明らかである（何故そこでの投票率がこのように低かったかについては更なる分析が必要である）。しかしいずれにしても大筋では、ここでも大きな変動は生じていない。

最も惨めだったのは、現実主義的なデモクラッツ政党として評価されていたANRとPRAが1議席も取れなかったことである。この両政党はカビリ系2政党のような地域性を持たず、また、RNDやFLNの如き組織票もなく、結局のところ、保守性の強いアルジェリア社会の壁を破れなかったということであろう。しかし、ANRについては、党首レダ・マーレク（元首相）はFLNの中枢にいた人物として、FLNにとっては"裏切り者"であり、その他からは「何を今更」という目で見られたことがあり、また、PRAについてはその主張が余りにも高尚すぎ、演説会も大学の講義のようであったと言われている。他方、両党とも全国規模では4議席確保したPTと同じ20万票を取っており、県単位比例代表制という選挙制度上の欠陥の犠牲になったとして、同情もされている。しかし両党とも体面を重んじてアルジェを主戦場にしつつ、全国に広く候補者を立てた（PRA全県、ANR 44県）のは戦術上の取り返しのつかないミスで、県単位比例代表制という選挙制度をよく研究して、もう少し選挙区を厳選して重点主義で選挙に臨んでいればある程度の議席は取れたであろう、と選挙の恐ろしさをズバリ指摘するようなことも言われている（下記PRPは6万5000票で3議席、PSLは3万6000票で1議席取ったが、いずれも全く無名の政党）。

政治的カルチャーの問題

全く無名のPRP等3つの小政党がそれぞれ3、1、1議席を取って議会に進出した。これもサプライズである。PRPについては、候補者リスト上のアラビア語識別マークがMSPのそれと"点"があるか無いかの違いであり（前者アリフ・ダード、後者アリフ・サード）、非識字者のMSP支持の投票人がリストを選び間違えて投票箱に入れたため、同党が3議席取れたと言われている（もっとも、PRPは「損をしたのは我が党であり、我が党の犠牲でMSPが議席を稼いだ」と声明した）。1議席を獲得したPSLについては、その党のリストが投票所で1列に並べられた各党リストの一番最後にあったため、投票人の手の中ではそのリストが一番上か一番下にきて、投票人にとってそのリストが最も投票箱に入れやすく、そのために当選できたと言われている。また、イスラム政党支持者の中にはMSPとNAHDAの2枚のリストを封筒に入れて投票箱に入れたため、2票とも無効になり、そのため、特にMSPの獲得票数が全国レベルでも減った可能性もあるとされている。

この種の話にはきりがなく、予想獲得票数が取れなかったこと、即、政府による票の操作と主張されること、そのような主張がされてもやむを得ないような歴史的・政治的背景の存在等と併せ、これらはまさに"制度としての民主主義"とは別の"カルチャーとしての民主主義"の問題である。民主主義の成長は時間を要する過程であり、アルジェリアに早急に西欧基準の民主主義を求めることには無理があることを示すものにほかならない。RCDのサーディ党首は、選挙の不正等を糾弾しつつも、「如何なる不正も民主主義のダイナミズムに棹さすことは出来ない。今次選挙は過去とその習慣の虜であった。しかし同時に将来への道を開くものである」と言ったが、この言葉が全てを語っている。

FISの動向

FISは国内において、最早意味ある政治勢力たる地位を失っていたが、今次選挙の結果、その"政党としての"活動には完全に終止符が打たれた（FISの選挙参加については、Sant' Egidioグループによる画策が最後まで行われたこと、前稿の(4)「国民議会選挙(2)」に記したとおりで

ある)。旧FISの票はどこに流れたか。FISの外国支部から投票指示が出され、第1にNAHDA、第2にFFS、第3にPTに流れたとする見方が有力である。この3党はSant' Egidio グループの中核である。MSPはFISにとっては裏切り者であり、そこには票は流れていないと見られる。

6月24日付アルジェリア各紙は、FIS創設者アッバーシ・マダニの息子2人、サリームとイクバル及びその他2名が独デュッセルドルフの地方裁判所で公文書偽造、犯罪組織所属等の罪状で10～32ヵ月の禁固刑を受けたと報じている。彼らはアッバーシ・マダニのもう一人の息子オサマ等とともにAIS傘下のテロ組織に属し、93年8月のアルジェ空港襲撃事件（死者9名、負傷者100名）に関与した罪でアルジェリア司法当局より国際指名手配されている。被告人は4名とも既に2年以上未決勾留されていたため、今回の判決にもかかわらず、刑の執行を免れ、自由の身となった。サリームとイクバルは政治亡命のステイタスを与えられており、ドイツ政府は彼らをアルジェリアに送還することはしない。後者2名についてはそのようなステイタスを有しておらず、どう扱われるのかはっきりしない。

また、6月30日付『NEWS WEEK』誌は、今回の選挙取材に来た同紙記者Mark Dennisがアルジェリア側警護員の目をかすめて、アルジェ西方のオレンジ畑で、アルジェリア政府により最高レベルの金額8万ドルの懸賞金の掛けられているAIS首領の1人アハマド・ベナイーシャほか同グループのメンバーとインタビューした記事を掲載している。それによれば、ベナイーシャは、AISは軍関係者とその協力者に対してしかテロを行っていないこと、政府がFISの非合法化を解除し、アッバーシ・マダニを釈放することを条件に政府側と交渉に入る用意があること、トルコのエルバカン前首相の体制にならった民主主義的体制には反対しないこと、預言者マホメットはイスラム国家設立に15年を要したが、我々の闘争は未だ5年目にすぎないこと等述べている（同記者は、FIS外国支部を通じてこのインタビューをアレンジしたと記事の中で書いている）。

欧米マスメディアの報道ぶり

我が国のプレスを含め欧米のマスメディアがアルジェリア情勢を

客観的に伝えていない、あるいは事実関係を全く誤認して伝えているというのは筆者の兼ねてからの問題意識である。例えば、昨年の憲法改正国民投票について「イスラム政党禁止」という見出しを掲げた日本の新聞があったし、『WALL STREET JOURNAL』紙も「新憲法はイスラム政党を非合法化し、アルジェリア政府が5年前に始めた民主化への取り組みを台無しにした」とその社説で書いた。

今回の選挙に関連しても、『IHT』紙は「アルジェリアにおける政治状況ほど憂鬱で重苦しいものはない」と書き、『NYT』紙も「戦争を終結させるためには政権側とFISの間で真剣な対話が開かれるべきである。政権側にはその用意がないが、たとえ彼らがそうしてもFISがそれを受ける保証もない。しかしながら、米政府とフランス政府は対話に向けてアルジェリア政府に圧力をかけるべきであり、彼らは財政援助を削減し、政治危機が解決するまで石油輸出経済への投資をディスカレッジすべきである」と説いた。選挙が終わった後も『NYT』紙は、トルコの政局に触れた社説の中で「最も悲劇的な例は、1992年の総選挙で勝利したイスラム勢力を、穏健派も急進派もひっくるめて政府が禁止したアルジェリアである」と書いている。フランスの『Le Monde』紙や『Le Figaro』紙に至ってはこの種の記事は日常茶飯である。

欧米のマスメディアはアルジェリア情勢をネガティブにしか伝えないが、欧米諸国政府の対アルジェリア政策がこのような報道ぶりとは逆の方向で動きだしてからもう久しい。今回の選挙についても、米、英、フランス、伊、スペイン等各国政府あるいはEU等は、少なくとも選挙の意義を認め、これがアルジェリア政治情勢にとって重要な分岐点になり、あるいは、今後の議会活動に期待するといった前向きの評価をしている。アルジェリアに対する財政援助やエネルギー部門への投資についても世銀やIMF、欧州投資銀行、米、英等の経済界は、大規模ガス田の開発やパイプライン建設に投融資してきている。EUもアルジェリアとの連合協定締結のため既に3回の交渉を重ねている。

このような情勢認識、判断の乖離はどうして生じてくるのか。事実誤認の報道が訂正されることは絶対にない。その結果、一旦作られたパーセプションが何時までも存続する。マスメディアの世論形成上の役割に関連する重要な問題である。アルジェリア情勢に関し

ては特にその傾向が著しく、その理由としては幾多のことが考えられるが、ここではこのような事実だけを指摘しておくに止めたい。

トロイカ新内閣の成立

第2次ウヤヒヤ内閣──RND、MSP、FLN3党連立内閣──が6月25日(1997年)に成立した。ウヤヒヤ首相は6月10日大統領に辞表を提出、14日に再組閣を命じられて以来、議会で第二党、第三党になったMSP、FLNとの長時間の協議を重ねやっと成立した難産内閣であった。特にFLNとの間で閣僚の数、ポストを巡って調整が難航した模様である(もっとも、当初はRCDとの連立も模索されたが、反体制の原則的立場からRCDがこれを断ったようである)。

大統領が兼任する国防大臣を除くと、閣僚と名の付く、あるいは閣僚級とされるポストは38あるが、その3党間の振り分けは次の通りとなった。

RND──24ポスト（外務、内務、大蔵、司法、エネルギー・鉱業等）
　　　閣僚だけに限定すれば13ポスト（ベンマンスール内相、アバド在郷軍人相はRND議員ではないが、RNDとして数えた）
MSP──7ポスト（産業・構造改革、中小企業、観光・工芸、運輸等）
　　　閣僚だけに限定すれば上記4ポスト
FLN──7ポスト（公共事業・国土開発、高等教育、農水産、住宅等）
　　　閣僚だけに限定すれば上記4ポスト

重要閣僚ポストは全部RNDが押さえ、かつ、エネルギー・鉱業大臣（新任大臣はユーセフ・ユースフィ元ソナトラック総裁）を除き全員留任した。前内閣においては32の閣僚等のポストがあったが、留任は、ポストの入れ替え分も含め16名であった。

MSPのポストは前内閣の2ポストから7ポストに増えた（「イスラム政党禁止」と書いた新聞はこれをどう説明するのだろうか）。産業・構造改革（アブドルアジーズ・メナスラ、MSPナンバー2で前暫定議会副議長、33歳、最年少閣僚、非議員）、中小企業、運輸等のポストは経済構造改革（国営企業の民営化や清算、市場経済の推進等）、あるいは庶民の足に直結するポストであり、その任務は容易ではない。MSPの観光大臣（アブデルカーデル・ベングリナ、前暫定議会議員、35歳、非議員）はイスラム的価値

観と観光振興（例えば、ビーチにおける開放度、アルコールの問題等）をどう両立させるのか、新聞は皮肉混じりに問いを投げかけている。

FLNに与えられたポストも何れも実務的に難しいものばかりである。

この内閣について大部分の新聞は「イデオロギー的整合性を欠く内閣」「不自然な連立」等の論評を行い、各政党も手厳しい批判を行っており、例えばNAHDA党首ジャーバッラーは「論評するにも値しない」と述べている。

体制のしたたかさを如実に示す内閣であることは間違いない。RNDは単独では組閣できず、パートナーが必要であったが、MSP、FLNのどちらか一つだけと組むことは政治的にあり得ず、必然的に3党トロイカたらざるをえなかった。結果的にこの3党で議会の75％を占めることになり（これは選挙に反映された民意でもある）、主要野党勢力はSant' Egidioグループの3党とRCDとなった。MSPの政権参加は、RNDから見ればMSPの旧FIS及びNAHDAからの切り離しであり、他方MSPの長期戦略からすれば、片足を体制内に入れておくことは悪くないはずである。また、RNDは国家運営の要となるポストを維持しつつ、実務的に難しいポストはFLNとMSPに委ねることにより、これら両党、特にMSPの政策・行政能力を公に国民の前でテストすることもできる。『El Watan』紙はこの内閣を「時勢の連立」と形容したが、これはことの本質をついている。

今次内閣では、政府スポークスマンのポストが明確な形で設けられ、情報文化大臣（RNDのスポークスマン、ハビーブ・シャウキー・ハムラーウィ、HCHと愛称される国営アルジェリア・テレビ・人気キャスター、35歳）が兼任することになった。いままでも、例えば、アッターフ外相が兼任したことがあり、このポスト自体は存在はしたが、実質的な活動はなされてこなかった。アルジェリアのイメージが国際的に悪い一つの理由は、アルジェリア政府による公報不足、情報発信の欠如にあり、政府スポークスマンの今後の活動が期待される。

同じくアルジェリア・テレビ、女性ニュース・キャスター（ザヒア・ベナルース、RND、29歳）が情報文化省文化担当国務大臣に任命された。上記MSP2閣僚とあわせこの4名が新内閣の若手閣僚である。アルジェリアは開発途上国にしては、政治家の年齢が進んでいると前に指摘したことがあるが、政治の舞台に、彼らのようなFLN時代

にはほとんど関わり合いのない独立後生まれの若い世代が登場してきたことは望ましいことである。

なお、憲法第105条の規定により、大臣職と議員職の兼任は禁止されており、ウヤヒヤ首相を含め、26名が議員を辞職（RNDより20名、MSP、FLNより各3名）、それぞれが選出された選挙リスト上の補欠議員が繰り上げ当選により国民議会入りした。

今後の政治日程

今次選挙によってアルジェリアは政治情勢正常化に向かっての最大の山場を越えた。残っているのは、来る10月に予定される地方議会選挙、その後11月から12月にかけて予定される地方議会議員による間接選挙選出議員（3分の2）及び、大統領による任命議員（3分の1）から構成される国民評議会（上院）の設立である。これをもって3年と設定された暫定期間は終了する。

地方議会選挙準備のための大統領と主要政党間の協議は既に始まっている。第35回独立記念の日7月5日に選挙公示、10月2日投票日という方向で動いている。政治情勢正常化のための努力は休むことなく続けられている。テロは残るが、1998年を期してアルジェリアは確実に新しい時代に入る。「アルジェリア第二共和制」とは深い含蓄に富む言葉である。

（1997年7月4日、第35回独立記念日前夜　脱稿）
（中東研究　1997年7月号所収）

(6)　地方議会選挙

10月23日（1997年）アルジェリア全土で県議会、市議会合わせた地方議会選挙が行われた。

6月の国民議会選挙の後、特に8月から9月にかけて大規模テロが続発したため、果たして予定通り選挙が行われるか危惧され、事実10名の候補者がテロに倒れたが、結果的にはテロは大勢に影響を及ぼすことなく選挙は順調に行われた。

以下、地方選挙の結果、国民評議会選挙の準備、テロ情勢について書き綴ってみたい。

地方選挙の結果

選挙の規模

県議会はアルジェリアの県数だけの48、市議会総数は1541（市議会の数は県の人口の大小によって大きな幅があり、例えば人口213万のアルジェ県では57、人口1万9000の最小県のイリジでは6）。両議会合わせた議員総数は1万5003名、その内訳は、県議会1880名、市議会1万3123名である（これらも県の規模によって大きな幅があり、アルジェ県では県議会議員55名、市議会議員675名、イリジでは県議会議員35名、市議会議員42名。市議会は、当該地区の人口の大小により、我が国で言えば、市議会と町村議会規模のものがあり、communeと呼ばれる）。

立候補者総数は8万4268名、その内訳は県議会1万1608名、市議会7万2660名。選挙は比例代表制（ドント方式）で行われ、リスト総数は5471、その内訳は、県議会選挙リスト194、市議会選挙リスト5277であった。また、両者合わせた参加政党数は37。その他、県議会については3、市議会については428の独立候補リストがあった。

登録有権者総数は1581万7306名、男性843万8701名、女性737万8605名であった（注1）。投票所の数は3万5240、その内移動投票所1860。選挙関連要員は全国で75万人、その内15万人は事務的支援要員とされている。

今次地方議会選挙は、このようにきわめて大規模な選挙であったが、アルジェリアではこれは初めてのことではなく、FLN一党独裁崩壊後導入された初めての複数政党制に基づく選挙として、1990年6月に今回のと同規模のものが行われている（但し投票制度は比例代表制ではなく、小選挙区制であった）。また、県議会、市議会制度そのものはFLN時代に創設されたものである（注2）。

主要政党の候補者擁立状況

前述の通り、37政党が選挙に参加したが、6月の国民議会選挙に代表を送った政党を中心に主要政党の候補者擁立状況（候補者リスト

数）及び確定当選者数等は次の通りであった。

県議会	リスト数	当選者数（注3）	当選者数％
RND	48	959	51.01%
FLN	47	391	20.79%
MSP	41	265	14.10%
NAHDA	34	131	6.97%
RCD	7	50	2.65%
FFS	5	56	2.98%
PRA	1	0	
独立候補	3	17	0.90%

市議会			
RND	1,480	7,200	54.86%
FLN	1,442	3,020	23.01%
MSP	698	924	7.04%
独立	428	516	3.93%
MN	367	307	2.33%
FFS	214	654	4.98%
RCD	206	450	3.42%
PRA	92	43	0.32%
PNSD	36	30	0.22%
PT	33	8	0.06%

このような立候補者擁立状況は、選挙を待たずして既に多くのことを物語っている。まず、県議会について、全国規模で候補者を立てたのはRND（民主国民連合）とFLN（民族解放戦線）のみであり、前者は全県、後者は1県を除いて全県に候補者を立てた。続いてイスラム2政党MSP（平和のための社会運動）とNAHDA（ナハダ運動）が41県と34県でこれに続くが、RND、FLNとの差は明らかである。いわゆるデモクラットと呼ばれるFFSとRCDについては、それぞれ5県と7県にしか候補者を立てておらず、しかもアルジェ周辺及びカビリ地方の県に限られている。国際的にはアルジェリアにおける民主主義の旗手として知名度の高い両党であるが、国内的な基盤は

決して大きくないことが示されている。また、95年の大統領選挙で4人の候補者の1人であったブクルーフを党首とするPRA（アルジェリア新生党）は、先の国民議会選挙で1人の当選者も出せずに完敗したが、今回の県議会選挙でもオラン県のみにしか候補者を立てなかった（当選者なし）。なお、前回の選挙でPRA同様完敗した元首相レダ・マーレクの率いるANR（共和国民連合）は早々に地方議会選挙には参加しないことを表明していた。このような候補者擁立状況は、1990年の複数政党制導入後に誕生、活動を開始した諸政党は、体制側の後ろ盾のあるRNDと2つのイスラム政党を除くと、未だ十分には育っていない、少なくとも全国規模の政党にはなっていないことを示すものである。

　市議会選挙についても、同様の状況がほぼそのまま当てはまる。市議会の方が地域との密着度がより強いことを考えると、各党によるリストの提出状況は、全国規模での政党の勢力状況をかなり正確に反映していると見ることができる。特にRNDとFLN両党のリスト数は総リストの55.37％（県議会でも48.96％）を占めている。これは6月の国民議会選挙以降、RNDが政権党として更に地方組織を強化し、他方、先の選挙では奇跡のカム・バックをしたと言われたFLNは、保守性の強いアルジェリア社会に今なお強い支持基盤を有していることを示している。2つのイスラム政党MSPとMNは計1065リストで、これは全リスト数の約20％に当たるが（即ち、アルジェリア全土の5分の1の市町村に候補者を立てた）、この数字はこれら政党の勢力の限界を示すものであろう。

　現実にRNDは圧倒的な強みを発揮したが、この点は市議会選挙についてRNDのみがリストを提出した選挙区が約80、RNDとFLNの2党、RND、FLN、MSPの3党しかリストを提出しなかった選挙区がかなりあったことを考慮する必要がある。

選挙結果
　10月25日、選挙結果がベン・マンスール内務大臣より発表された。その概略は主要政党について次の通りであった。

県議会			市議会		
RND	986 議席	(52.4%)	RND	7,442 議席	(55.1%)
FLN	373	(19.8%)	FLN	2,864	(21.8%)
MSP	260	(13.8%)	MSP	890	(6.7%)
NAHDA	128	(6.8%)	FFS	645	(4.9%)
FFS	55	(2.9%)	独立候補	508	(3.8%)
RCD	50	(2.6%)	RCD	444	(3.3%)
独立候補	17	(0.9%)	NAHDA	290	(2.2%)
			PRA	43	(0.3%)
			PNSD	26	(0.1%)
			PT	8	

投票率等は次の通りであった。

	県議会	市議会
登録有権者	15,809,341	15,809,341
投票人数	9,917,699	10,700,813
投票率	62.73%	67.69%

　この結果が発表されるや、RNDを除く主要政党は、政権側による大規模な不正工作があったとして一斉に抗議の声を上げた。10月27日にはFFSがデモを呼びかけ、同党の活動家を中心に一部報道では2000人がこれに参加した。続いて30日にはより大規模なデモが行われた。

　このような事態に対して10月31日、大統領は演説を行い、選挙結果に不服のある政党には司法的訴えの道があり、その裁定に従うべきこと、如何なる政治活動も法と憲法の枠内で行われるべきであり、そこからの逸脱は許されないこと、国民評議会が近く創設され、それにより、民主的機構造りは完了すること等強い調子で述べた。

　そして実際に約1400件の不服の訴えがそれぞれの管轄裁判所に対してなされた。司法省の発表によると、政党別には、多い順に、FLN 696、MSP 287、RND 191、FFS 26、独立候補61、MN 48、PRA 18、RCD 16、PT 4等であった。もっとも、司法省は、不服は、投票所総数3万5240の内の687にかかるものであり、その割合は1.95％（投票所100につき2以下）にしか過ぎないとの発表も併せ行った。

これらの不服は選挙法により、2週間以内に裁定が下されることになっており、全国各地の裁判所で審査が進められた。その結果は逐次発表され、11月8日までには全ての審査が完了し、選挙の結果が最終的に確定した。市議会については、RNDが7議席を得たが、他方249議席を失い（差し引き242議席減、総議席数は7200となった）、その他の主要政党ではFLN156増、MSP34増、MN17増、FFS9増、RND6増、独立候補8増となった。県議会についても、RNDが27議席を失い、その分がFLNに18、MSPに5、MNに3、FFSに1回った。アダミ司法大臣は、以上の議席の変動は投票結果の計算間違いを修正したことによるものであると声明した。

　他方、県議会、市議会が活動を開始するためには、当選議員が参集して県知事等出席の下に議会設立会合が必要である。その設立はRND及びFLN選出議員を中心とし、抗議グループ6政党の議員を含まない議会から順次進められていった。

政党の抗議活動

　抗議運動はどのように展開したか。10月31日の大統領演説に対し、翌11月1日、MSP、NAHDA、RCD、FFS、PT、PRAの6政党は共同コミュニケを発表し、内務省により発表された選挙結果を認めないこと、県議会、市議会への参加を凍結すること、抗議運動を継続すること等を申し合わせた（これ以降これら6政党は"抗議政党グループ"と呼ばれることになった）。これに対し政府側は、先の大統領演説のラインで応酬し、政党側は「政府の対応は不測の事態を招来する」と強く反発した。11月3日には6政党側は新たなデモ及びストを行うことを決定。RCDは選挙結果発表の日以来行ってきた党本部前での座り込みを継続した。4日には6政党の国民議会議員がデモをしようとしたが、治安当局により阻止された。5日には6政党は再度の共同コミュニケで13日にデモを行うことを発表、8日には12日に半日のゼネストを行うことも決めた。9日には6政党による抗議集会が企画されたが、政府側がこれを許可せず、集会は行われなかった。政府側は11日、公務員に対し「ストは賃上げ等経済問題に関してのみ認められ、政治ストは認められない」と警告した。商店等がどの程度ゼネストに参加するか注目されたが、結局その試みは

完全に失敗した。13日のデモも政府側の許可するところとならず、政党側は15日善後策を協議するために会合を持ったが、結論を得ないまま散会し、"抗議政党グループ"も崩壊した。RCDの座り込みストは21日間に及んだが、この日をもって終わった（注4）。

　抗議運動は時系列的には以上のような展開であったが、各政党間の利害や駆け引き、更には基本戦略の相違のためその内実はなかなか複雑であった。まず、FLN。同党は、国民議会選挙ではMSPに次いで第三党であったが、今回は同党を抜いて県、市議会の双方において第二党に躍進した。今次選挙結果が発表された直後、同党は「政府による操作がなければ我が党は第一党になっていたはず」と声明した。同党の下部組織の活動家レベルでは発表された結果を不満として"抗議政党グループ"に参加する動きもあったが、党中央がこれを抑え、同党は結局のところ抗議運動には一切加わらなかった。

　複雑な動きを示したのは、例によってMSPであった。MSPは現内閣に7人の閣僚を送っていること、県議会、市議会双方で第三党の地位を占めたこともあり、その抗議の姿勢は徹底せず、事実上は抗議グループから最も早く脱落し、6政党間の申し合わせにもかかわらず、同党選出議員は両議会の設立会合に参加していった。

　FFS、NAHDA、PTは旧Sant' Egidioグループとして、FFS主導の下にほぼ同一行動をとり、今回の地方選挙での不正追及を越えて、95年の大統領選挙以来の全ての選挙を無効にし、"全ての政治勢力による国民対話"という従来からのFFSの主張を掲げた。しかし、他方でこれら政党はその選出議員の県議会、市議会設立会合への参加を容認した。

　RCDは、抗議運動の中核として一般国民の動員をも期して（党首サーディは「アルジェをベオグラードにしよう」と呼びかけた）、他の政党は行わなかった座り込みを行い、また、県議会、市議会への参加凍結を継続した。これら政党間の最後の協議が流れた後、サーディは無念さいっぱいに「私は裏切られた」と述べた。一部の新聞は「彼にとっては現体制の存在そのものが非民主的であるにしても、彼はナイーブにすぎた」と書いた。

　6政党間では、地方議会への参加凍結をミニマムとし、場合によっては国民議会からの6党議員の総引き揚げもあり得るというのが当初の立場であったが、後者についてはお互いに様子見で、現実には

全く問題にならなかった。また、6党党首会談も何度か企画されたが、その議題等を巡って調整がつかず、2度延期されて結局は開催されなかった(MSP党首のナハナハは会談が予定されていた日に外国出張を行った)。なお、両議会への参加凍結がRCDを除いて守られなかった一つの大きな理由は、一旦選出された以上、名実ともに早く議員になりたいという議員心理が党中央を強く突き上げたことにあると指摘されている。

これらの抗議運動は、一部政党がウヤヒヤ内閣の退陣まで求めたこともあり、外国のプレスにも大きく報じられたが、結局大勢には影響を与えなかった。これは、上述のように6政党間の足並みがそろわなかった(各政党の基本的立場の相違から、そもそもが無理なグループであった)ことのほか、抗議運動は政党レベル及び首都アルジェだけに限定され、幅広く国民各層が動員されるところまではいかなかったことによるものであろう。かくして国民評議会(第二院)の選挙母体となる県議会、市議会の設立は日を追って進み、大統領は11月10日、この選挙を12月25日に行う旨の告示に署名した。

選挙操作の実体

政府側による大規模な票の操作があったのかどうか、その真相を把握することは難しい。あったとしてもそれが上からの明確な指示によるものか、または、現場レベルでの票や計算の操作によるものか。この問題は、結局のところ、"政治的カルチャー"の問題に帰すると思われる。即ち、制度としての民主主義、その一つの重要手続きである選挙制度の問題と現実との乖離である。前回の国民議会選挙でも多くの政党は、予想した議席が取れなかったことを全て政府による不正工作のせいにした。自分の非や敗北は絶対に認めない、クレイムをしなければ損というアラブ人一般に共通するメンタリティの問題が一方にあり、他方に"寄らば大樹の陰"の体制順応型の思考・行動方式、また、票の操作があったと言われても仕方がないような歴史的、政治的背景もある(独立の選挙監視委員会は作られるが、選挙の主宰者はあくまでも内務省であり、現場の役人は指示の有無にかかわらず、中央に対して忠誠心を発揮するであろう)。アルジェリア国民は政治好きであり、選挙はお祭りと言う人もいる。今回の選挙についても、

新聞は決して書かないが、「不正はアルジェリアの選挙につきものであり、それぞれの勢力範囲でみんなが仲良く不正をしたのだから」と醒めた見方をするアルジェリア人も少なからずいることを付言しておきたい（RND議員がMSP議員に対し「そんなにRNDを非難するのなら、MSPがやったことを暴露する」と述べた話等が新聞の囲み記事に伝えられている）。

国民評議会選挙の準備

1996年11月の憲法改正により二院制の議会が設けられることとなり、「立法権は、国民議会と国民評議会よりなる議会によって行使される」と規定された（第98条）。国民議会議員は去る6月の選挙で選出済みである。国民評議会議員については「その3分の1は大統領によって科学、文化、専門的職業、経済社会分野における能力ある人材の中から任命され、残り3分の2は地方議会議員の中から彼らによる間接、かつ、秘密投票によって選出される」と規定している（第101条第2項、3項）。その議員定数は選挙法により144名と規定されている。憲法上、国民評議会は国民議会より上位に位置する。

ゼルアール大統領が11月10日に署名した告示は国民評議会の3分の2の議員の選出に関するものである。今回の地方議会選挙で選出された県議会、市議会議員合計1万5003名が選挙権を有し、かつ、その中の満40歳以上の者が被選挙権を有する。

選挙法により、立候補者は選挙日15日前（12月10日）までに立候補表明をし、開票は投票締め切り後直ちに行われることになっている。また、憲法評議会は72時間以内に最終結果を発表することとされている。従って12月27日にはその結果が明らかになり、他方、それまでには3分の1の任命議員は決められているであろうから、その時点で国民評議会の全議員が決まることになる。かくして既に成立済みの国民議会と併せ、本年末ギリギリのところで二院が成立し、全体としての議会が完成することになり、大統領は、両院合同会議を招集し議会の成立を宣言する運びになると予想される。

国民評議会はその構成、及び議員の選出方法においてきわめて特徴のある制度である。まず、その構成について3分の1が大統領任命議員であることは、国民議会から上がってきた法案が成立するた

めには国民評議会の3分の2の賛成を要するとされていることから、この3分の1は法案をブロックできる数である。逆に言えば、政府提出法案を成立させるためには、選挙で選出された3分の2の議員の半分の議員を取り込めばよいということでもある。まさにこの点の故に、96年11月の憲法改正国民投票の際に、この条項は大統領権限の強化として大部分の政党より強く反対され、欧米のマスコミも叩いたところであった。

　3分の2の議員の選出方法は恐らくは世界にも例を見ない特異なものである。議員定数144のもとになっているのはアルジェリア全土の県の数である48、各県よりの定数を2名とし、計96名、その半数の48名を大統領任命の議員にしたということである。全体としては1万5003名の地方議員から96名が選出されるが、しかし実際にはその選出は県単位であり、例えば人口213万の首都県アルジェでは県議会 (55)、市議会 (675) を併せた議員730名の中から2名、人口1万9000の最小県のイリジ (アルジェリア最南部の県) では、県議会 (35)、市議会 (42) の計77名の地方議員の中から2名ということになる。投票は2名連記で最大得票数を得たものが当選、票数が同じ場合には年長者が当選する。議員に選出されたものは兼職を禁止され、その時点で地方議会議員ではなくなる。即ち、国民評議会議員 (上院という言い方もされ、議員はセナターとも呼ばれる) に選ばれるためには、まず地方議会議員に選ばれる必要があり、換言すれば、地方議会議員は国民評議会議員への登竜門である。しかしそれは狭き門である。また、地方議会議員は国民議会議員より格下であるが、間接選挙で国民評議会議員に選ばれた途端、国民議会議員より格上になる。

　議員の任期は6年、3年ごとに半数改選である。最初の3年任期の議員はくじ引きで決められる。国民評議会議長は憲法第88条の規定により、大統領が欠けた際の第一順位大統領代行であり、くじの対象から外される。

　国民評議会の大統領任命の3分の1の議員の選考は既に始まっていると思われるが、どのような顔ぶれになるのか興味がもたれるところである。この3分の1の議員集団の性格をどのように評価すべきか。2つの評価の仕方があろう。一つは、彼らは所詮大統領の操り人形で体制側の利益を護るためだけの存在。もう一つはこの3分

の1に議会の中の「良識の府」としての役割が期待できないかということである。彼らには選挙区との利害関係がなく、党利党略のレベルを越えた大きな国益についての判断こそが彼らの行動の指針になるという考え方である。

テロ情勢と国際的反響

ここ数年アルジェリアはテロの国（その意味は様々に解釈されうるが）として国際的評価が定着してしまった感があるが、アルジェリアにおけるテロ情勢全般とそれに対する最近の国際的反響を記してみたい。

テロの形態
アルジェリアにおけるテロは次の7つくらいに分類される。
集団虐殺
偽検問
人口密集地帯での爆弾テロ
列車に対する爆弾テロ
暗殺
誘拐
ハイジャック

このうち最初の2つは他では見られないきわめてアルジェリア的なテロである。テロリストが建物（例えば大使館）を占拠して、その要求を通すために人質と共に立て籠もる形のテロが生じたことがないのもアルジェリアにおけるテロの特徴である。その類型として、誘拐して要求を突きつけ、それが通らず虐殺する形のテロはあるが、これもフランス人修道士7名の虐殺事件（1996年3月）が1件あっただけで、一般的ではない（なお、93年10月の在アルジェ、フランス総領事館員誘拐事件では「外国人は出国せよ」という警告文を持たされて、誘拐された3名は1週間後に釈放された）。ハイジャックについては、エール・フランスのハイジャック（94年12月）が1件あり、フランス人修道士事件の場合と同様、フランスに拘禁されている仲間の釈放を要求したが、成功しなかった。人質作戦は今まで成功しなかったし、今後と

も成功することはないと彼らに観念されているのであろう。

　人口密集地帯での爆弾テロ、列車に対する爆弾テロは普遍的なテロの形態であるが、アルジェリアで特に前者が目に見えて頻繁に起こるようになったのは本年(1997年)初め頃からであり、これは後述のテロの性格の変化と関連する。

　暗殺は、その対象者の行動が日数をかけて調べ上げられ実行される。最近の代表的な例としてはUGTA (アルジェリア労働総同盟) のベンハンムーダ書記長 (97年3月) の暗殺がある。人気歌手アジーズがコンスタンティーヌで誘拐され、その翌日、舌を抜かれた死体で発見されたが (96年9月)、これもその範疇に入る。ヒルトン・ホテル支配人であった韓国人に対するテロは (94年12月)、同人の通勤ルートが調べ上げられ、ガソリン・スタンドで待ち伏せされて射殺されたものであった。

　偽検問は文字通り、兵隊や警察官の制服を着たテロリストが"検問"のため車を止め乗客を降ろして殺害するもので、遠距離バス、タクシー、乗用車、あるいは労働者の通勤トラックがこれに引っかかり、今までに多数の犠牲者がでている。偽検問は夜間の場合が多いが、早朝や真っ昼間に行われることも希ではない。場所はアルジェ周辺の地方都市間を結ぶ道路でのことが多いが、大都市に向かう幹線道路がその舞台になることも珍しくない。アルジェ郊外はもとより、市内ですら全く安全というわけではない。

　自爆テロは、皆無ではないと思われるが、むしろ例外的である。

住民の大量虐殺

　昨今特に国際的にも大きな反響を呼んでいるのがこの形態のテロであり、今年(1997年)初め頃より多発するようになった。それでも初めのうちは人里離れた孤立した山村の住民が襲われることが多かったが、8月末から9月にかけて首都アルジェ近郊の人口密集地帯で立て続けに起こった3件のテロ事件 (8月28日シーディ・ムーサ、9月5日ベニ・メスース、9月22日ベン・タルハ) は、その残虐性、犠牲者数の多さ (公式発表ではそれぞれの死者は98、69、85名。実際にはそれを大きく上回る数であったと言われる)、数時間にわたって虐殺が続けられたこと等から世界中を震撼させた。

この形態のテロは最もアルジェリア的である。どうしてこのようなテロが起こっているのか、この点こそはまさにアルジェリア危機の根元に関わってくる問題である。

　筆者は試論であるが、"解放区"（注5）の考え方でこれを説明したい。まず、アルジェリア全土でテロが燃えさかっているのではなく、テロの90％は"死の三角形"と言われるアルジェ市西方──ブーメルデス──ブリダ及びその周辺や後背地のメデア、ブイラ、アインデフラ等ブリデン・アトラス山脈地帯で起こっている（これらの地域は、独立戦争時フランス軍が最も手を焼いたFLNゲリラの活動舞台であり、当時作られた地下トンネル、塹壕等がテロリストに使用されており、これが掃討作戦をきわめて困難にしている）。

　住民テロ多発地帯は、その多くが人口の自然増や都市流入に任せてできたスラム的な人口密集地帯である。そしてこれらの地域こそ、モスクを媒体にした福祉・慈善活動を通じ、草の根レベルでFISが深く浸透し、90年の地方選挙、91年の国民議会選挙でその大票田になったところである。FISが非合法化されて地下に潜り、その軍事部門としてAISが設立され、更にそれとは別にGIAが生まれたが、その後GIAはこれらの地域に勢力を伸ばし、95年頃までには公権力の及ばない事実上のGIAの"解放区"が形成されていった。住民は、彼らに寝る場所や食料、衣類あるいは金を与え、親・兄弟、親戚、友人として──自発的に、あるいは強制され、あるいは義理上やむを得ず──彼らと共存・共生してきた（多くの場合、被害者と加害者はお互いに顔見知りと言われる）。また、当時GIAは、FISのメンバーやそのシンパと共に（その間の差は曖昧である）、貧しき住民の側に立ち、今ほどには暴力的ではなかったこともあろう。

　しかし、95年11月の大統領選挙を境に徐々に情勢の変化が生じ、選挙への国民の参加という形で政府側がこれらの地域を取り戻す"解放区の再解放"過程が進行し始めた。住民の治安当局への通報により、テロリストの所在が知れ、逮捕、あるいは銃撃戦で殺されるといったことが起こりだしたのもこの頃からである。今から振り返ると、今年（1997年）のラマダン月（1月10日～2月8日）はテロの性格の変質を明確に画す時期であったように思われる。アルジェ市内で数件の大規模爆弾テロがあり、また、"熱い三角地帯"を中心にこの頃から住民虐殺事件が急増する。

「我々の戦いに中立はない。我々の側につかない者は全て敵である」といったビラがモスクに現れ、殺戮現場の家の壁に"人民に対するジハード(聖戦)"という血塗りの言葉が残されたことも珍しくない。ただ、彼らによる殺戮の対象は注意深く選別され、無差別ではない。治安当局への通報者の家族は当然その対象になる。政府側は住民自衛の手段として自警団("パトリオット"と呼ばれる)の創設を進め、武器を貸与するが、しかし、その武器がテロリスト側に渡ることもあり(未だ"解放区の再解放"が完了しているわけではない)、その貸与は慎重かつ選別的である(新聞報道に現れる虐殺の生存者の言葉として「政府は自分たちを守ってくれない」というのもさることながら、「前から政府に武器を頼んでいたのにくれなかった」というのが多く、これはこのあたりの事情を物語っている。他方、政府側が武器を持たせようとしても、それが断られるケースもあるというから複雑である)。これらパトリオット及びその家族は当然テロの対象になる。また、テロ・グループの細分化に伴い、敵対するグループの家族が女性、幼児を含め皆殺しになることも珍しくない。一つの集落が対立するグループ間の戦闘の舞台になることもある。独立戦争時代にまで遡る怨念関係に起因するテロもある。大量虐殺が行われた場所に道案内や地雷敷設の協力をした共犯者(テロ・グループに属するとは限らない)がいたとの報道がなされることも希ではない。また、最近の現象として、若い女性がテロリストに連れ去られることがしばしば起こっている。

国際的反響

上述の8月末より9月にかけての3件の大虐殺事件は、改めてアルジェリア危機の深刻さを国際的に大きくクローズ・アップすることになった。そこには2つの視点がある。一つは国際社会はこのような残虐行為を傍観すべきではない、アルジェリア危機解決のために人道的観点から国際社会として動くべきだという問題提起であり、具体的には問題解決のための調停の模索である。もう一つは、何故これだけの虐殺が起こるのか、軍や警察は何故住民を守らないのか、というところから出発して、軍や秘密諜報機関が虐殺に関与しているのではないか、国際的な調査団により虐殺の真相が解明されるべきであるという主張である。両者とも出発点は人道主義であるが、

後者はより政治的であり、アルジェリア政府の非民主性や人権政策を問題にする。後者の点は、特に、フランスのアルジェリア研究者やプレスで盛んに取り上げられ、アムネスティ・インターナショナルを中心とする国際人権団体からも繰り返し提起されている。これらの国際世論動員にはローザンヌ在住のFFS党首アイト・アハマドが強い影響力を行使している。

アルジェリア政府は第1、第2、何れに対してもアルジェリア内政への介入としてこれに強く反発している。これらについてどう考えるべきか。

調停と国際調査団

第1の問題提起(調停)は政治色はより少ないが、ナイーブである。アルジェリア政府とテロリスト・グループ（その主体は、他のグループがほとんど脱落した今は実質GIAに限られている）の関係は、何ら国際的インプリケーションをもたない純粋に国内的な、アルジェリアの中のアルジェリア人同士の問題である。民族問題でもなければ、宗教問題でもなく、ましてや国境問題でもない。しかも調停には必ず相手が必要である。政府とペアになる調停の相手方は誰なのか。あり得ないことではあるが、仮に政府側が百歩譲ってGIAをその相手にすると決めても、誰がGIAを代表するのか、しかもGIAはその設立当初から一切の対話を排除している（FISの軍事部門として設立されたAISならFISを通じて影響力を行使し得たが、昨今のテロ情勢との関係では両者とも最早端役ですらない）。こう考えると調停はそもそも論理的に成り立ち得ない。北アイルランド問題やバスク問題で英、スペイン政府が国際的調停を受け入れる余地がない以上にアルジェリア政府にとっては受け入れ得ないことである。

第2の問題提起は、その動機において政治的である。その目的は軍・政府機関の関与の証拠を見つけ、また軍や治安当局によるテロリスト掃討作戦がらみの人権侵害を糾弾することにある。大量殺戮事件の事実関係が十分に明らかでないことは確かであるが、国内でアルジェリア人を対象に起こっていることについて、その事実関係を明らかにすることが国際的に求められるのもアルジェリアならではのことである。よしんば、調査団がアルジェリアに派遣されて殺

戮現場における事実関係の究明に当たるにしても、テロの複雑な要因に鑑みれば、西欧流の明確な調査結果は出てこないであろう。アルジェリア政府からすれば、これらのテロは純然たる犯罪行為以外の何物でもなく、その究明は専ら国内警察権の問題である。

軍は本当に虐殺に関与しているのであろうか。もしそうだとすれば、その動機がなければならない。軍の関与を主張する者の最近の論拠は、アルジェリア軍部内には対テロリスト強硬派（殲滅派）と穏健派（対話派）があり、強硬派が穏健派を抑え、その主張の誤り（穏健策ではテロは解決されない）を示すためにGIAによる殺戮に名を借りて住民を殺戮しているとする。軍内部には現在の危機が続くことに利益を見いだしている既得権益集団があり、彼らが軍に、あるいはGIAを使って住民の大量虐殺を行っていると主張する者もいる。また、虐殺が起こっている地域は肥沃な農業地帯であり、その土地が政府により特定の利益集団に払い下げられつつあり、彼らが貧しい階層をその土地から根こそぎ追い出すために、GIAを使って子供、幼児を含め家族全員を虐殺しているとする新説が最近フランスの研究者より言われ始めている。果たしてこのような説明に合理性があるであろうか。

アルジェリア政府の苦悩

アルジェリア政府が新たに直面している深刻な問題がある。親兄弟が残忍に殺されるのを目のあたりにした孤児達の問題である（ブリダ地域だけで両親をテロで失った子供——片親を失った子は含まない——が1400人もいると言われる）。彼らを精神的に、また、生活上どうケアーしていくか、この問題は既に深刻な社会問題になっている。また、独立戦争時代のアルジェリア人相互の殺し合いが今日に至るまで尾を引いているのと同様の怨念関係を将来世代にもたらす可能性もある。GIAのテロの目的は、イスラム国家樹立という政治目的の達成が不可能になった今は、国内にテロの恐怖を蔓延させ、政治の正常化過程を阻止することにあると見られるが、政府が彼らの目的に資するようなことをするであろうか。テロリスト掃討作戦の過程で一般住民が犠牲になったり、グレイゾーンの住民に対する行き過ぎはあるかも知れない。しかし、政府軍（秘密諜報機関）が女性、子供、幼児

までを対象に明々白々な虐殺行為をするであろうか。若い美しい女性だけを連れ去るようなことをするであろうか。そのような行為の動機を理解することは難しい。

アルジェリア政府は軍の関与を否定する。また国際人権団体からの非難に対しては、テロこそ最大の人権侵害であり、この種の非難はテロリストの残虐行為と公権力の行使を同列に置くものとして激しく反発する。

何故、軍が殺戮の現場に動員されて住民を護らないのか、この点に関する政府の説明は次の通りである。軍の役割は、国境の警備、国防等あくまでも国の主権と独立を護ることにあり、犯罪（テロ事件）への介入はその役割ではない、軍には現在の非常事態宣言下、テロリスト掃討の任務は与えられていても、治安出動の権限は与えられていない。従って、たとえ、虐殺現場近くに軍の駐屯所があっても、その指揮官は部隊出動を命令することはできないとする。それでは警察力で護ればいいではないか、何故警察は出動しないのかということになるが、テロリストが夜間50人とか100人を越える単位で出撃してきた場合、通常の警察力では太刀打ちできないことは明らかである。しかし、警察力では護れないとは主権国家として、また、国の面子にかけて、口が裂けても言えないことであり、そこにアルジェリア政府の苦しさがあるのではないか。より基本的な問題は、"熱い三角形"の山岳地帯がテロリストの隠れ家、作戦・出動基地になっており、そこここにテロリストが潜んでいることが明々白々に分かっていながら、今日までこれを撲滅できずにいることである。独立戦争時のフランス軍とアルジェリア人ゲリラとの凄惨な戦いと同じことが政府軍とゲリラ的なテロリストとの間で起こっているのである。

―――――――――

それにしてもアルジェリア人同士の殺し合いは悲劇的である。どうしてこのようなことになってしまったのか、その原因は大きく言って3つあろう。1991年の選挙中断はその直接的原因ではあったが、それは引き金にしか過ぎなかった。FLNによる統治（独立後の国造り）の失敗、その間のイスラム原理主義思想の伝播、その背景にあるアラブ化政策、更には独立戦争のアンチ・テーゼとしてアラブ化政策を採らざるを得なかったことがあり、現在のアルジェリア危機

理解のためには少なくともここまでは遡って考える必要がある。第2はアフガニスタン戦争に起因するアフガン・アラブ（アフガン義勇兵）の問題である（注6）。テロと破壊にしか生きる目的を持たない多数の若者を作ってしまったことは、イスラム原理主義にかつてはなかった規模の暴力と破壊の色彩を加えたのではないか。そして第3に、しばしば価値観の衝突があり難しい問題を含むが、欧米諸国において人権や政治亡命（注7）といった価値観のもとに、事実上、テロを支えるネットワークの存在が許容されてきたことである。そして第2と第3の点はエジプトにおけるテロにもそのまま当てはまる問題でもある。

(注1) 男性有権者と女性有権者との差が106万人と非常に大きい。この点をどう解すべきか。94年の人口センサスによれば、次のような人口動態になっている。

		男	女
総人口	27,794千人	14,088千人	13,706千人
20歳以上		6,935	6,856

このように全人口で見ると男女の差は約38万人であるが、20歳以上ではその差は8万人しかない。この点から見ると、上記の106万の差は非常に大きいことになるが、これは有権者登録をしてはじめて選挙権が得られる仕組みになっており、女性の登録者の方が男性よりも少ないことによるとみられる。

(注2) 県議会（assemblée populaire de wilaya、APWと略称される）は1969年に創設され、同年、1974、79、84年の4回選挙が行われた。

市議会（assemblée populaire communale、APCと略称される）は1967年に創設され、同年、1972年、79、84年の4回選挙が行われた。

それぞれの選挙について、選挙区ごとにすべてFLN党員からなる2つのリストが提示され、有権者（FLN党員以外の一般国民も含む）はその中から1つを選んで投票した。

(注3) ここに掲げた当選者数及び当選者数％は、10月25日内務大臣によって発表されたものではなく、不服の訴えが裁判所で審査された結果として調整された各党の最終当選者数及び当選者％（全体の議席の中に占める各党の議席の割合）である。但し、新聞報道に基づく

Ⅱ 危機の10年の展開　249

数字であり、官報に正式発表されたものではない。
(注4)　その後抗議運動は、11月23日より始まった国民議会秋期セッションに持ち込まれ、同日、政府側が問責を受けるという形で集中審議が行われた。MSP代表が31項目からなる問責文書を読み上げ（例えば、幾つかの投票所ではRNDのリストしか置いてなかった、委任状無しの代理投票、身分証明書無しの女性による投票、投票率の水増しといった項目があげられている）、アダミ司法大臣が「選挙が法に基づき正常、かつ、合法的に行われたことは独立選挙監視委員会の最終報告から明らかである」等と答弁した。抗議政党側はそれに飽きたらず、議会内に調査委員会を設置することを求め、11月27日、賛成多数で（RNDは棄権）その設置が決まった。
(注5)　"解放区 zones libérées" なる言葉は Amine Touati「Algérie, Les Islamistes à l'assaut du pourvoir」(Editions L'Harmattan, 1995, Paris)のCHAPITRE IV L'ETAT ISLAMIQUE PAR LA TERREUR (p.206) に使われており、それによれば "解放区" では、警察権が及んでいないこと（バリケードや偽検問で警察・治安関係者が立ち入れない）、イスラミスト倫理規定が課されていること（ヴェール着用、美容院の閉鎖、パラボラ・アンテナの禁止等々）、独自課税措置がとられていること（商人は税を払うか、店を閉めることを余儀なくされた）等克明に記されている。

　また、新聞は、学校の授業の場にテロリストが現れ、授業の内容をチェックしたこと、先生が生徒を叱ったら翌日その生徒がテロリストを学校に連れてきたといった逸話を伝えている。
(注6)　1980年代の初め頃から、イスラム・グループ（例えばナハナハ）の慫慂により、アルジェリアから約4000名の若者がアフガン戦争義勇兵としてアフガニスタン（パキスタン）に行き、その後、その内の約3500名が（一部はボスニア戦争に参加して）、ゲリラ戦法や爆弾製造法を身につけて帰国し、大部分はGIA等のテロ・グループに入ったとされている。残り500名はまだ現地に残っており、その内の50名はタリバーンの設立に参加したと言われる。
(注7)　殺人や武器密輸入の容疑でアルジェリア政府より指名手配されているアルジェリア人で本国送還された者はいない。最近アルジェリアの裁判所は在米国アンワル・ハダム、ベルギーよりスイスに逃亡したアハマド・ザウィー、在独セルマン・マダニ（アッバーシ・マダニ

アルジェリア上院の仕組み

 10月23日(1997年)地方議会選挙が終わった。県議会、市議会併せて議席総数1万5003、参加政党総数37、立候補者総数8万4268、候補者リスト総数(比例代表ドント方式)5471という全国規模の大がかりな選挙であった。

 結果は、連立を組む3党のうちイスラム政党を除く2党が圧倒的な議席を獲得した。これに対し、このイスラム政党を含め十分な議席を取れなかった5政党は管轄裁判所に不服の申し立てをすると同時に、政府による票の操作があったとしてデモやゼネストの形で抗議運動を展開した。不服の申し立ては裁判所で審査され、その結果、各党議席数にいくらかの変動があったが、最終的に全地方議会の議席が確定した。

 この選挙は、単なる地方レベルでの選挙に留まらない国政に直結する重要性を持つ。この選挙で選ばれた1万5003名の地方議会議員により、その中から(但し、被選挙権は満40歳以上)、下院と共に議会を構成する上院の議員の3分の2が選ばれること(残り3分の1は大統領任命)、そしてこの上院の成立により、1992年の選挙過程の中断以来の最重要課題であった議会の創設が完了することになるからである。政府はその選挙日を12月25日(1997年)に決定した。

 この3分の2の議員は特異な方法で選出される。上院の議員定数は144であるが、その基になる数字はアルジェリアの県総数の48、各県より2名の定数で計96、その半分の48が大統領任命議員である。具体的には、例えば、人口最大のアルジェ県(230万)の場合、県議会(55)、市議会(675)の計730名の地方議員の中から2名、人口最小のイリジ県(1万9000)の場合、県議会(35)、市議会(42)の計77名の中から2名が選出される。2名連記で最大票数を得たものが当選、票数が同じ場合には年長者が当選する。かくして選出された者は、兼職を禁止され、その時

点で地方議会議員であることを止める。即ち、上院議員に選ばれるためにはまず、地方議会議員に選ばれる必要があり、換言すれば、地方議会議員は上院議員への登竜門である。しかしそれは狭き門である。

　上院は憲法上、下院の上に立つ。その議員は以上のような二重のスクリーンで選ばれる。地方議会議員として選ばれた段階では下院議員より格下であるが、第2段階の間接選挙で選ばれた瞬間、下院議員より格上になるという仕組みである。

(1997年11月23日　記)
(中東調査会 MENIK INFORMATION 1997年11月号)

の息子の一人）等に欠席裁判で死刑等の判決を言い渡した。

(1997年11月30日　脱稿)
(中東研究　1998年1月号所収)

(7) 国民評議会の成立

本稿は、1997年12月初旬以降1998年4月末までの情勢を扱ったものである。この時期を特徴づけるものとして98年1月初旬の国民評議会(第二院)の成立があり、また、アルジェリアを巡る国際世論に変化がでてきたことがある。以下、テロ情勢に一言触れた後、国民評議会の成立を含む内外政治情勢、及び経済社会情勢について書き綴った。

テロ情勢

今年(1998年)のラマダン月は昨年12月30日から始まった。ここ数年ラマダン期間中はテロが激化するのが通例となっており、今年のラマダン期間中の状況が注目されたが、「テロは最早その残滓が存在するにすぎない」という政府の主張に反し、また、第二院の創設による議会制度の完成とも無関係に、酸鼻を極める大規模なテロが続発した。

今年のこの期間のテロの特徴は、今まで比較的平穏であったアルジェリア西部地方(マスカラ県、レリザン県、トレムセン県等)において大規模テロが続発したことであった。これは今まで"死の三角地帯"と言われたアルジェ周辺地域でテロリスト掃討作戦がかなりの成果を上げ、テロリストがより警備体制の薄い西部地方にその活動拠点を移したためとされている。しかし、その後2月、3月、4月と月を追うにつれ、西部地域に限らずテロは発生してはいるが、大量虐殺テロは減少する傾向が看取される。これは治安部隊による掃討作戦の強化、自警団の強化、及び、人里離れた村落の住民への武器貸与による自衛手段の強化によるものであろう。爆弾テロもアルジェを含め減少してきており、また、爆弾の威力もかつてほどのものではなくなっている。これは治安当局により、アルジェ周辺にあった7つの大がかりな爆弾製造工場が摘発・破壊されたためとされる。

また、昨年10月以降本年4月まで4回ガス・パイプラインがサボ

タージュされたが、いずれも直ちに修復され、ガス輸送にはほとんど影響は生じなかった(最後のものは、ENIの発表によれば、90分間送油が中断されただけであった)。

97年を通じ、テロによる被害者は5878名（96年1308名）、掃討作戦によるテロリスト側死亡者は3127名（96年1457名）、治安機関側死亡者は144名（96年185名）であった（新聞報道集計）。

政治情勢

国民評議会の成立――96名の議員の選出

国民評議会議員は憲法の規定により2つの方法で選出される。第1のカテゴリーは、地方議会議員の中から、彼らによる間接投票によって各県2名ずつ、計96名、第2のカテゴリーは大統領任命の48名の議員である。

選挙は暮れも押し迫った12月25日、全国48の県庁で行われた。政党ごとの立候補状況は次の通りであった。

RND	251名	(8,159名)	PSL	3	(24)
FLN	165	(3,411)	RA	3	(14)
MSP	57	(1,189)	PLP	1	(7)
MN	30	(438)	PRA	1	(43)
独立候補	21	(533)	PR	1	(2)
RCD	11	(500)	PSD	1	(11)
FFS	5	(710)	PNSD	1	(30)

このような立候補状況は、上記かっこ内に示したそれぞれの政党の地方議会（県議会、市町村議会）における勢力状況を強く反映している。

選挙結果は同日マンスール内相より発表され、次の通りであった。同内相は「選挙は非常によい状況下で行われ、民主的選択の最後を飾った」と述べた。

RND	80
FLN	10
FFS	4
MSP	2

(計96議席)

また、有権者数等は次の通りであった。

有権者総数	15,003
投票者総数	14,224
投票率	94.81%
有効投票数	13,258
棄権	779
無効票数	966

　6月に行われた国民議会選挙では、10政党及び独立候補も議席を獲得したが、国民評議会選挙で議席を占めたのは上記の4政党に限られた。

　RNDの大勝は予想されたことであった。即ち、RND議員は全48県の内36県で多数を占めており、従って最低でも72議席は確実であったが、それを更に8議席上回った。FLNは第二党になったが、RNDとの差は顕著である。同党は20議席は堅いと予想していた。MSPの惨敗は更に予想外であった。同党も20議席は取れると読んでいた。

　FFSは固定地盤であるティジ・ウズとベジャイヤで宿敵のRCDに完敗を食わせ、4議席を独占した。FFSはRCDよりもはるかに選挙上手であり、FLNと選挙協力を行い、首都アルジェ県ではFLNへの投票を約し（実際にはRNDとMSPで議席を分けたが）、他方ティジ・ウズとベジャイヤではFLNの票をもらい4名当選を果たした。

　国民議会にMSPとともに議席を占める合法イスラム政党NAHDAは1議席も取れず、また、同じく国民議会に4議席を有するトロツキスト党とされるPTは候補者を立てなかった。

　連立与党を構成するRND、FLN、MSP間で、RNDが議席を取りすぎないよう、党中央レベルで選挙協力が約されていたにもかかわらず、地方の選挙現場ではそれが守られなかったとされている。

　当選者の顔ぶれ等で注目される点は次の通りである。被選挙権者がすべて地方議会議員であるため、中央政界で名前の通った議員は1人もいない。また、96名のうち73名は50歳以下、彼らはアルジェリア独立後の世代であり、世代の交代が政界でも進んでいることを示している。また、80％の議員は県会議員より選出されている。議

員の職業は医者、公務員、弁護士、大学教授等教職者、地方の名士等である。なお、女性議員はRND 2名、FFS 1名の計3名であった。

48名の大統領任命議員

上記選挙結果が確定した2日後の12月27日、大統領任命の48名の議員が大統領府より公表された。

48名の内訳概略は次の通りである。
・退役軍人　　　　　3名
・元前閣僚等　　　　11名
・国民議会選挙等の際の選挙監視委員会委員長、副委員長等
　　　　　　　　　　3名
・元外交官　　　　　2名
・政党関係者（PNSD党首、RCD、RCD離党者より各1名、FLNより10名）
　　　　　　　　　　13名
・RNDに近い傘下3団体（ONM、UGTA、UNPAより各1名）
　　　　　　　　　　3名
・弁護士、作家等　　18名
・女性議員　　　　　3名　（内2名は元閣僚）

彼らの平均年齢は58歳程度で、選挙選出の議員の平均年齢の方が大幅に若い。

このような人選について一部のアルジェリア紙は論功行賞人事と評した。確かにそのような面が強いことは否定できない。しかし、現在アルジェリアは世代的にも政治的にも過渡期にある。複数政党制の時代に入ったとはいえ、FLN一党独裁制時代の重い制約から未だ逃れられないことの反映と見るべきであろう。また、論功行賞人事は政治の世界ではどこにでもあることである。

この3分の1の大統領任命議員は"ブロック集団"とも評される。国民議会で採択された法案成立のためには、国民評議会の3分の2の賛成が必要だからである。また、この故にこのような形での第二院の創設は、大統領の独裁的権限を強化するものとして国内のデモクラッツや欧米のメディアから強く批判されたが(注1)、しかし、彼らが大統領から任命された議員であることだけをもって、その意のままに動く議員集団と断定してしまうことは単純に過ぎよう。確か

に彼らは国民評議会内で"大統領任命議員グループ"なる会派を作ってはいるが、これはあくまでも便宜的なものであり、48名の思想的、政治的傾向は決して同一ではないからである。むしろ彼らには"共和制、憲法の擁護者"としての役割、"良識の府"としての役割が期待されていると言ったら言い過ぎであろうか（現に国民評議会は、政府が提出し、国民議会で採択された議員の歳費関連法案に対し、議員を優遇しすぎているとしてこれをブロックしている）。

国民評議会は年明けの1998年1月4日召集され、憲法の規定に従い、議員144名中の最年長議員が暫定議長、最年少議員2名が暫定副議長に就任し、議事進行が行われた。国民評議会議長は、憲法の規定により、大統領が欠けた場合の第一位の暫定大統領という重い職であり、誰が就任するか注目されたが、翌1月5日ベシール・ブマザが一部（FFSの4名を含め6名）議員の棄権はあったものの、挙手投票による圧倒的多数で議長に選出された。

ベシール・ブマザ議長は、1942年ベジャイヤ県生まれ、PPAやMTLDに属し、54〜57年フランス軍に逮捕され、強制キャンプ入り、57〜58年FLNの駐フランス代表、フランスで自宅監禁、逃走、逮捕投獄、61年パリの監獄から脱走、61年ケルンのFLN指導部に参加、独立後、アンナバ選出の制憲議会議員に選出された。65年まで労働・社会問題相、国民経済相、工業・エネルギー相、情報相を務めたが、66年辞任、それ以降反体制の立場から87年まで亡命していた。89年のFLN臨時党大会で中央委員会メンバーに選出された。90年、"1945年5月財団"（注2）を創設し、その代表に就任。そして今般国民評議会議長に就任。壮絶なキャリアである（もっとも彼の世代のアルジェリア人としてはこの程度のことは例外的ではない）。なお、同議長は1964年に東京で行われたIMF・世銀総会にアルジェリア代表として出席している。

アルジェ中心部、海岸沿いの大通りにコロニアル・スタイルの壮麗な建物がある。ジルート・ユーセフ・パレスと呼ばれるもので、1930年のフランスのアルジェリア植民地統治100年を記念して建てられた。独立後、制憲議会が開催され、その後FLN本部になった。132年間のフランス植民地時代、8年間の独立戦争、そして40年弱に及ぶFLN一党独裁時代を経て今、新生アルジェリアの国民評議会がそこに置かれることになった。

両院は春期（3月初旬より4ヵ月）、秋期（10月初旬より4ヵ月）の年2回召集される。今年度春期会期にはかねてからの大きな懸案である家族法改正案が政府より提出される予定である。

6月1日の世界子供の日に"子供のための1日議会"と銘打って各県からの子供の代表団を議会に招待するといった行事も企画されている。

アルジェリアを巡る国際環境の変化

その最初のきっかけとなったのは独ホイヤー外務担当国務大臣の97年11月末のアルジェリア訪問であった。同国務大臣はアルジェ滞在の最後の夜、アルジェリア軍関係者の案内で9月22日の大虐殺事件現場、アルジェ郊外のベンタルハ村を視察した。帰国後の記者会見で「アルジェリアで起こっていることはヨーロッパの新聞が報ずるところと大いに違う」と述べ、彼はアルジェリアに関する新聞報道に正面からチャレンジした最初の政治家になった。

アルジェリアに関する国際世論はフランスで作られ、そこから発信される。この時期、アルジェリアを巡る国際世論動向に大きな影響を及ぼしたのもフランスの政治家、知識人であった。クロード・シェイソン元外相が97年12月末アルジェリアを訪問し、帰国後、数度の記者会見で、「アルジェリアには、選挙で選ばれた大統領がおり、複数政党制に基づく議会も存在している。何時までもアルジェリアの体制を軍事体制と呼ぶのは間違っている（独立戦争時のフランス軍の例を挙げつつ）。テロリスト掃討作戦の過程で公権力の行き過ぎや逸脱はあり得ても、政府は虐殺には関与していない」とアルジェリア擁護の発言を行った。もっとも、彼の問題意識は、事態をこのまま放置すると、フランスはアルジェリアにおける地歩を失うという危機感に発するものであり、本人自身もその点を率直に述べた。

フランスにおける従来とは異なった対アルジェリア観形成上更に決定的な役割を果たしたのは、新哲学派思想家ベルナール・アンリ・レヴィとアンドレ・グリュックスマンであった。彼らはアルジェリアを訪問、虐殺現場の村をテレビ・クルーと共に廻り、そこでの住民の声を直接聞き、訪問記を『Le Monde』等の有力紙に発表した（注3）。アンリ・レヴィは、アルジェリア問題に関する5時間連続の

テレビ討論会に出席し（そこには在フランスのアルジェリア知識人、アルジェリア人ジャーナリストの他、GIA に誘拐、レイプされた後逃走に成功した2名のアルジェリア人女性も覆面で出席した）、この番組は大きな反響を呼んだ。彼は「政府は石油・ガス工業地帯を護っているほど手厚くは一般国民を護っていない」としてアルジェリア政府批判は行いつつも、虐殺への政府の関与はあり得ないと強く否定した。グリュックスマンは「神の名で行われているアルジェリアのテロは人類に対する新しいタイプの犯罪である。失業、貧困、悪い政権の存在等がテロを正当化する議論として使われるが、このテロに"情状酌量の余地はない"」と明快である。同時に「イスラム宗教界はイスラム擁護のために行動を起こすべきであり、彼らが沈黙を守っていることが理解できない」とも述べた。

彼ら2人のアルジェリア情勢評価に対しては、フランスのアルジェリア研究者から強い反論がなされ、両グループ間で『Le Monde』を舞台に論戦が展開されている（注4）。

なお、アルジェリア人でマルセイユのモスクの若いムフティ、スヘイブ・ベンシェイクは「イスラムは過去14世紀の間全く変化していないのがそもそも問題であり、現代世界の要請に応えうるよう、イスラム解釈の近代化が必要」と説いて論陣を張っており、彼の発言や著書も反響を呼んでいる（注5）。

フランス知識人とアルジェリア

　シュベヌマン内相（湾岸戦争勃発時の国防相）党首のフランスMDCが最近、議員団をアルジェに送った。帰国後、団長サール副党首は記者会見で「今何よりも必要なことは、危険が少なくなるまでと言って投資を待たないことである。アルジェリアを国際的孤立状態に置くことはテロリストの戦略であり、彼らを利するだけである。アルジェリアが今必要としているのは国際調査ではなく、積極的な支援と連帯である」と述べた。1988年以来のアルジェリア危機の10年、この国にとってこれだけ力強く、暖かい励ましの言葉は無かった。勇気ある発言でもある。

　1992年の議会選挙の中断以来、アルジェリアに関する国際世論・情勢評価は全てと言っても言い過ぎではないほどフランスで作られ、そこから発信されてきた。アルジェリアはそのために散々責め立てられてきた。——国として指弾されるような悪いことは国際場裏では何もしていないのに——。「Qui tue qui（誰が誰を殺しているのか）？」（政府がテロに関与しているの意）の議論が国際的に広まったのもフランスからであった（もっともその最初の提唱者は、スイスに自発的に亡命している反体制アルジェリア人であり、一筋縄ではいかないこの国の情勢の複雑さがあるが）。

　しかし、ほかならぬこのフランスを発信地として昨年暮れ頃からそれまでの画一的なアルジェリア情勢評価に対して新しい見方が出てきた。そのきっかけを作ったのは新哲学派と呼ばれる行動する知識人、アンドレ・グリュックスマンであり、ベルナール・アンリ・レヴィであった。彼らは（と言っても共同行動ではないが）テレビ・クルーと共に虐殺現場の町や村を廻り、テロの生残者から直接話を聞く。その見聞を記者会見で語り、『ル・モンド』等に書き、あるいは、テレビ討論会に出席して、従来の対アルジェリア偏見と固定観念からの解放、アルジェリアの現実の姿直視の必要を説いて論陣を張った。丁度アルジェリアの対仏独立戦争が山場を迎えつつ

あった1950年代末、サルトル等実存主義哲学者の論陣と行動がフランス国内世論を目覚めさせたのと似たような現象が今フランスで生じている。

このあたりに、やはりフランスの偉大さがあるのではないだろうか。一時期国内世論が一つの方向に大きくなびいてもそれを戻す別の思想が現れる。しかもそれが遅くなり過ぎないうちに──国益が損なわれないうちに──現れる。そしてその思想が伝播され、検証される機会が与えられる。『ル・モンド』や『フィガロ』はその主張・判断とは異なるものを持つ人のためにも大きく紙面を割き、論争のために紙面を提供する。伝統と風土が生み出すフランス的なるものの発露であろうか。

ただ、残念なことは英語が絶対的優位にある今日の情報社会では、このような仏語製ニュースは世界には流れないことである。

(1998年5月15日　記)

(中東調査会　MENIK INFORMATION 1998年5月号所収)

EUミッション等の来訪

1998年1月19～20日、EUトロイカ・ミッション（英、ベルギー、オーストリア）がアルジェリアを訪問した。そのイニシアティブは独のキンケル外相がとり、アルジェリアは従来から行ってきたEUとの協議の一環として、テロに関する国際協力について協議を行うとの位置づけでこれを受け入れた。また、2月8～12日にはEU議会代表団（9名）が記者団100名を同行して訪問し、首相、外相、国会議長、政党代表、プレス関係者等と数多くの会談を行った。アルジェリアの新聞は「アルジェリアの現実の姿をより理解してもらえた」として肯定的にこのミッションを評価した。スーリエ団長（フランス選出議員）は「アルジェリアに対する内政干渉も国際調査もあり得ない。アルジェリア国民自身がその将来の建設者であり、ヨーロッパ人がその役割を代替しうるものではない。複数主義議会は機能しており、そこには自由と対話の風が吹いている。アルジェリア国民は検事を必要とせず、国の現状を理解してもらうこと以外には何も望んでいない」と述べて訪問を締めくくった。

その後も新設のアルジェリア議会との交流を目的としてスペイン、カナダ、オーストリア、ロシア、フランス社会党（団長、ジャック・ラング）、フランス共産党等の議員団の来訪が相次いだ。日本からも柿澤弘治衆議院議員（元外相、日・アルジェリア友好議員連盟会長）が訪問した。また、アルジェリア議会も公式、非公式に英、独、米、オランダ、スウェーデン等に議員団を派遣した。

アルジェリア政府と国民を悩ませた「Qui tue qui（誰が誰を殺しているのか）？」の議論には決着がつき（その提唱者はFFS党首アイト・アハマド）、残っている問題の焦点は人権問題に移った。この点に関してのアルジェリア政府の立場は、テロこそ最大の人権侵害であり、テロとそれと闘うための国家権力の行使を同列に置くことは問題外、アルジェリアはジュネーブ人権委員会に毎年報告書を提出して国内人権状況を明らかにしているということに尽きる（注6）。

経済社会動向

アルジェリアでは1989年より、それまでの中央計画経済から市場経済への転換を柱とする抜本的な経済改革が開始された。しかし、

経済基盤の整わない中での改革は経済・社会の各局面に歪みをもたらし、高率のインフレーション、失業問題、医療、教育、衛生問題等多くの問題を生みだした。

順調なマクロ経済

累積対外債務は、93年末には257億ドル、デット・サービス・レシオは82.2％に達したため、政府は、94年4月、IMFとのスタンド・バイ合意を締結し、パリ・クラブに対し債務繰り延べを要請した。これ以降95〜98年の3年間、IMFの構造調整プログラム下に入ることになり、IMFよりは10億ドルのスタンド・バイ・クレディット、18億ドル拡大信用供与を受けた。

パリ・クラブ、ロンドン・クラブを通じ160億ドルが債務繰り延べされ、元金分に対する猶予は1998年5月に終了する。この間、95年に48億ドル、96年に40億ドル、97年には46億ドルの返済が行われた。今後、98年56億ドル、99年60億ドル、2000年54億ドル、2001年53億ドルを返済することになっている。4月時点での債務残高は310億ドル程度である。

IMF・世銀は構造調整プログラムの実施状況に概して高い評価を与えてきている。インフレ率は、95年の29.8％から、96年18.7％、97年6.7％に低下した（84〜94年平均は22％）。外貨準備は98年2月末には、石油・ガス輸出の好調と価格の高値推移、輸入の削減等により、過去最高の88億ドルに達した。問題は財政であるが、従来、補助金、赤字国営企業に対する助成金支出のため恒常的に赤字であった（95年GDP比1.4％）。政府は97年までにその解消を目指したが、改善はされたものの、解消までには至らなかった（同年、当初予算で3.16％、補正後で2.35％の赤字）。経済成長率については、IMFプログラムに基づく目標では、96年4％以上、97、98年は5％であったが、96年4％、97年の予測は、2.5からマイナス1％まで幅があるが、いずれにしても目標を下回っている。しかしIMFの97年下半期レポートによっても、97年のマクロ経済は好成績を収めたと評価されており、98年については農業、鉱工業生産も改善される見通しで、成長率は4.8％と予想されている。

石油・ガス産業は引き続き好調であり、南部砂漠地帯では、BP、

MOBIL、AGIP、TOTALや米国のANADARKO、ARCO、OCCI等独立系、PETROCANADA、オーストリアのBHP、スペインのCEPSA等多くの企業がSONATRACHとの生産分与方式を基本に石油・ガス探鉱、及び開発に着手している(一般的に石油・ガス田とも"掘れば当たる"と言われるほど有望である)。ハッシ・メサウードには外国人が2000名から3000名滞在、あるいは頻繁に行き来しており、SONATRACHもこの町をアルジェリアのヒューストンにすると意気軒昂である(アルジェリアの原油は、サハラン・ブレンドと呼ばれ、高品質の故に世界でもっとも高価格の油種)。また、天然ガスは現在既にEU消費の11％程度を賄っているが、この割合は今後更に上昇する見込みである。

日本企業も、この2月、IHI、伊藤忠連合がアルズー工業地帯に2系列のLPGプラントを契約上の工期よりも5ヵ月前倒しで完成させ、80年代前半に同連合が建設した4系列のプラントと併せ、世界最大規模、年間720万トンのLPG生産基地が出来上がった。また、アルジェリアで日本企業としては1969年以来の最も長い活動実績を有する日揮は、伊藤忠と組んで昨年2月ハッシ・メサウードにLPG回収プラントを完成しており、近く同地及びハッシ・ルメルでも新たなガス関連工事を開始する予定である。三菱重工、三菱商事グループもアルラール・ウエストのガス田開発関連工事を最近完了した。

困難山積のミクロ経済・社会問題

以上のようなマクロ経済の好調、石油・ガス産業の拡大発展はあるが、ミクロの経済問題、社会問題は深刻である。その最大のものは失業問題であり、人口増に伴う増加労働人口、国営企業の整理・人員削減で生じてくる余剰労働力の双方を市場経済化・民営化でいかに吸収していくかきわめて困難な課題である。87年には労働人口520万人、就業人口450万人であったのが、97年には労働人口は780万人に増加、失業者は230万人とされ(失業率28％)、特に30歳以下の失業者が85％を占めていると言われる。

賃金水準も低く、最低賃金は94年1月に4000ディナール(1DA約2円)に引き上げられた後据え置かれ、その引き上げが大きな課題になっていたが、1997年4月、政府、労働総同盟(UGTA)、経営者団

体の三者合意で、段階的引き上げが合意され、97年5月4800DA、本年1月5400DAになり、9月6000DAになることになっている。給与未払いや遅配も深刻な問題であり、97年6月でその対象労働者は13万人、その後事態は改善されたものの、本年1月時点で6万5000人である。

人口増加と都市化に起因する住宅問題は最も深刻である。総人口約2900万の約半数が都市圏に居住、年間約10万人が新たに流入していると言われる。政府は昨年8月、3ヵ年経済目標を発表したが、その中で120万の雇用増、住宅80万戸供給を公約している。これらの問題への取り組みは政府の緊急の課題である。不採算国営企業の解散や人員削減の原則は早くから決定されているが、そこから吐き出される労働力をどう吸収するのか、大きな痛みを伴うものである。強力なUGTAの抵抗もあり、政府も慎重たらざるを得ない。頼みの綱で最もてっとり早いのは外国資本投資であり、外国企業との合弁企業の育成であるが、治安情勢が何よりも大きなネックになっており、また、民間資本形成の欠如、旧体制時代からの根強い官僚主義や既得権益集団の抵抗もあり、遅々として進んでいない。

多くの国の市場経済化の初期の段階に見られるのと共通の現象として、大資本を有しないサービスや商業の分野では、例えば首都圏や石油・ガス産出の南部都市、工業地帯で民間警備会社の誕生が見られ、トラベンド(ツーリスト・トレード)は目に見えて活発になっている。また、FLN時代には考えられなかったことであるが、"21世紀はアルジェリア観光の時代"として、観光振興に力が入れられ始めており、折に触れアルジェリア観光展等が開催されている。

退避勧告

　アルジェリアと言えば、テロの吹きすさぶ国という悪いイメージが長く定着してきた。最近は状況は大きく変わりつつある。とは言うものの一度出来上がったイメージはそうかんたんには変わるものではない。特に我が国においてはである。

　1999年10月アルジェ国際見本市が昨年に続いて開催された。参加国は、昨年は8ヵ国であったが、今年は24ヵ国に増え、アジアからもヴェトナム、インドネシア、パキスタン等が参加した。もちろんフランスからは120社という大規模な参加があったが、ベルギーやカナダからもそれぞれ100人、300人単位のビジネスマンが来訪した。

　日本もかつては、会場内に大きな一角を占める重要な参加国であったが、昨年に続き今年も日本の存在はゼロであった。退避勧告が強力なブローとして強く利いているからである。

　最近こんなこともあった。某日本製コピー機の代理店が日本人の参加を得て技術セミナーを当地ホテルで開催するという案内が大使館に届き、館員が出席してみたところ、予定されていた在ロンドンの日本人の姿は見えず、説明会を取り仕切った責任者から、「Mr. Jは日本外務省にアルジェ渡航について照会したところ、ストップをかけられたので出席できなくなった」とのお詫びがなされた。

　日本社会特有のお上に忠実というメンタリティも手伝って、退避勧告は堅く日本企業の行動を縛っている。J氏の事例は例外的ではないどころか、一流とされる企業になればなるほど、役所の言うことに忠実になる。そこにはリスクを主体的に判断する姿勢は全くなく、あるのは思考停止現象である。この点欧米企業の行動様式は、リスクの大きさとビジネスチャンスの双方を秤にかけ、チャンスありと判断すれば自己責任原則で果敢に出ていく。こういうことでは国際競争にも勝てず、日本の全体としての活力も

次第に失われていくのではなかろうか。

(1999 年 11 月 21 日　記)
(中東調査会　MENIK INFORMATION 1999 年 11 月号所収)

(注1) 例えば1996年12月『Le Monde Diplomatique』のIgnacio Ramonetの論文では国民投票を"2度目のクーデタ"としている (Les violences en Algérie, OPUS, 1998. 1, Parisの最終章、Olivier Mongin, Lucile Provost共著の『1997 Normalisation politique et violences massives』よりの引用)

(注2) ブマザ議長の略歴は1998年1月6日付『EL MOUDJAHID』紙による。なお、"1945年5月財団"に因む事件については、宮治一雄『世界現代史17 アフリカ現代史Ⅴ 北アフリカ』(山川出版社、1994年7月) 157～158頁に詳しい。

(注3) 『Le Monde』1998年1月8、9日。

(注4) 『Le Monde』1998年2月4日、同3月5日、François Geze、Pierre Vidal-Naquet共著の論文。同2月12日、Bernard-Henri Léviの論文。同4月4日 André Glucksmann、Romain Goupil共著の論文。

例えば、アンリ・レヴィが「テロから生き残った村人はテロを行ったのが誰であるかを知っている」と言えば、後二者は「確かに村人は殺人者を見たであろう。しかし、彼らを武装させた者は見ていない」と反論する。

(注5) 英語が絶対的優位にある今日の情報社会では、筆者の承知する限り、ベンシェイクの言論や著書が欧米の英語紙に取り上げられたことはなく、この点は、アンリ・レヴィらの活動についても全く同様である。また、これらがエジプト等東アラブのメディアで取り上げられることもない。なぜならAFPが例えばアンリ・レヴィの活動について報じても、これら諸国においてそれがアラビア語に翻訳されることはないからである。アルジェリア情勢に関する第一次的(原典)情報の国際的発信は仏語でなされるため、欧米の一流紙とされる『LT』『FT』『WP』『NYT』紙等においても事実誤認や情勢の展開についていっていない報道が多い。なお、アルジェリアには英字紙はなく、国営通信社APSの配信も仏語のみ。

(注6) 国際人権委員会その他の場でアルジェリア人権問題を厳しく追及しているNGO人権団体は、Amnesty International, Fédération Internationale des Droits de l'Homme, Human Right Watch、Reporters sans frontièresの4つで、毎年、『アルジェリア黒書(Le Livre Noir de l'Algérie)』を刊行している。

グリュックスマンは、4月24日パリで開催されたアルジェリア問

題に関する公開討論会で「これら4団体の目指すところはSant' Egidioのためのアリバイ作りに過ぎず、アルジェリア危機の本質の理解に混乱をもたらすだけの不毛な議論である」として4団体の動きを厳しく糾弾した（4月27日付『El Moudjahid』紙）。

アルジェリアには、FISの弁護士として知られるアリ・ヤヒヤの主催するLigue Algérienne des droits de l'hommeと政府機関たるOrganisation Nationale des Droits de l'Hommeがある。後者のバラ総裁は「1997年中の行方不明者調査請求は、前年の219件に比して、706件であった。その内の514件については、その大部分はテロ・グループに加わっており、治安部隊との銃撃戦の後死体で発見された者も多い。また、秘密裏に外国に脱出した者もいる」と述べている（98年2月28日付『La Nouvelle République』紙）。また、司法省は「92年以降、警察官や自警団員による違法行為として128のケースを調査中」と発表した（98年4月19日付『El Watan』紙）。

なお、アルジェア国内で国際調査委員会派遣を主張する政党としてはFFSがあるが、「Qui tue qui ?」の議論が潰れた今は、同党のヨーロッパ、特にフランスにおける影響力、動員力も大幅に低下している。また、国内的にもSant' Egidio以来の盟友であったルイザ・ハヌーンのPTが国際調査委員会を巡って同党と袂を分かち、RCDとの関係も益々難しく、FFSは困難な状況に置かれている。

（1998年4月30日　脱稿）
（中東研究　1998年5月号所収）

民主化過程——最後の1周

アルジェリアの情勢はマラソンにたとえると分かりやすい。スタートは94年1月、ゼルアール"国家主席"登場の時点、20キロ地点は95年10月の大統領選挙、25キロは昨年11月の憲法改正国民投票、30キロは去る6月（1997年）の国民議会選挙、ゴールは、10月に予定される地方議会選挙を経ての第二院の設立による国会制度の完成、即、本年（1997年）中の政治情勢正常化過程の完了である。

トップを走るランナーは大統領である。大統領は国民も一緒に走らせようと苦労し、国民対話を積み重ね、FISとの政治的妥協も試みた。20キロ地点でやっと国民の6割を走らせることに成功したものの、その後も、沿道からいろいろと走行妨害が入る。その妨害は、国内のテロリストや反体制派政党からのみならず、ゼルアール体制を"軍部に支えられた独裁政権"と見る欧米諸国からも入った。欧米諸国政府からの批判は、25キロ地点を通過してもまだ続いたが、30キロ地点の国民議会選挙が終わったところでぴたりと止んだ（欧米のマスメディアは同じトーンでの批判を止めておらず、また、それを煽り立てるアルジェリア人も依然としているが）。

自警団。（Liberté 提供）

大統領は40キロを走行し、今やスタジアムに到着、最後の1周に入り、まずは、ゴール前500メートルの地方議会選挙（10月23日）に向かってラスト・スパートをかけている。テロリストにとっては大統領をゴール・インさせないラスト・チャンスであり、ス

タジアムを格好の舞台としてジェノサイドを敢行する。その目的は、大統領の完走を妨げることは最早出来ないと諦めて、その後ろについて走る国民を大統領から切り離すことである。そして昨今のテロの最大の犠牲者は、かつてはFISを支えてきた貧しい階層の人達である。

自警団による巡回警護。（Liberté 提供）

　欧米諸国はゼルアール支援の立場に廻った。今問題にされているのは民主主義の欠如ではなく、国は何故国民をテロから護れないのか、その弱さ、国としての責任である。最も強力な支援は米国から来た。大統領の政治経済改革を支持、法治国家の原則に則りテロリストを軍事制圧しろ、と明快に言い切った。国民も、国が自分たちの命を護れないのであれば自力で護ると言いだし、政府もそれを奨励する。かくして刀や斧を路地奥の鍛冶屋で作り、政府支給の銃をとって、自警団を組んで若者達が不寝番に立つ。その自警団に旧FIS活動家が浸透を図ろうとしているとも言われ、状況は単純ではない。そこには、巨大な石油・ガス産業、フランスの遺産たる立派な法体系・制度、そして"七人の侍"の世界が混在する。この国が中にいても分かり難く、ましてや外からでは尚更である大きな理由がここにある。

（1997年9月23日　記）

（中東調査会　MENIK INFORMATION 1997年9月号所収）

(8) アラビア語化とベルベル問題
——国のアイデンティティを巡る問題

問題の所在

1994年以降の民主化過程を完了して、任期2期、10年に限定された大統領制、複数政党制に基づく二院制議会の創設、地方議会制度の再構築等、国の制度の骨格を作り上げたアルジェリアであるが、今や改めてアルジェリアが如何なる国であるべきかという問題がアラビア語使用問題と絡んで大きな論争になっている。アルジェリアにとっては古くて新しい問題である。この問題は、両隣のモロッコ、テュニジアを含め他のアラブ諸国には存在しない、130年間フランスの一部であったアルジェリアに特有の、アルジェリアにしかない問題である。

と言うのは、他のアラブの国では、そもそもアラビア語化(アラバイゼーション)なる概念は存在せず、問題があるとすれば、国語たるアラビア語の識字率を上げることである。ところがアルジェリアでは国民多数の根っこの言葉は仏語であってアラビア語ではなく、従ってアラバイゼーションとは仏語をアラビア語に置き換えることである。問題を複雑にするのは、これがベルベル語の問題と絡むこと、また、本来アルジェリアの純粋国内問題であることがあたかもフランスの問題でもあるかの如く取り上げられ、アラバイゼーション反対の声が地中海を越えてもたらされることである (注1)。この問題はアルジェリアがどの程度"中東的な"アラブ・イスラムの国であるべきかという問題とも絡み (注2)、単なる言語の使用問題を越えた政治問題になっている。

1980年代以降現在に至るアルジェリアの政治情勢の中でこの問題は常に見え隠れしてきたが、最近改めてクローズアップされているのは、"アラビア語使用の一般化に関する法律"が1998年7月5日を期して施行されたことによる。

歴史的背景

まずは、アルジェリア独立後のアラビア語を巡る歴史的な経緯を振り返る必要がある。この問題は1962年の独立から、短いベンベラ時代を経てブーメディエン時代まではテーゼとしては簡単であった。即ち、アルジェリアにとってはフランス統治のアンチ・テーゼとしての脱フランス化即アラビア語の普及が最優先課題であり、1963年9月の憲法に「イスラムは国の宗教」という原則とともに、「アラビア語は国語、公用語」と規定された。1976年の憲法も実質的に同じ条文を繰り返した（なお、同憲法では「アルジェリア国家は社会主義的である」とも規定し、これ以降FLN時代の終了まで、「イスラムは国の宗教」「アラビア語は国語」「社会主義」の3つが国の基本的枠組みを構成した）。この政策は全く当然のこととして受け入れられ、また当時の体制の性格からこれに対する表だった挑戦もあり得なかった。

アラビア語の教育、普及にあたってアルジェリアはエジプト、シリア、イラク等からその教育要員を仰ぐことになる。フランス統治時代にアラビア語が破壊され、アルジェリア人のアラビア語教師がいなかったからである。彼らはアラビア語、イスラム学、法律学等の人文科学系で養成された者であり、彼らと共にイスラム同胞団思想等その後アルジェリアにおける原理主義思想の萌芽となる思想ももたらされた。しかし、ブーメディエンは、かつてのナセルやアサドと同様、体制にとっての危険思想としてイスラム原理主義思想を厳しく弾圧した。

1979年2月ブーメディエンの跡を継いだシャドリは、政治活動の規制緩和、中央計画経済の多少の軌道修正等ブーメディエン時代の強い引き締め政策を改め、緩やかな開放政策に転じた（注3）。爾来FLNは、アルジェリア民族主義の担い手として、アラビア語化政策推進の面でも主要な役割を果たすことになり、1980年には"アラビア語使用の一般化"決議を採択する（注4）。アラビア語化の推進は、しかし、同時に、例えば合法、非合法モスクの著しい増加が端的に示すように、アルジェリア社会の急速なイスラム化を必然的にもたらすものであった。

FLNもその勢力維持、あるいは拡大のためこのような流れを利用した。1980年の家族法の採択もこのような時代環境の産物であった。当時は政党としてはFLNしかなく、イスラムの活動家はMSP党首

ナハナハ、MAHDA党首ジャーバッラーがそうであったようにFLNの党員でもあった。イスラム原理主義思想は、国の開発政策の恩恵を受けない農村部や人口増・人口の都市集中により生じた都市周辺の人口密集地帯においてモスクや学校を舞台に浸透していった。社会全体のイスラム化傾向と原理主義の浸透の結果が数字で現れたのが90年の地方選挙であり、91年の国民議会選挙であった。

アラビア語普及の実態はどうか。学校教育でのアラビア語化が始まったのは1971年からで、初等過程の1、2年の授業が完全にアラビア語で行われることになったのを出発点として次第にアラビア語化が進んだが、初等（6年）、中等（3年）の教育が全てアラビア語で行われるようになったのは1986年から1987年にかけてであり、87年は仏語でのバカロレア試験が行われた最後の年であった（注5）。1987年より国営テレビもアラビア語の番組だけとなった（但し短時間ベルベル語によるニュース番組がある）。新聞は1989年の複数政党制導入とあわせ自由化され、多くの新聞が現れたが、今でも仏語新聞の方が圧倒的に多い（日刊紙で見れば、仏語紙約30、アラビア語紙5）。

アラビア語化法案成立状況とその内容

"アラビア語使用の一般化に関する法律"は1991年1月、当時の人民議会において採択された。その後のアルジェリア危機萌芽の時期として、この時期、国内情勢は政治的にも社会的にも混乱の極にあった。即ち、88年10月の暴動後、シャドリ政権はFLNの一党独裁体制は最早維持不可能と見て、複数政党制導入に踏み切り、89年2月の改正憲法でこれを明文化。ついで政党法を制定して90年6月、地方選挙を行うが、FISがFLNに圧勝。FISは地方選挙勝利の余勢をかって一気に政権を掌握すべく、大統領選挙を議会選挙より前に行うよう主張し、政府とFISの間で激しいせめぎ合いが行われた。議会は法的にはFLNの機関ではなかったが、その実体はFLN党員からなる翼賛議会であった。91年中に予定されていた国政選挙でもFISの圧勝が既に予想されていたにもかかわらず、人民議会が改めてFISに迎合するような法律を採択したのは何故か。これは、FLN指導部が既に統治能力を失っていたこと、FLNがFISに深く浸食されていたこと、より基本的には両者間の境界が明確ではなくなって

いたこと等によるものであろう（なお、事態はその後、91年5月FISによるゼネストの呼びかけ、6月、アッバーシ・マダニを含めFIS幹部6名の逮捕・拘禁、12月、国民議会の第1回選挙、92年1月、第1回選挙の無効及び、第2回選挙の中止決定と劇的に展開する）。

この法律は、法律の目的を定めた一般規定、適用分野、違反に対する罰則規定、経過規定等全文41条からなる。適用分野は細かく規定されており、例えば、政府公官庁、企業、諸団体の活動の全分野においてアラビア語が使用されるべきこと、これらの機関の公文書もアラビア語であるべきこと、政府機関、企業の採用試験はアラビア語でなされるべきこと、官報はアラビア語のみで作成されるべきこと（第17条）、（情報法による留保付きで）国民向けの情報（information）はアラビア語でなされるべきこと、広告は形態の如何を問わずアラビア語であるべきこと、映画、ビデオ等もアラビア語か、アラビア語に翻訳されるべきこと、等例外規定はあるが、広い分野にわたってアラビア語の使用を義務づけている。罰則については、違反のケースに従って最低1000ディナール（現行レートで約1500円）から最高10万ディナール（15万円）の罰金を規定している。私企業責任者が再犯の場合は、暫定的、または、最終的にその企業は閉鎖されるとも規定している。経過規定には、この法律は公布の日から遅くとも92年7月5日までには施行されるべきこと（第36条）、高等教育分野については97年7月5日までに"全面的かつ最終的な"アラビア語化がなされるべきこと等が規定されている（第37条）。

しかし、この法律は、その後の政治状況の故に施行されるには至らなかった。即ち、選挙の中断とともにシャドリが大統領を辞任、国家最高委員会（HCE）議長に就任したブーディアフは、「アラビア語使用を全面的かつ強制的に推進しうる状況にはない」と声明し、彼自身は92年6月に暗殺されるが、後を継いだアリ・カーフィがこの法律の36条に規定された適用開始最終期限を延長する命令に署名した。その後この法律は眠ったままであったが、95年11月の大統領選挙、96年11月の憲法改正国民投票を経て、政治情勢が正常化の兆しを見せ始めた時期の96年12月、暫定議会（憲法に基づく議会成立までの間議会の役割を果たした任命議員からなる諮問的議会）最後の会期において賛否両論の激しい議論の末、第36条に関し、法律の適用開始最終期限を98年7月5日とする決議が採択され、それを受けてその旨の

大統領令が公布された。なお、第37条の高等教育機関における例外規定には変更されておらず、法律上は大学等においては"全面的、かつ、最終的な"アラビア語化が完了したことになる。

以上の経緯からも明らかなように、今問題とされている法律は新たに制定されたのではなく、91年に採択されていたものが復活されたものである。

この法律は厳密な法律論からすると、定義がなされていない事項、あるいは定義が曖昧なものが多く、きわめて大雑把である。例えば、官報は今までアラビア語に仏訳文が付いていたが、第17条によっても今後ともアラビア語文に仏訳文を付すことは妨げないとも解される。アラブ社会では原則と現実の乖離は無理なく受け入れられ、アルジェリアもその例外ではない。その意味ではこの法律はむしろ精神規定的な性格の文書と捉えるべきであり、段階的にアラビア語化は進むものの、当面の実体は何ら変わらないとも言えよう（現に最近のアラビア語紙は「法律施行後1ヵ月になるのに政府自体が法律違反を犯している」として政府を批判している）。

アラビア語化推進論者たちの言い分は次のようなものである。仏語は植民地国の言葉、独立の主権国家が国語を持つのは当然、アルジェリアにはアラビア語という立派な国語があるではないか、アラビア語教育は充分にいきわたった、さらにその使用普及を進めていくのは主権国家として当然である、しかも仏語を追放するわけでもなければ、ベルベル語を使用禁止にしたり、ベルベル文化を排除するものでもない。更にこれら推進論者は、ベルベル人（カビリ人）はアラビア語化反対とは言っても仏語使用反対とは言わないとして、彼らの仏語志向を批判し、彼らこそ新植民地主義者、その代理人と攻撃する。

それではベルベル語問題、あるいは、より一般的にベルベル問題とは何なのか。

ベルベル語問題（注6）

ベルベル人はテュニジア、アルジェリア、モロッコ、マリ、モーリタニア等に広く存在した先住民族であるが、7世紀末のアラブの征服によってイスラム化、アラブ化された。イスラム化はされたが、言

語を含めベルベルの習俗が色濃く残ったのがアルジェリアからテュニジアにまでのびるアトラス・テリアン山脈の走るカビリ地方である（注7）。フランスの植民地支配下に入った後はそのdevide and rule 政策もあり、他の地域にも増して徹底的な仏語化政策が進められ、修道院がもっとも多く建てられたのもこの地方であった。また農耕に不適な山岳地帯で貧しい地域であったため、出稼ぎ労働者、移民としてもカビリから多くの者がフランスに渡った。在フランスのアルジェリア人（フランス国籍を取得した者、二重国籍者等を含む）の大多数がカビリ系と言われ、カビリ問題はフランスが作ったとさえ言われる所以である。フランスにはカビリ出身のアルジェリア人学者を中心とするベルベル語研究機関もあり、パリ大学にも少数民族言語課の中にベルベル語講座が置かれている（ティジ・ウズ大学、アルジェ大学等アルジェリアにももちろんベルベル語講座、研究機関が置かれている）。

　ベルベル語運動はブーメディエン時代にも秘密の活動としては存在したようであるが、これが公然化するのはシャドリ時代に入ってからであり、それがもっとも激しい形をとって現れたのが1980年の"ベルベルの春"と呼ばれる騒擾事件であった（注8）。この時以来、単純化して言うと、アラビア語化問題の核心はアラビア語対仏語の問題ではなく、仏語を中に挟んでのアラビア語対ベルベル語の対立になった（注9）。

　ベルベル語自体はマグレブ地域全般にかなり広く残っており、今も生きた言語として使われているが、多くの方言があり、アルジェリアだけでもカビリ、シャウイ（ゼルアール大統領の出身地バトナを中心とするオーレス地方）、モザビット（アルジェ南方約600キロのガルダイア地方）、タルギ（ニジェール・マリ国境に近いタマンラセット地方）、シェヌイ（アルジェ西方近郊シェヌア山岳地帯）等5つはあると言われる。文字に関しては、テュニジアやモロッコのベルベル語に関しては詳びらかにしないが、アルジェリアに関してはTIFINEGH（注10）と呼ばれる原文字が存在しており、これがフランスに本拠を置くベルベル語研究機関によって復興された。"ベルベルの春"以降は、カビリ語（カビリ地方のベルベル語）はカビリの学校で教えることが認められるようになった。ベルベル語振興のために幾つかの団体も存在するが、アルジェリアの常として運動方針等を巡って分裂しており、例えばTIFINEGHをそのまま使うのか、アラビア語、またはローマ字表記

にするのか未だ決まっていない。

　ベルベル語問題が優れて政治問題であるのは、ベルベル運動振興を綱領の重要な柱とする地域政党、RCDとFFSの存在によるところ大である（注11）。特にRCDは、95年大統領選挙において候補者にもなった党首サイド・サーディの政治力もあり、欧米、特にフランスでは、デモクラッツ、アルジェリア民主主義の旗手としてよく知られている。同党は、"アマジギテ"（言語、歴史、文化等を含むベルベル的なもの全て）をアルジェリアのアイデンティティの構成要素として憲法に明文化すること、また、ベルベル語にアラビア語と並ぶ地位、即ち国語、公用語としての地位を与えることを強く主張している。96年、国民投票の行われた改正憲法では、前者の点については「アルジェリアのアイデンティティの基本的構成要素はイスラム、アラビテ（アラビア語で"アル・ウルーバ"）、アマジギテ」とその前文に規定されたが、国語、公用語としての地位は与えられず、この点が同党が改正憲法案に強く反対、国民投票棄権を呼びかける大きな理由となった。

　ベルベル問題の本質は次の表現に端的に示されている（注12）。「ベルベル語を話す人（ベルベロフォン）、特にカビリ人にとってはベルベル問題は単純、明快、"自分たちが存在するか、存在しないか"の問題である。1980年のベルベルの春以降、カビリ人、特にその若者たちはこの質問（ベルベルとは何か）に対して常に同じように答えてきた。即ち、我々はアルジェリア人ではあるが、アラブではない。アラビア語は我々の言葉ではない。我々の言葉はベルベル語であり、我々の文化と固有のアイデンティティを守ることを望む」

　ベルベルに関わる最近の出来事として、去る6月末（1998年）、フランスで活躍するカビリ出身の歌手ルーネス・マツーブが一時帰国、ティジ・ウズの生まれ故郷に向かう途中の道路で白昼テロリストに襲われ殺されるという事件があった。この歌手は、アルジェリア現体制反対、イスラム原理主義反対、ベルベル文化擁護の立場を明確にした行動派歌手であった。GIAが犯行声明を出したが、折しもアラビア語の一般的使用に関する法律施行日7月5日の直前のことであり、この事件はアルジェリア国内及びフランスにおいて大きな反響を呼んだ。ありとある憶測や陰謀説が流れるのがアルジェリアの常であり、暗殺は政府治安機関によるとされ、あるいはアラビア語

化推進派とベルベル語派との対立を画策したもの等言われた。暗殺に抗議するデモがRCDとFFSにより呼びかけられ、それとは別に、若者中心の群衆が政府機関や公共の建物に投石したりし、大きな暴動に発展することも危惧されたが、その後事態は沈静化した。

ベルベル問題を整理するとおおよそ次のようなことになる。アマジギテはベルベル人の文化遺産であると同時に、アルジェリアの多様性の現れとして国民的な文化遺産でもあり、国のアイデンティティの一構成要素として憲法に明文化された。ベルベル語の中でもっとも有力なのはカビリ地方のそれであり（カビリ語）、それに国語としての地位を求める運動の主体はカビリ地方によって立つ2つの政党、特にRCDによってなされている、ベルベル語問題は、ベルベル語が未だに残っている（使われている）地域全体と中央政府との間の問題ではなく、優れてカビリ地方対中央政府の問題である。また、歴史的な経緯もあり、彼らはフランス及び仏語に強い親近感をもっている人たちである。

国のあり方を巡る政治的・イデオロギー的対立

アルジェリアの政治情勢の中でテロは最早政治的意味を失い、FISも既に過去のものとなった。再来年（2000年）に予定される大統領選挙とも絡んで、アルジェリアは新たな政治的段階に入っている。その一つとして国のあるべき姿を巡る問題がデモクラッツと呼ばれる諸政党から提起されている。特にサイド・サーディに代表されるRCDの主張は激しい。同党は、昨年6月の国民議会選挙後に成立したRND、FLN、MSP 3党連立政権は、80年代初頭以来のFLNとイスラミストの同盟――この同盟が国を破滅に導いた――の再現であり、アルジェリアはまたしても危険な方向に進んでいる、この同盟の基本的性格は、民主主義とは逆行する"保守的・アラブ的な"あるいは"アラブ的・バアス党的な"アルジェリアであるとして、現状に大きな警鐘を鳴らしている（注13）。宗教に対する考え方も非常に進んでおり、その基本的主張は政教分離（イスラムを国の宗教とはしない）である。同党の主張は、一言で言うと欧米流（フランス流）民主主義をアルジェリアに今すぐ確立することにある。

同党の活動家たちは党の集会で「イスラム・バアス党的同盟から

なる現体制はアルジェリアにとって脅威である。アラビア語化法律は民主主義を押さえ込むことを意図した体制側の戦略、現体制は喉を掻き切るテロリストと同類」(同党幹部の女性議員)とまで言い切る。「ウヤヒヤ(首相)は、アラビア語化を言いながら息子をロンドンで勉強させている」(注14)、「スペインではスペイン語とカタロニア語が国語である。アルジェリアでアラビア語とベルベル語の2つがなぜ国語たり得ないのか」等々同党の主張は激しい。

RCDの立場からすれば、カビリ語にアラビア語と同等の国語としての地位が与えられるか否かはアルジェリアの民主主義にとって重要な試金石である。最近、同党は「中央集権反対」と言い出しており、カビリ民族主義的主張を従来以上に強めてきている。そのねらいは連邦国家との憶測もされ始めている(注15)。RCDと現体制の間ではイデオロギー的にも政治的にも妥協はあり得ず、しかし同時に、RCDが政権の座につくこともあり得ないので、今後の帰趨如何では今までタブーとされた連邦問題が少しずつクローズアップされ、これが今後のアルジェリア情勢の一つの焦点になる可能性がある。

(注1) 代表的なものとして98年7月5、6日付『Le Monde』紙は、一面トップで"Fronde contre l'arabisation en Algérie"の見出しで、アイト・アハマドが抗議デモを呼びかけた等報じ、第二面全面を使ってこの問題を特集、アラバイゼーションに反対するアルジェリア人学者のインタビュー記事等を掲載している。

(注2) 日本では(国際的にも一般的には)、中東とは、"マグレブ3国を含む、あるいは中東の中のマグレブ地域"という捉え方がされるが、アルジェリアでは、中東とは"エジプト以東(のアラブの国)"で、アルジェリアは中東(のアラブの国)には含まれない。なお、(注13)も参照。

(注3) ブーメディエン体制からシャドリ体制への移行については、宮治一雄『アフリカ現代史Ⅴ　北アフリカ』(1994年山川出版社)、259～260頁参照。

(注4) 一般にFLN統治は、アルジェリアの独立達成と同時に始まったと認識されているが、ブーメディエン時代は、革命評議会が最高権限を持ち、FLNは実権を有しない機関であった。真のFLN統治が始まるのはシャドリが大統領になってからのことである。

(注5) この部分、一部、私市正年『1960年代－1970年代のアルジェリアにおけるイスラムの復興現象』（上智アジア学　第10号、1992年）による。なお、同論文は1960年代以降1980年代までのアルジェリア社会におけるイスラム化の根元とその伝播の模様を実証的に取りあげている。

(注6) アルジェリアにおけるベルベル語問題、ベルベル問題はなかなか複雑であり、アルジェリアにおいてもその人の帰属、政治的立場等により全く異なった形で説明され、この問題を理解することはきわめて難しい。この項に記したこともこの問題に関する一つの説明であり、間違い、コメント等あればご指摘を得たい。

(注7) カビリ地方は、フランス統治時代、行政的にLa Grande KabylieとLa Petite Kabylieに区分され、今もこの呼称が慣習的に使われることが多い。前者はティジ・ウズ県を中心とする地域、後者はベジャイヤ県の全てとジジェル県の一部を含む地域である。これら3県合わせたカビリ人口は、約260万人（94年の統計）であるが、首都アルジェ等にもかなりのカビリ人口が存在し、その他地方を合わせ人口全体としては、アルジェリア全人口約2900万の約2割と言われることが多い。

(注8) 1980年3月、カビリ人の作家・詩人Mouloud Mammeriが呼びかけた集会が当局により禁止されたことにより端を発し、ティジ・ウズ大学学生により抗議デモが組織され、それがアルジェ大学にも飛び火、その後カビリ地方でゼネストが行われる等騒擾状態が約2週間続いた。この事件は、アルジェリアにおけるベルベル問題を初めて表面化させたものとして、その後"ベルベルの春"と呼ばれるようになった。

(注9) この部分、問題を分かりやすくするために単純化した言い方をしたが、正確を期せば次のような論理展開になる。カビリ以外のアルジェリア人でもアラバイゼーションについて「それには賛成だが、漸進的になされるべきである」とする意見は多い。また、カビリの人たちの言い分も、アラバイゼーションそれ自体に絶対に反対かというとそうでもなく「アラバイゼーションは漸進的になされるべきである、しかし同時にベルベル語にもアラビア語と同じ国語としての地位が与えられるべきである」ということであり、非ベルベルと一部意見が一致するところがある。しかし、ベルベル語に国語としての地位が与え

られない以上は、結局のところ、アラバイゼーション自体にも反対ということになる。また、仏紙に掲載される諸論文も、アラバイゼーション自体に反対を主張しており、上記のニュアンスを含むものは見当たらない。

なお、非カビリ・アルジェリア人についてのアラバイゼーションは、アラビア語教育の普及により、既に決着済みか、さもなくば時間が解決する問題である。事実、あくまでも一般論であるが、独立以降に生まれた世代については、アラビア語は国語、仏語は外国語として習得された言語になっており、この世代と仏語を国語として育った50歳以上の世代の間には、仏語能力について大きな差が看取される。

(注10) TIFINEGH文字の復活は上記（注8）のMouloud Mammeriの弟子Salem Chaker（注12参照）によってなされたと言われる。下記はアルジェリア仏語紙に掲載されたRCDの会合案内の広告からのもので、第2列がTIFINEGH文字。

التجمع من أجل الثقافة و الديمقراطية
•ⵣⵔ⵰: ⵝ∧ⵏⵉ⵰⊙ + +⵰ⵣ∧⵰Ⲭ
Rassemblement pour la Culture et La Démocratie

(注11) FFS、RCD両党について、ベルベル運動の振興はその綱領の中で基本的な地位を占めるが、前者は、FISの復権、虐殺テロや人権問題に対する国際調査に力点を置いており、ベルベル問題についての主張はRCDほどには激しくない。

(注12) 7月11日付『Le Monde』紙に掲載された"Pour l'autonomie linguistique de la Kabylie"と題するSalem Chaker（L'institut des langues et civilisations orientales教授）の寄稿論文。この論文のタイトルにla Kabylieとあり、また、引用文の冒頭に"ベルベロフォン、特にカビリの人々"とあるのは、ベルベル語問題の本質がカビリの問題であることを端的に示している。

(注13) "保守的・アラブ的""アラブ的・バアス党的"といった表現はRCD、FFS、PT等デモクラッツと呼ばれる政党及びアルジェリア仏語紙によって、またフランス紙により恒常的に使われる。この種の言

い方には、アルジェリアは中東諸国とは違う、ひいては、中東諸国のように遅れた国ではないといった意識が見え隠れしている。

上記 Salem Chaker の論文も、その書き出し部分で「アルジェリアにおける最近の出来事は、アルジェリア体制の真の性格──軍事的、アラブ・イスラム的ファシズム独裁政権──を確認するものである」と述べている。

なお、ついでに言えば、これら諸政党だけが未だにデモクラッツと呼ばれているのも奇妙なことである。この言葉はRND、FLNとの対比で使用され、MSP、NAHDA はイスラム政党（イスラミスト）としてこの対比の中には含まれない。経緯的にはこれらデモクラッツと呼ばれる政党は、89年の複数政党制導入に伴って誕生した政党であり、それまでのFLNによる独裁政治体制への抵抗政党として、当時、彼らがこう呼ばれたのは理解できるところである。しかしその後95年の憲法改正を経て複数政党制に基づく選挙が改めて行われ、この選挙に参加した政党、そして選挙の結果議会に代表を送ることになった政党は、イスラムの2政党を含めすべてデモクラッツではないのか。ウヤヒヤ首相やアッターフ外相はデモクラットでないとは言えないし、ナハナハやジャーバッラーについても然りであろう。

(注14) 政府要人等の子弟のかなりが欧米の学校で勉学していることは事実のようであり、この点はアラバイゼーションを唱える者の偽善としてRCD等よりの格好の攻撃材料になっている。なお、ウヤヒヤ首相（la Grande Kabylie ティジ・ウズ生まれのカビリ人）のために弁護すれば、彼はアフリカ勤務を経験した職業外交官であり、開発途上国外交官の子弟が欧米で勉学することはよくあることである。なお、アッバーシ・マダニはその息子をアルジェリアで唯一私立学校として残っていた仏大使館付属の Lycée Français に通わせていた。

(注15) RCDの連邦主義的な考え方に関しては、MSPのナハナハがこれを牽制する発言を行っており、PRAのブクルーフも"46県と2県の間での連邦はあり得ない"と批判している。

(2001年2月、この本の脱稿時点での注) この原稿を書いた時期、98年8月頃はユーネス・マツーブ暗殺事件と関連してフランスのマスコミでベルベル語問題が大きく取り上げられたこともあり、国内的にもかなりのホット・イシューになったが、その後ブーテフリカ大統領が登場、特に、1999年末のベンビツール内閣に RCD が連立の一員

として参加して以降は、同党もベルベル語問題にはほとんど触れなくなり、アラバイゼーション、ベルベル語の問題双方とも沈静化した。また、連邦の話も全く出ていない。当時のアルジェリア仏語紙が本件をセンセーショナルに煽り立て(それがフランス紙に飛び火した)という面も看取され、この点現地の新聞情報に頼りすぎることの危険を示す一例である。

(1998年8月20日　脱稿)
(中東研究　1998年9月号所収)

4. 1999年4月〜（文民大統領の時代へ）

(1) ブーテフリカ大統領の誕生

選挙で使用された投票用紙（ほぼ実物大）

アルジェリア情勢は予測不可能である。サプライズが常に起こる。今回の大統領選挙もそうであった。結果的には、ブーテフリカが大統領に選出されたが、選挙2日前から4月15日（1999年）の選挙日を挟んでその翌日の結果発表までの4日間、情勢は時々刻々、予想をつけがたく展開した。

事実関係の時系列的展開

サプライズは投票日前日 (14日) の午後、ブーテフリカを除く6名の候補者が共同歩調をとって立候補を取り下げたことであった。ことは前日の午後から始まった。以下の6名の候補者（FFSは代理出席）がFFS党本部に集まり、鳩首協議を行った。

　　イブラヒーミ　　　　（無所属、82年～88年外相、FIS寄りイスラム勢力系）
　　ジャーバッラー　　　（イスラム新政党MRN党首）
　　アイト・アハマド　　（FFS党首、社会主義インター所属）
　　ハムルーシュ　　　　（無所属、89年10月～91年6月首相）
　　シフィ　　　　　　　（無所属、94年4月～96年1月首相、RND党員）
　　ハティーブ　　　　　（無所属、アルジェリア解放軍第4地区司令官）

協議の目的は、一般の投票に先立って行われた軍・警察等治安関係者の投票、及びサハラ砂漠住民対象の移動投票に問題ありとして、その対応を検討することであった。彼らは協議の結果を5項目のコミュニケにまとめ、併せて、翌14日、12時にゼルアール大統領との会見を求めること、その結果如何で最終的対応を決定する旨声明した。

この5項目は、選挙現場の一面を知る上で興味深いので要約してみたい（なお、正確には、5項目コミュニケは6候補選挙対策部長レベルのもの、「大統領との会見を求める」云々の声明は、6候補者自身によるものである。この種のやりとりが文書でなされること、そのドラフトのために多くの時間が費やされることは、この国の政治の一つの特徴である）。

「我々は政府（体制側）による大規模不正工作の意図を示す確かな情報を有する」と前置きし、

(a) 全ての県において25%増の"体制候補"の投票用紙が印刷されている。

(b) この投票用紙が特定の投票所に追加配布され始めている。

(c)　治安関係者や自警団員は、体制候補以外の候補者代表の投票監視のための投票所入りを厳しくチェック、彼らの投票所入りを意図的に遅らせている。この2、3分の遅れの間に、特定の投票所の所長は体制候補の投票用紙を投票箱に詰め込んでいる。
　(d)　投票所内で、投票を混乱させるために大小の事を起こし、それに紛れて投票箱を開け、体制候補の投票用紙を詰め込んでいる。
　(e)　他の特定の投票所では、投票箱のすり替えが行われている。
　6人組のある幹部は「政府側選挙関係者はトヨタの4WDを使用、中古車を使う候補者側代表の選挙監視委員は、砂漠の走行で4WDについて行けず、彼らの到着前に投票が始められていた」と語った。

　内務省は、このコミュニケが発表されるやその日のうちに記者会見を行い、ポイントごとに反論した。
　(a)　投票用紙の増刷は、全ての候補者について同じ割合で行われている。計算違いによる枚数の不足、印刷の不鮮明、破損等に備えたものである。
　(b)　主張の第2点は、全くの作り事でありコメントに値しない。
　(c)　第3点も、治安関係者の任務を疑わせるためのディスインフォーメーションである。候補者代表到着前の投票開始についても、選挙法は彼らの立ち会いの下での投票開始を義務づけており、ありえない。
「このコミュニケは、政府機関職員の道義性に疑問を投げかけ、世論を混乱させ、以て選挙の信頼性を損なうことを意図したものにほかならない」
　翌14日、大統領府は「選挙は、法に則って既に始まっており、これを中断、無効とする権限を有する国家機関は存在しない。選挙法違反は法の枠内で処理されるべき問題である」とし、「大統領との会見要求も何ら必要性を認めない」と声明した。これを受けて6人は「大統領、参謀総長による自由、公正な選挙を実施するとの公約が選挙現場では尊重されていないので、立候補の集団取り下げ、及び候補者代表の選挙監視委員会、投票所等からの引き上げを決定した。我々は選挙結果の合法性を認めない」と声明した。
　同日夜8時、ゼルアール大統領は10分の短い演説を行い、「6名の立候補取り下げは義務感・責任感を欠いたきわめて重大な行為で

砂漠の移動投票所。(APS 提供)

ある。選挙は続行する。立候補取り下げに関しては、国民の審判に委ねる。国民各位が自らの信念に基づき自らの意思を表明すべく、選挙に参加することを改めて要請する」と述べた。

選挙は15日、午前8時より夜7時（一部地域においては8時）まで行われた。選挙法では、大統領選挙候補者の辞退は候補者死亡の場合を除くと、候補者が重病の場合のみ可能であり、従って6名の立候補取り下げは法的効果を有しない。有権者は選挙管理委員の前に並べられた7名の投票用紙（顔写真及び、アラビア語アルファベットで名前の入ったもの）を1枚ずつ取り、幕で仕切られたボックスの中に入り（その内の1枚を選択、残りをゴミ箱に棄却する）、ボックスから出て封筒を選挙管理委員の前で投票箱に入れる——テレビの実況中継では投票の模様はこのようなものであった。いつもの選挙同様、午前11時（15.06％）、15時（36.41％）、18時（50.84％）に、それぞれの時点での全国各県及び、全国平均の投票率が発表された。23時に発表された最終投票率は60.25％であった。

その夜から開票作業が行われ、翌日午前10時、サッラール内相は、内外記者団のために設けられた国際プレスセンターにて「選挙はよ

い条件の下、正常に行われた。何名かの候補者が立候補を取りやめたことは遺憾であった。選挙運営に係わった関係各位、治安関係者に感謝する」と述べて、選挙結果を発表した。

	得票数	得票率
ブーテフリカ	7,442,139	73.79％
イブラヒーミ	1,264,094	12.53
ジャーバッラー	398,416	3.95
アイト・アハマド	319,523	3.17
ハムルーシュ	311,908	3.09
シフィ	226,371	2.44
ハティーブ	122,826	1.22
投票率	60.25％	
投票者数	10,539,751	
有権者数	17,494,136	
有効投票数	10,085,227	

　予想された通り、これから先が一騒動であった。6人の立候補辞退者は一斉に抗議の声を挙げた。ハムルーシュは、フランスのテレビに対し「新大統領は国民に選ばれたものではないので、正統性を有しない。政府発表の数字はいかなる意味も持たない。投票率はせいぜい20％であった。国内外に抗議の意思を表明するため国民的デモを組織する」と語った。彼は投票日前の別のインタビューで「6人が立候補を取り下げたのであるから、ブーテフリカも辞退すべきである」とも述べた。他の候補者が述べたことも異口同音であった。また、政府発表で126万票、12.5％の票を集め2位になったイブラヒーミは「12.5％は政府に操作された数字であり、自分はもっと票をとっている」と述べた。

　同日午後、FFSの呼びかけにより、昼のお祈り後、アルジェ市内でデモが行われようとしたが、アルジェ県知事は、デモの届けは8日前になされる必要があるとして、これを許可しない旨声明、警察部隊との小競り合いはあったが、デモは行われなかった。6人組はその後も頻繁に集まって協議、再度26日にデモを行うことを決めた

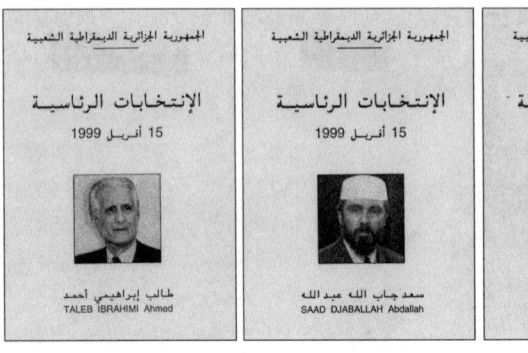

イブラヒーミ　　　　　ジャーバッラー　　　　アイト・アハマド

が、これも許可されず、デモは不発に終わった。その翌日、27日の大統領就任式には彼らも招待されたが、出席しなかった。今後の行動として「彼らは、在フランスのアルジェリア人と国際世論によくインフォームするため、フランスでも会合やデモを行うことを計画している」と新聞は伝えた。

　6人の内、既に政党を有するアイト・アハマドとジャーバッラーを除く4名は、選挙運動のために作られた支援委員会を中核にした政党を——それぞれ別途に——結成しようとしている。アルジェリア紙は「6人——6政党」「古い顔で新しい政党」「政党を結成できれば彼らの政治目的は達成される」等報じた。

　他方、ブーテフリカは「投票率が低く、多数の国民の支持がなければ、大統領を受けない」と表明していたが、結果の発表を受けて次のような第一声を挙げた。

「国民を混乱させ、国際世論の信用を失わせることを意図した策謀にもかかわらず、国民は明確に意思を表明し、私を大統領として民主的に選択した。私に投票してくれた国民に感謝したい。また、他の選択をした国民に対しても、不偏不党と正義の原則のもと、全アルジェリア国民の大統領として努力することを約束する。アルジェリアが暗い時代のページを閉じ、正義と自由に基づく社会の建設に向けて力強く前進する新しい時代を開きうるよう、全国民の協力を要請する」

　以上が4月13日から16日までの4日間のドラマであった。

Ⅱ　危機の10年の展開　291

ハムルーシュ

シフィ

ハティーブ

（なお、全てのことは、1998年9月11日、ゼルアール大統領が政権交代を早めるためとして、任期を短縮、99年2月までに繰り上げ大統領選挙を行うと発表したことから始まった。その後、政党側は準備が間に合わないとして選挙延期を求め、その結果、4月に繰り下げられたものである。当初、48名が立候補の意向を表明し、その内11名が実際に届け出を行ったが、立候補に必要な諸条件を満たせなかった4名が脱落、最終的に7名が候補者として残った。その間、MSP・イスラム政党の大御所ナハナハが最終候補者の中に入るかどうか等、多くのドラマが展開されたが、この間の出来事は、今後の情勢把握にとって最早本質的な意味を持たないので記述を割愛した）

評価と分析

このような選挙結果に対し、アルジェリア紙はもとより、外国メディアの報道も選挙の妥当性や大統領の正統性を問題視するトーン一色である。しかし、このような評価は果たして正鵠を得たものであろうか。

アルジェリアは法治国家である。先ず、法的側面からの検討が必要である。前述のように、候補者のこのような形での立候補取り下げは、法律上の効果を持たない。既に部分的に行われた選挙のキャンセル、やり直し要求も、「一旦始まった選挙をキャンセルする権限はいかなる政府機関も有しない」という大統領府の説明は妥当である。要するに、6人の行為は法律的行為ではなく、政治的行為で

あり、法律上できないことを政治的に達成することを意図したものであった。だからこそ彼らは、最後通牒を突きつけるように時間まで指定して、大統領との会見を求めた。もしそれが実現していれば（ここから先は推測になるが）、大統領は、上のような法律論を展開し、それに対して彼らは、「法律的にはできないにしても、大統領命令でやれるではないか」といった政治論を展開したに違いない。

政府側のとりうる対応は、二つに一つしかなかった。予定通り選挙を行うか、彼らの要求を容れ、命令等の形で選挙を取りやめるかである。しかし、後者の選択は政治的にありえない。何故なら、「不正があった」という6人組の主張、及び「大規模不正工作を行う意図の確認」になるからである。言い換えれば、彼らが政治的に達成しようと目論んだことは、政府側としては政治的に受け入れ得ないことであった。

フランスのある新聞は、6人組の行動を民主主義勢力による"逆クーデタ"とし、これを称えたが、これは法治国家に「法を破れ」と主張しているに等しい。

次に、政府発表の選挙結果についての法律的評価である。投票率60.25％が正しいのかどうか、客観的に判断する材料はない。6人組の言う20～30％については尚更である。しかし、ブーテフリカがたとえ、政府側発表の73.79％までは票をとっていないにしても、後述の事情から50％を越える票を得たことは間違いない。選挙法は"当選に必要な獲得票数は過半数"としているが、"選挙が有効であるための投票率"は規定していない。従って、よしんば投票率が20％であっても彼の当選は法律的に有効である。

次に国内の政治的現実からの分析である。

結論を先に言えば、ブーテフリカの第1回選挙での当選は確実であったこと、その大統領選出は国内政治上の力関係の忠実な反映であり、また、国内に存在する種々の政治的潮流の中で最も収まりがよく、自然であると見なされることである。

ブーテフリカはアルジェリアの仏語紙により、"体制（コンセンサス）候補"と呼ばれ、それがそのまま外国での見方になった。そして体制側の候補者がいることが民主主義の原則に反するとされた。しかし、どこの国の選挙でも、体制側（現政権）の候補者はおり、体制

側がその候補者の当選を期すために最大限の運動を行うことは至極当たり前のことである（4月22日付『Japan Times』はこれを咎めるかのように、「ブーテフリカは議会で85％の議席を占める4党に支持され、これら4党は彼のために莫大な資金を投入した」と書いた）。アルジェリアだけ何故責められるのか。"アルジェリアの体制は悪しきもの"という抜きがたい先入観、偏見があるからにほかならない。

ブーテフリカは名目的にはFLN中央委員会のメンバーであるが、無所属として立候補した。最初にFLNが支持を表明、諸般のいきさつはあったが、RNDもこれに続いた。更に、イスラム政党の一つであるNAHDAが党首ジャーバッラーの意向に反して支持を決定した（同党は、1998年半ば頃より、ジャーバッラー派とそれ以外に事実上分裂していたが、これにより同党は正式に分裂した）。3月22日には、それまで態度決定を保留していた最大労組UGTAが支持を表明。だめ押し的に、連立政権を構成し全国規模の強いネット・ワークを持つMSPが選挙戦の最終段階、4月9日になってこれに加わり、この時点で流れは完全に決まった。これにUGTAが加われば、勝負の帰趨は明らかである。

他方、6人の支持基盤は脆弱であった。FFSはカビリ地方中心の政党で全国的支持基盤を持たない。ジャーバッラーのMRNも、NAHDAの少数派が集まって選挙戦開始の直前にできたばかりの政党。他の4名はFLN、RND等からの分派とボランティア中心の支援委員会を持つのみで、強い支持基盤を有するとは到底言えない。彼らも立候補の意向を表明して以来、折に触れ政党結成の意欲を表明していたが、実現するには至らなかった。この点は、ブーテフリカ不承認の運動が今後どの程度の影響力を持ってくるか、"真の民主主義"確立のためとするこのような運動がいつまで続けられるかにも関係してくる。

軍の支持云々が言われるが、軍の支持の有無に拘わらず、ブーテフリカの勝利は確実であった。軍は、ラマリ参謀総長が早い段階で「軍は選挙には干渉しない、中立を守る」と表明していた（フランスの新聞でも、選挙前までは「軍は誰を支持するかで割れており、今回は必ずしも一枚岩ではない」という見方が大勢であったが、6人が立候補を取り下げるや否や、ブーテフリカは"軍に支持された候補者"になった。上記『Japan Times』論説は「ブーテフリカは奇妙な候補者である。20年間事実上の亡命生活を送っ

てきたので、自分自身の政治基盤を持たない。その勝利は、彼を暗闇から引っぱり出した4党とその背後にいる軍部のお陰である」と書いている)。

　もう一つ大事な点はイデオロギー面で見ても、ブーテフリカが左右の真ん中——国民の大多数を代表する中庸に位置していることである。即ち、左をRCD等政教分離、西欧型民主主義の即刻導入派、右をFISの非合法化解除を主張するイブラヒーミに代表されるイスラム勢力とすれば、そのどちらにもつけない国民大多数の拠りどころがブーテフリカという見方は十分に可能である。

　6人は、何故揃って立候補を取り下げたのか。アルジェリア紙に掲載された彼らの行動に対する諸政党の批判を見てみたい。
　RCDのサイド・サーディは、公正な選挙が保証されるよう選挙法の改正を要求したが、それが受け入れられなかったとして、当初から選挙ボイコットを主張、選挙運動期間中も、そのための全国キャンペーンを行ってきたので、当然、6人の立候補の取り下げを歓迎するかと思われた。しかし、最も激しい非難の声を挙げたのは彼であった。「大部分の候補者は、過去同じような選挙操作の環境の中で今の地位を築いてきた。その彼らが立候補し、今日まで選挙運動を継続してきていながら、選挙の数時間前になって不正を発見したと主張して立候補を取り下げるとは全く筋が通らない。政府側は彼らの脅しに屈してはならない」と述べた。ANRも（党首レダ・マーレク元首相は、立候補の意向を表明したが、最終候補者の中に残れなかった）、「このような政治的行為は国家の威信を傷つけ、また、国民の選挙権行使の権利を奪うものである。6人は選挙不正の疑いありとして、選挙法違反行為を訴えつつ、別の形で選挙法を破ることを求めた」として彼らを強く批判した。また、PRAも（党首ブクルーフは95年大統領選挙候補者、今回も立候補したが、最終候補者の中に入れなかった）、「立候補取り下げは、合法的でもなければ、賢明でもない。このような行為はアルジェリアと彼ら自身の将来を損なうものである」と声明した。立候補の意向を表明したが、第1次予選で11名の中に入れなかったベライド・アブデルサラーム元首相も「たとえ敗北しても戦いを受けるべきである。その政治思想の故に選挙に破れても名誉なことである」と批判した。
　また、タズマルト市長ミラは、新聞の公開討論コラムに寄稿して

次のように述べた。「彼らの動機は敗北の恐れであり、選挙不正を理由に立候補を取り下げた。その行為は、法に対する侮辱である。彼らは法治主義確立のために闘うと言いながら、法を踏みにじった。彼らの中心人物FFSのアイト・アハマドは、長年国家蔑視の行動をとってきたことで知られている。社会主義インターに押されて立候補を決意したが、敗北が明らかになった段階で、面目を保つため立候補を取り下げて選挙自体を無効にすることを画策、残りの候補者を説得した。彼らもそれぞれの思惑からこれに同調した」

筆者の分析はこうである。6人組は「大統領・参謀総長は公正な選挙実施を公約している、しかし、現場ではそれが尊重されておらず、体制側による大規模不正工作の意図を示す確かな情報がある」と主張するが、そのロジックにはいささか無理がある。「確かな情報がある」という言い方は、却って自信なさげである。本当に「体制側による大規模不正工作」について確信があるのであれば、別の言い方があるはずであり、直截に大統領・参謀総長を責めるべきであろう。

結局のところ、立候補取り下げの決定が先にあり、体制側が選挙キャンセルを受けないことを見越した上での行動と見る方が自然である。第1回投票でのブーテフリカの当選を阻止できない以上、立候補集団取り下げによって選挙に傷をつける、あるいは、選挙自体を潰してしまうという発想が出てきても——彼らが権謀術数を生き抜いてきた人達であるだけに——不思議ではない。また、その首謀者がアイト・アハマドであるとの見方は、国外から体制を揺さぶるという従来からの彼のやり方からすれば充分にあり得ることである(彼は選挙運動期間中心臓発作で倒れ、スイスで療養中であった。もうアルジェリアに戻ることはないようである)。6人の内4名はSant' Egidioで行動を共にし、また、ハティーブについては、"ブーテフリカ憎し"だけが立候補の理由とされている。ゼルアールの下で首相を務め、政府与党RNDの党員でもあるシフィ元首相が最後の瞬間にこのグループに参加したが、彼に対しては、ハムダーニ首相からこれに加わらないよう説得工作がなされたと伝えられている。彼は元々はRNDの統一候補になることを目指したが、ウヤヒヤ前首相が早い段階でブーテフリカ支持でRNDを固めたためそれが実現しなかった。こう見てくると、上記タズマルト市長ミラの「アイト・アハマドが中心人物、5名はそれぞれの思惑からこれに乗った」という解説は充分

に説得力がある。巷間には、アイト・アハマドは、旧体制系4人を葬り去ることをも計ったという説さえ流布している。

このような分析が多かれ少なかれ正しいとすると、フランスの多くの新聞が6人組の行動を称えたのは余りにもナイーブで、権謀術数渦巻くアルジェリアの政治を充分に読めていないことになる。6人組の行動を批判したRCD、PRA、ANRの3政党は、複数政党制が導入された1989年以降誕生した政党であり、体制側と対峙する政党という意味で、内外で"デモクラット"と呼ばれ、特に『Le Monde』等仏紙は彼らの活動を高く評価してきた。"デモクラット本流"からすれば、6人組は（正確にはFFSのアイト・アハマドとMRNのジャーバッラーは除かれるが）、もともと"体制の落とし子、亜流"に過ぎず、彼らが立候補取り下げを機に、急遽民主主義勢力を唱え始めるのはおかしいという理屈は十分に通る。

なお、念のために記しておくと、RCDは6人組の行動を強く批判しつつも、かと言って、ブーテフリカ支持に廻ったわけでもない。その証拠に、同党は選挙をボイコットしたのと同様、大統領就任式もボイコットした。彼らは自分たちの当初の対応こそが最も正しかったとして、その存在を示し、政治的基盤を拡大しようとしている。この国の政治には他のアラブの国には見られない複雑さがある。

政治的カルチャーの問題

今次騒動をどう解釈すればよいのか。筆者は、結局のところ、全ては、アルジェリアの複雑な歴史的背景、民主主義の成熟度、政治的カルチャーの問題等、法的・制度的には一朝一夕には解決できない問題に帰すると考える。

ゼルアール大統領は繰り返し、「公正な選挙」を訴え、あたかも最後の政治生命をかけるかのように、それに強くこだわった。全ての候補者、及び、アルジェリア各紙、また、フランスの新聞も大統領の意図を評価し、それを疑うものはなかったと言っても過言ではない。6人組すらも「大統領・軍の公約が選挙現場では尊重されなかった」と言っていることは前述の通りである。

今回の選挙の準備過程及び選挙運動期間中、大統領以下政府が特に重点をおいて訴え、あるいは警告してきたのは"行政機関の中立"

であった。これは、上部の指示を選挙現場まで浸透させることがいかに難しいかをよく示している。30％を越えると言われる非識字者の存在(投票の形態がこれを示している)、お上への厚い忠誠心、"寄らば大樹の陰"のメンタリティ、時の風向きを鋭敏に感じ取る本能的能力等である。山村や砂漠の遊牧民、古い世代の人々は、選挙、即ち"体制側の候補者、政党に投票すること"と思っている者も少なくないと言われるが、これすらも一つの政治意識に基づく行動であろう。

従って6人組が主張するように、選挙をやり直したところで同じ問題が生ずるであろうし、また、彼らのうちの誰かが体制側になった場合にも同じことが生じよう。その意味では、6人組はアルジェリア社会のこのような政治的風土にクレイムをつけたとも言えるのである。

更に言えば、選挙、即"体制側による不正工作"という抜きがたい感情が国民の中に存在する。これは、フランス植民地統治下の選挙の経験から来るものであり(制限選挙制度の下でも、コロン・植民者の地位をより一層有利にするための票の操作)、"アルジェリア人はフランス人から選挙操作を学んだ"というのは笑えない歴史的事実である。

アルジェリア人有識者がよく言うのは「我々の民主主義の歴史はたかだか10年、何百年の歴史を持つ国と同じ基準で比較してくれるな」ということである。レバノンを除けば、複数候補者間で大統領選挙が争われる国はアラブ世界にはない。アルジェリアでは、自分で立候補を取り下げておいて、選挙の結果は認めないと主張し抗議運動を続ける自由がある。選挙ボイコットを主張し、そのためのキャンペーンを行う自由もある。ゼルアール大統領は退任に当たって自ら公布した大統領命令に基づき、その財産を公表した(郷里の持ち家1軒、大統領就任前の退官中に取得した共同名義の土地2ヵ所、1992年型マツダ929)。新聞では、ゼルアール大統領の国内政治上、あるいは外交上の動静が一面トップで扱われることはまずない。それどころか、今次退任に当たって「ゼルアールは何をした、全てに失敗した」と書かれる。それでも"軍部支配の民主主義のない国"として常に国際的な批判に晒される。他方、選挙など一切行われない国もあれば、単一候補で常に100％に近い得票で大統領が選ばれる国もあるのに、これらの国の選挙や民主主義が問題にされることはない。何がこの差を生むのか理解するのは難しい。

選挙ボイコット

 4月15日（1999年）、繰り上げ大統領選挙が行われる。48名が立候補の意向を表明していたが、立候補資格に関する二重・三重のバリアーがあり、これが11名に絞られ、最終的には7名が候補者として残った。ベンベラ、ブーメディエン時代を通じ17年間外相の地位にあり、非同盟のうるさ型として先進国を散々手こずらせたブーテフリカが最有力候補と見られているが、アルジェリアの政治情勢は複雑で彼が当確というわけではない。
「アルジェリア民主主義の旗手」として欧米では評価の高いRCD（文化と民主主義のための結集）という政党がある。アルジェリアの目指すべき体制は、政教分離の欧米型民主主義との主張をここ10年来行ってきた政党である。この政党は選挙のボイコットを早々に打ち出し、「アクティブ・ボイコット」と称して、全国キャンペーンを展開している。公正な選挙が行われる保証がないこと、今選挙が行われれば、イスラム色の強い候補者が大統領になって国が大きくイスラム化する危険があること、他方、ブーテフリカが大統領になることは旧体制の継続にほかならず、それでは国に新しい展望は開かれないこと等がその理由であり、今次選挙は「国を棺桶に入れるもの」と警告している。自分の党から候補者を出さないこと、党員に選挙ボイコット（現実には、ボイコット、即、棄権であろう）を指示することは自由であろうが、"真の民主主義"確立のためとして、国民にもそれを呼びかけるという点が特異である。暴力を伴わない限り、それも政治活動の自由の範囲に入るということであろうか。
 理解しがたいのは、実際には起こり得ないが、理論的に、もし彼らの運動が成功して、投票当日、誰も投票に行かなかったらどういう政治的事態が生ずるかということが一つ、もう一つは、1回の投票では決着がつかず（現実にその可能性は大きいのであるが）、彼らの言う体制側の候補者とイ

スラム色の強い候補者の間で決選投票になった場合、彼らはどうするのか——依然としてボイコットを主張し続けるのか、ということである。

　候補者の所信表明や候補者を交えての公開討論会がテレビとラジオで行われ始めている。同党は、選挙ボイコットも一つの政策であり、政党としてそれを表明するのも政治活動として、他の候補者と同様の機会が与えられるべしと要求、テレビ・ラジオに招かれないことを問題視して、司法的措置に訴えることも辞さない構えである。アルジェリアには難しい人が多い。

（1999年3月19日　記）
（中東調査会　MENIK INFORMATION 1999年3月号所収）

今後の見通し

　今後の情勢見通しに関しては、「ブーテフリカは軍の前線と見られ、世論はそれに反発して、再びイスラム過激派寄りになりかねない」(4月17日付『NYT』紙、同特派員発)、「今次選挙での最大の勝利者はFIS」(4月20〜26日号『Jeune Afrique』誌、同特派員発)のような見方は論外にしても、「アルジェリアの混迷は果てしなく深まっていくように受け取れる」(4月15日付『読売新聞』朝刊)に代表されるような見通しが邦字紙、欧米紙においてほぼコンセンサスになっている。しかし、筆者はこのような見方には与しない。その理由は上記に述べてきたことに加えて、国際場裏での今次選挙に対するポジティブな評価も少なからずあるからである。

　ブーテフリカの大統領当選が4月16日(1999年)に発表されるや否や、アラブ諸国元首からの祝電が相次いだが、これは彼らがブーテフリカを大統領として"認知"したことを意味する。その後アフリカを中心とする非同盟諸国、中国、ロシア(「今次大統領選挙がアルジェリアの安定に向かう第一歩となることを期待する。ブーテフリカ大統領は解放闘争の活動家、秀逸な人物であり、外相時代にロシアとの関係強化のために多くのことを達成した」とし、その公式声明は単なる儀礼を越えた、かつてのソ連・アルジェリアの蜜月時代を彷彿とさせるものであった)等も大統領就任式を待たずに祝電を送った。EU(議長国独)は「EUは6名の候補者の立候補取り下げとその理由に留意した」と述べつつも、「今次選挙は国際社会におけるアルジェリアのパートナーに希望を抱かせるものであった。EUは、アルジェリアが民主主義と法治主義を推進し、経済・社会面での改革を継続することにより、現在の危機から抜け出すことができると信ずる」と声明した。

　このような各国の反応が示されている中で、6人組がいつまでブーテフリカ"不承認"の態度を続けることができるのかきわめて疑問であり、また、そもそも、"不承認"とはいかなる意味を持つのかよくわからない。特に、身内のアラブ諸国による早々のブーテフリカ"認知"が彼らの目に入らないとすれば、恐るべき外交音痴であり、国民はこんな人達に大統領を委ねることはできないであろう。

　なお、各国の反応に関し、フランスは"懸念"を表明、米も「アルジェリアが国際選挙監視団を受け入れなかったことと併せ、選挙には期待を裏切られた」と表明、英も最初は「内政問題に介入しな

い」としたが、憲法評議会の公式発表を受けた外相声明では「選挙はアルジェリアの民主主義の実体も、そのイメージも改善させなかった。よいスタートを切った選挙が不正の申し立てと6名の立候補の取り下げの結果に終わったことに失望した」と述べたことを併せ記しておきたい。

アルジェリア報道の問題点

フランス紙を中心に欧米及び邦字紙の報道ぶりは、1992年1月の選挙中断の際のそれと酷似しており、歴史は繰り返されている。即ち、当時は「軍部がクーデタで民主主義の原則を破って選挙を中断し、FISの政権獲得を阻止した」と報じられ、今回は「軍部に押されたブーテフリカの当選を阻止しようとして民主主義勢力が立ち上がったが、体制側が選挙を強行、ブーテフリカの当選を実現した」とされる。当事者の一方は軍部・体制側で変わらず、当事者の他方はFISから6人組に代わった。92年当時、FISの政権獲得を阻止すべしとして、第2回投票中止の声が国民各層から挙がっていたこと、FISも軍の介入を求めたこと等全く報じられなかった。今回は、6人組の行動糾弾の大きな声が国内にあることが全く報じられない。唯一の違いは、先回は選挙が中断され、今回は選挙が実施されたことである。

国内では6人組の行動を批判する声が日増しに高まっているが、国の外では、「ブーテフリカが軍・体制側の支持で当選した、疑義ある大統領選出」等の報道でフル・ストップである。アルジェリアからの英語での情報発信がないため、アングロ・サクソン系メディアは、上述のようなこみ入った情勢まではフォローしきれない。一例として、CNNは16日のサッラール内相公式発表の30分後「単一候補ブーテフリカが政府発表では74％の得票率で当選した」と報じ、背景等は一切報じなかった。今次選挙の評価、国のイメージはこの時点で瞬時に固まってしまう。次にアルジェリアについて報ずる時も、この簡単な事実認識が出発点となる。その結果、事態の進展を反映しない時差を伴った報道になる。

アルジェリア観は92年の選挙中断を機に固定され、全てがそこから出発し、国際メディアの報道は現実を反映しない間違ったものに

なった。それは、CNNや『ワシントン・ポスト』『ニューヨーク・タイムズ』に代表される世界で最も進んだ米国系報道機関において特に著しかった（CNNは4月16日に続き、4月28日、「ブーテフリカ大統領の就任式が27日行われた。6政党がこれをボイコットした」と報じたが、恐るべき誤報である。ボイコットしたのは2政党、残り4人は候補者個人としてのボイコットである）。テレビの画像、新聞の見出しの持つ魔力は恐ろしい。情勢の解説や論説も、特に現地での継続的な取材ができない場合には尚更、他の報道機関が伝える情報が使われる。その結果、世界的規模で同じような解説・論説が書かれる。一般人、NGO関係者等はもとより、往々にして、政治家や外交の前線にある者ですら、それにより一つの見方を形成する。世論や議会の圧力が生まれ、政府もそれを無視できないといった状況がしばしば生ずる。

欧米紙の報道でもう一つの問題は、開発途上国（"民主主義発展途上国"と言ってもいいであろう）における軍の役割の評価についてである。その評価は常に頭から否定的である。しかし、軍が国内政治の安定、国家の一体性保持のために果たしている役割が何故評価されないのであろうか。それは先進国における軍の治安出動に譬えられるものである。よき文民政府がクーデタで倒されるような場合は糾弾されるべきであろう。しかし、軍の政治介入はそのような場合だけに限られない。アルジェリアのケースはまさにそうであり、92年から94年頃にかけて国内に荒れ狂ったテロは、国家を崩壊の瀬戸際に追い込んだが、それを持ちこたえることができたのは軍の存在があったからであり、（イラン革命の際のようには）軍が割れなかったからであった。国軍には「軍こそアルジェリア共和国を守る最後の砦」という強力な自負がある。「アタテュルク精神を守るのはトルコ軍」と言うのと同じである。ある政党人は「民主主義を取るか、アルジェリアを取るかの選択を迫られたら、私はアルジェリアを取る」と述べたことがあった。その言わんとするところは"国あっての民主主義"である。軍の役割を全て否定的に捉えるのであれば、例えばナセル革命も否定されなければならなくなろう。

フランスへの情報発信源となる多くのアルジェリア仏語紙の報道ぶりも大いに問題である。これらの新聞は1989年の複数政党制導入

と共に誕生し、その生まれからして反体制的である。これらの新聞がその後政治体制の開放化、言論の自由の推進等、民主化に大きな役割を果たしたことは充分に評価されなければならない。しかし、問題も多い。

第一線の記者や論説委員等、彼らこそは欧米流民主主義のアルジェリアへの導入に熱意を燃やしている人達である。彼らはその健筆により"第四の権力"を自称し、同時にデモクラット政党を声高に応援する。そのため新聞に報じられることが国民世論の反映と見られがちであるが、これに余り重きを置くと情勢判断を大きく誤ることになる。"深層部アルジェリア（L'Algérie profonde）"という言葉がある。これは地理的に、アルジェリア南部の広大な地域をさすと同時に、政治的エリート階層に属さない国民を意味する言葉であり、2対98と言う人もいれば、10対90と言う人もいるように、人口比率から言えば彼らの方が圧倒的に多いからである。

例えば、今回ブーテフリカの選出が発表された後、アラブ諸国元首からの祝電が相次いだことは、前述の通りであるが、このような事実は仏語紙にはほとんど報じられない。彼らの視線は中東アラブ世界ではなく、欧米、特にフランスを向いているからである。ブーテフリカ大統領の就任式を機に更に多くの祝電が届いたが、これら新聞の中には、シラク大統領からの祝電のみ全文を報じ、その他からの祝電には一切言及しないものもあった。

また、フランスに多数いる反体制派アルジェリア人——そのかなりは二重国籍の学者であり、ジャーナリストであり、あるいは政治亡命者であるが——彼らの活動の影響も極めて大きい。彼らが『Le Monde』等に書くことは"アルジェリア人が言っていることだから"として大きな重みを持つ。これにピエ・ノワール系の学者が唱和する。かくして怨念に満ちた偏ったアルジェリア観が形成される。これらのことは、130年の植民地時代、8年に及ぶ独立闘争、その後30年以上のFLN一党独裁体制の歴史に起因するものであり、ここにアルジェリアならではの特殊性がある。

ブーテフリカ大統領の人となり
ブーテフリカは、1938年、今はモロッコに属するウジダに生まれ

た。高校卒業後、19歳で独立闘争に参加、解放軍将校、地区司令官等を務め、独立と同時に当初、ベンベラ大統領下、青年・スポーツ大臣、次いで 27 歳で外相就任。65年、ブーメディエンによるベンベラ打倒クーデタの後、78年のブーメディエンの死まで17年間外相の職にあった。

60年代央から 70 年代にかけてのアルジェリアの国際外交舞台での活躍は目覚ましいものがあった。政治面では、民族解放闘争のイデオローグであり、OAU創設のイニシアティブをとり、アフリカ諸国の独立達成、あるいは人種差別撤廃の最も戦闘的な支援者であった。1974年、37歳のブーテフリカは国連総会議長を務め、PLO へのオブザーバー資格の付与、及び南アの国連からの追放を先進国の反対を押し切って実現した。経済面でも、それまでメジャー支配下にあった石油産業国有化の先鞭を切ったし、第2次石油ショック後は"新国際経済秩序"概念を持ちだし、国連等国際機関を舞台に先進国側を攻めまくった。キッシンジャーと共に産油国・消費国対話を実現した主要プレイヤーでもあった。西側先進国にとって最も手強い非同盟の論客であり、当時ジスカール・デスタン仏大統領は"第三世界最高の外交官"と彼を評した。

ブーメディエン死後、その最も有力な後継者と見なされたが、無名のシャドリ大佐が大統領に就任、新大統領に遠ざけられ「砂漠の彷徨」と形容される不遇の時代が長く続く。その間スイス、アブダビ等に住み、特に、アブダビではザイド大統領の客分として、事実上大統領の外交顧問を務めていたとされる（今次選挙結果が発表された後、祝電第1号はザイド大統領からのものであった）。その間 1994 年 1 月、HCEの後継体制としての"国家主席（Président d'Etat）"就任を要請されるが、それを断る（今次選挙期間中、その理由を問われ「集団指導制のトップのような大統領は受けない。アルジェリア国歌が一つ、アルジェリア国旗が一つであるように、大統領は一人であるべきである」と答えた）。

ブーテフリカは（彼自身の言葉として）"鋭敏なナショナリスト"である。彼の選挙スローガンは"強い、誇るべきアルジェリア（Algérie forte et digne）"であった。選挙運動期間中「新しい国造り、国際的な地位回復」を唱い、「国民は自信を持て、目を覚ませ」とメッセージを送り続けた。「アルジェリアなしにはマグレブなし、アルジェリアはアラブ世界の4機軸国の一つ、アフリカの4機軸国の一つ」とも

言った。当選発表後、フランス外務省報道官の"懸念"発言に対し、「フランスは自国の国内問題に専念すればよい。ケー・ドルセ（フランス外務省）はアルジェリアのことについて口出ししてくれるな」と激しく反発した。弁舌の冴え、鋭さは往年と変わらない。

憲法評議会は4月21日(1999年)、中央選挙管理委員会から送付された選挙結果を審査し、ブーテフリカの大統領選出を公式に声明、27日には大統領就任式が行われた。新大統領は格調高いアラビア語で就任演説を行い、「国家を崩壊の危機から救った」と前大統領を讃えるとともに、「アルジェリアの安寧は我々自身にかかっており、我々はそれを達成する義務がある」と述べて、ブーテフリカ時代の幕開けを宣言した(なお、一般に"第7代大統領"と報じられているが、FLN時代の選挙を含め、選挙による大統領としては第5代、また、前任大統領を引き継ぐ形では初代になる)。

ブーテフリカ新大統領にとって当面の最重要課題は、7月12～14日(1999年)アルジェで31年ぶりに開催されるOAUサミットである――その開催は2年前のアディスアベバ総会で決定されていた。昨年12月誕生したハムダーニ内閣もサミットまでは続投することが決まっている。大統領以下政府は来世紀への橋渡しとなるサミットとしてその成功に全力を尽くすであろう。このサミットはアフリカ外交舞台へのアルジェリア、そしてブーテフリカ再登場の最初の機会になる(代表団の宿舎となるアルジェ西方郊外のシェラトン・ホテルも、2年前の秋より建設が始められ、6月末完成を目指して、目下1400人の中国人労働者が突貫工事で働いている)。

ブーテフリカはこのサミットを取り仕切った後、自前の内閣を作り、OAU議長の資格も兼ね、恐らくはこの秋の国連総会に出席することになろう。奇しくも、今年(1999年)は、国連へのパレスティナのオブザーバー参加が決まった1974年から25週年の記念すべき年であり、パレスティナ問題も燃えている。アルジェリアの国際舞台への復帰が強く印象付けられる機会になるに違いない。

(1999年4月27日ブーテフリカ大統領就任宣誓式の日　脱稿)

(中東研究　1999年5月号所収)

テロリストの雑貨屋開業

　ブーテフリカ大統領の打ち出したテロ問題抜本解決のための「国民和解法」の期限が1月13日に切れ、新聞で伝えられるところでは、この日までに、旧FIS（イスラム救世戦線）の軍事部門とされたAIS（イスラム救世軍）2000名の集団投降を含め、合計で4200名のテロリストが自首、投降した。新聞はこれら投降者（罪を悔いた者という意味で"改悟者"と呼ばれている）の動静、テロの犠牲者の家族が彼らを許すことができるのか、彼らの社会復帰の問題等、連日多くのことを報じている。以下はその内の一つ、GIA（武装イスラム・グループ）からAISに鞍替えした小グループの首領、改悟者ムハンマドの村の訪問記及び彼とのインタビュー記事である。

　場所はアルジェの南西200キロ、アトラス山脈北側、標高1000メートルの高原・山岳地帯に広がるシュレフ県、県庁所在地から20キロの村である。彼は昨年9月に投降したが、仲間にとっては、政府が言うように、彼らが投降しても本当に処罰を受けないのか、彼の投降は、それを試すためのテストケースとして行われた。彼が処罰されないことが実際に示されて、仲間約100人も順次投降した。

　インタビューはムハンマドの父親も同席して行われた。父親は涙ながらに語る。「息子は宗教を政治目的に利用しようとした者に唆されて道を誤った」。息子は言う。「親父が国民和解法の恩恵を受けるよう僕を説得するため、山の中（マキ）に訪ねて来てくれた。僕は何の罪もない市民は絶対に殺していない。仲間も同じだ。僕らがしたことはそれとは全く逆、人里離れた村落の住民をGIAの連中から護ることこそが僕らの任務だった」

　ムハンマドは村で小さな店を開いた。"開業資金は彼がゆすりで巻き上げた金"と村では噂されている。彼の親類はそれを否定して「その店は、もともとはムハンマドの父親のものだったが、彼が指名手配されて山に逃げ

込んでいた間は閉められていた」と言っている。連日、近隣からこの若者、GIAの元首領を一目見ようと、多くの人が駄菓子やちょっとした物を買うことにかこつけては彼の店にやって来る。この付近一帯でムハンマドは一躍花形スターになった。

筆者註：テロ情報に詳しい当地記者によれば、投降した者誰一人として、殺しをやったとは言っておらず、自分の役目は、水汲みや食料調達、炊事、連絡、見張り、塹壕の穴掘り等ロジ担当であったと主張している由。

(2001年1月15日　記)
(中東調査会　MENIK INFORMATION 2000年1月号)

(2) 危機の終焉

「アルジェリアに深刻な危機があったにしても、既にそれを乗り越えた」——これは、就任後初の外国訪問となったスイス、クランズ・モンタナ経済フォーラムでのブーテフリカ大統領演説の一節である。「マクロ的に見てアルジェリア危機は終わった」——これは、過去3年現地で情勢を追ってきた筆者の実感であり、この国の情勢を同情と理解の目で見てきた同僚大使の意見でもある。

1995年以降、西側諸国の航空会社により停止されていたアルジェ乗り入れも遠からず再開される見込みであり、どこが再開一番乗りをするかに関心がもたれる昨今である。情勢は間違いなく正常化の方向に動いている。

その大きな実証例は、去る7月12～14日（1999年）、アルジェで開催された第35回OAU（アフリカ統一機構）サミットであった。アルジェリアは、ブーテフリカ新大統領のもと、加盟国53ヵ国の内、50ヵ国から大統領42人、首相3人を含むOAUとして記録的な大会議を見事に取り仕切った。大使級会合が始まった7月6日からの会議期間中、会議を狙ったテロは皆無、また、全国的にも極めて平穏であった。サミットに先立つ3ヵ月前、ブーテフリカを選出した大統領選挙も平穏裏に推移した。最近はテロの件数・規模・犠牲者数等、全て往時と比べて著しく減少している。

これは何を意味するのか。アルジェリアにおけるテロは、FIS（イスラム救世戦線）の軍事部門とされるAIS（イスラム救世軍）が97年10月銃を置いて以降、専らGIA（武装イスラム集団）の所業とされるが、このGIAが政治的にインパクトのあるテロを行う能力を失ったことに他ならない（注1）。

テロの発生とその変遷

情勢の変化を理解するには、アルジェリアにおける過激イスラム原理主義の流れを鳥瞰する必要がある。80年代初め頃から少数では

アンタル・ズアブリ　GIA 五代目首領　　　ハサン・ハッターブ GPSC 首領（Liberté 提供）

あるが、暴力でイスラム国家樹立を目指すグループが既に存在した。他方、70年代末から80年代中にかけての急速な社会のイスラム化は、FLN一党独裁体制の崩壊、複数政党主義の導入を契機として、89年、政党FISを誕生させた。FISは、頭文字のFがfront（戦線）であることが示すように、思想的に多くの傾向を包含した。即ち、初めから暴力あるのみのグループのほか、選挙による合法的手段での政権獲得を目指すグループ、更には、基本は暴力による政権奪取であるが、選挙によるそれも排除しないとするグループ等である（"精神的イスラム運動"に留まるべしとするグループも存在したが、彼らは早い段階でFISと袂を分かった。第1次ウヤヒヤ内閣のメラニー宗教大臣はその中の一人）。その彼らが選挙制度上の欠陥や不正投票、更には一般国民の反FLN感情にも助けられて勝利したのが91年末の議会選挙であった。この選挙結果が"軍部によるクーデタ"（実体はそれほど単純ではないが）で潰された後、FISに代表されるイスラム勢力は一挙に暴力化し、官憲側の強硬な鎮圧策の失敗もあり、本格的なアルジェリア危機が始まった。

　GIA（武装イスラム集団）。選挙中断以前の90年頃には存在、既にテロに着手していた（この事実は国際的には知られていないし、国内的にも当時としては、テロが一体誰の仕業なのか十分には掴めていなかった）。GIAのハードコアはいくつかのグループの寄せ集めと言われる。上に述べ

た暴力あるのみのグループの残党からなるグループ、エジプト人原理主義者サイイッド・コトブの流れを汲むグループ、3000人以上に上るとみられるアフガン帰りグループ等である。オサマ・ビンラーデンもGIAに関与していると言われる。彼らは、一切の対話を拒否、暴力でイスラム国家を樹立することを目指した。他方、AISの設立は93年夏頃で、選挙で平和的に政権を取る道が閉ざされたので軍事的手段・テロに訴えてそれを達成するのが目的とされた。

92年1月から95年頃にかけて、これらグループが渾然として当初は治安関係者・公務員・裁判官等、次いで、新聞記者・大学教授・歌手・外国人等を対象に激しいテロを展開し、また、学校・病院・工場・鉄道等公共施設に対する破壊活動を行った。同時に、天下取りに備えて首都アルジェを抑える戦略的要衝の争奪や陣取りのため、テロ・グループ相互間、あるいは同一グループ内で血で血を洗う熾烈な闘争が展開された。"死の三角地帯"と呼ばれた地域や、事実上、政府公権力の及ばない"解放区"が出現したのもこの頃である。

アルジェリア危機において政府及び一般国民にとって悲劇的だったことは、これらテロリストが「選挙結果を無視した悪しき軍事政権と戦う民主主義勢力」として認知を受け、彼らの暴力が国際的に免罪符を得たことであった。選挙におけるFISの勝利と、その結果が無効にされたことが引き起こした国際的衝撃が余りにも大きかったことがその背景にある。大方の西側諸国政府は「民主主義の大原則たる選挙結果が否定されたことは困ったことだ。しかし、マグレブの一角にイラン型の政権ができるのも困る」と理想と現実の板挟みになり、沈黙を決め込んだが、フランスを中心とする国際マスメディアからはアルジェリア体制批判の大合唱が起こり、結果的にこれが国際世論になった。そして大方の西側政府の対アルジェリア政策もそれに引きずられ、冷たい、もしくは抑制されたものになった。

暴力・テロで国家体制の転覆を企図することは犯罪行為以外の何物でもない。しかし、ことアルジェリアに関してはこの基本論がすっかり忘れられ、「悪いのはイスラム勢力をテロに走らせた政権側」とされてしまった。その結果アルジェリア政府は、国内では厳しいテロと戦い、外からは、同情されるどころか、テロリスト掃討のための公権力の行使が人権の観点から問題にされ、更には「政府・軍がテロに関与している」として責め立てられることになった。

政府側も選挙を無効にしたという汚点を雪ぐべく、3年以内の民主化達成を公約、その最初が95年11月の大統領選挙であり、ゼルアールが選挙で選ばれた大統領として国際的認知を受け、その後、憲法改正国民投票、国民議会・地方議会・国民評議会選挙と続く。その道のりは決して容易なものではなかったが、政府は97年末、公約の期限内にこれを完了した。そしてこのような一連の選挙の積み上げ——"民主化過程"——こそが同時に91年選挙でFISに投票し、また、テロリストを公権力から匿った村人達を政府側に引き戻すことになった。"解放区の再解放"が行われたのであり、この点は決定的に重要である。

　このような情勢の変化を受けてAISは、GIAと政府軍の双方から追い込まれ、武器を置く (97年10月)。GIAは山籠もりを余儀なくされ、今や彼ら自身の生存のために、自分たちと信条を同じくしない者はすべて敵との論理のもと、"人民に対するジハード"を行っている。彼らは何ら失うものを持たない社会的ドロップ・アウトであり、ただただ盲目的に「イスラム国家樹立」を聖なる絶対的価値とし、それにより全ての行為を正当化する。これが97年秋口以降のテロ情勢の本質である (注2)。

ブーテフリカ大統領の登場

　アルジェリア情勢は予測不可能である。民主化過程を完了し、テロリストも相当追いつめて、後は多少時間はかかってもいずれテロは収束される、情勢がそのように読めてきた矢先、ゼルアール大統領は任期を2年も残して、自らの退陣と大統領選挙の繰り上げ実施を発表し、国民と世界中のアルジェリア・ウォッチャーを驚かせた (98年9月)。大統領はその理由を「アルジェリアの民主主義は十分に育った。早期の権力交替を図り、文民大統領に国の統治を委ねたい」と述べた。政党間のせめぎ合いやブーテフリカ重病説等悪質な中傷合戦もあったが、選挙戦は順調に進んだ。しかし、選挙投票日、4月15日 (1999年) の前日、またもや、予測出来なかったことが起こった。ブーテフリカ以外の6人の候補者が「体制側がブーテフリカの当選を図るために選挙操作をしようとしている」として立候補を辞退したことであった (実際には、6人が束になってかかってもブーテフリカ

の第1回投票での当選を阻止できないとの票読みの結果の敵前逃亡であったが)。

ブーテフリカ。ベンベラ時代27歳で外相就任、17年間その職にあり、非同盟・第三世界の雄としてアルジェリア外交の全盛時代を築いた。ブーメディエン死後シャドリに遠ざけられ、20年の「砂漠の彷徨」、不遇の時代を過ごした後、大統領として再登場した。

彼の課題は2つ。国際的に落ち込んだアルジェリアの地位を立て直すこと、そして、そのためにも早く平和を回復することである。平和の回復は経済の再建に直結する。大統領就任後、あたかも失われた時を一気に取り戻そうとするかのように、その動きは迅速かつ大胆である。

7月5日の独立記念日に、テロがらみで服役中の(殺人犯を除く)2500人を恩赦。また、テロ問題の抜本的解決のために「国民和解」構想を打ち出し、その法案を議会で採択させ、7月13日、公布、更に9月16日、これを国民投票に付すため、目下全国キャンペーンが行われている(注3)。「怨念のカルチャーの根絶」という考え方がその根底にある。国民和解は内戦等に起因する国内分裂を克服する方策として、アフリカや中南米に少なからずその例が見られる(第2次世界大戦中、ドイツから解放されたフランスにおいて、ドイツ占領軍協力者・ペタン政権協力者と対独レジスタンス運動を行い、ド・ゴールの自由フランスについた国民の間で同じ問題が生じた)。アルジェリア危機はいかなる意味でも内戦ではなかったが、10万の死者と100万の負傷者(ブーテフリカ発言)を出した。これをそのようなものとして捉え、FLN時代に発展から疎外された貧しい農村地帯や都市周辺のスラム的人口密集地域——そここそが過激なイスラム主義の土壌になった——の人々を中心に国民的な和解を達成しようとするものである。

希有な弁舌の才に恵まれた人である。「国民和解による全面的平和の回復なしには経済の回復、発展もありえない。平和と経済再建のため、大統領として全力を尽くす。しかし、国民も政府に期待するだけでなく、私を助けてくれ」と文語・口語のアラビア語、フランス語を使い分け、畳み込むように率直、明快に、切り口鋭く国民に話しかける。年輪を重ね、権威と包容力を併せ持つ人になった。

OAUサミット

　今次サミットはアルジェでの31年ぶりの開催であった。1968年、31歳の外相として第4回サミットを取り仕切ったブーテフリカは、今度は62歳の大統領として意気軒昂に采配を振るった。サミットの成功は、ここ久しく自信喪失・意気消沈状態にあった国民に自信を回復させた。同時にアルジェリアは表玄関から国際外交舞台にカムバックした。OAUを迎えるアルジェリアの合い言葉は「アルジェから喜望峰まで」であり、会議中ブーテフリカは「アルジェリアなしにはアフリカなし、アフリカなしにはアルジェリアなし」と一度ならず言い切った。これは、アフリカ植民地解放、人種差別撤廃のため国際場裏で大きな実績をあげたブーテフリカのアルジェリアならではの言葉である。今後、アフリカ外交、更には中東を舞台としてこの国の存在感がいや増すことは確実である。

　本誌が読者のお手元に届く頃は、ブーテフリカ大統領の国連総会出席が話題になっているに違いない。奇しくも今年は、ブーテフリカ外相が1974年、総会議長として西側先進国の反対を押し切って、南アの国連からの追放、PLOのオブザーバー国連参加を実現してから丁度25年目に当たる。

(注1)　FISの邦訳について「イスラム救国戦線」、従ってまた、AISについて「イスラム救国軍」が定着しているようであるが、"S" のsalvation（英語）、salut（仏語）、inqaz（アラビア語）のいずれにおいても、"救国" という概念はないと思われ、むしろ "救世" の方が感じとしてもピッタリなので、それぞれ「イスラム救世戦線」「イスラム救世軍」とした。

(注2)　テロ・グループの若者達がその最盛期、大都市近郊のスラム的地域や山岳農村地帯の村落においてそこの住民といかに共存・共生関係にあったかについて、ここ1年くらい前からテロリスト自身、あるいはその妻等による告白的な書き物が少なからず出てきている。一例としてBaya Gacemi「Moi, Nadia, femme d'un émir du GIA」（私、ナディア、GIA首領の妻）」(1998. 10, Seuil) がある。そこでは、彼らは格好のいい村のお兄さん風であり、ゆすり等で得た金で羽振りがよく、車は新車の高級車、皮ジャンパー等着ているものはブランド品、靴は、ナイキ、アディダス、リーボックのジョギング・シューズ

オランの春

　地中海南岸マグレブの春の訪れは早い。先日、空路、アルジェ西方400キロの地中海岸の町、カミュの『ペスト』で知られるオランへ赴いた。オラン近郊アルズー工業地帯に石川島播磨と伊藤忠が請け負ったLPGプラント（年間生産量720万トン、世界最大規模のLPG基地）完成式典に出席のためである。飛行機はオ・プラトーと呼ばれるアルジェリア北部上空を飛ぶ。4000メートル級の山々の連なるモロッコから始まり、次第に高さを落としてテュニジア北部に至るアトラス山脈がフライト進行方向左手に見え、それに繋がって高原が広がり、さらに海岸に向かって豊かな農耕地帯が展開する。

　昨秋から今年にかけて雨が多く、上空からも麦の生長は順調に見えた。濃い緑の小麦畑に菜の花畑が鮮やかなコントラストをなして点在し、爛漫の春である。

　2月20日から22日（1998年）、日本から久々の要人として柿澤弘治衆議院議員がアルジェリア国会の招きで訪問された。柿澤議員は日本・アルジェリア友好議員連盟の会長、加えて友好協会の会長代行でもあり、アルジェリア訪問は今回で4回目、両国関係に長く携わってこられた。アルジェリア側は柿澤議員到着の5日前には全てのアポイントメントを確定してくれ、実質ワーキング・アワー12時間にも満たない短い滞在であったが、ゼルアール大統領には橋本総理からの親書を手交され、首相、外相、エネルギー相とも会談された（実際の会談の順序は、招待者たる国民議会議長、同外交委員会委員長から始まり、その後上記の順番の逆、即ち、儀礼上及び政治的な重要性の段階を踏んでエネルギー相から始まり、外相、首相との会談を経て大統領謁見で締めくくられた）。

　アッターフ外相は、テロを4段階に分け、今や一般国民に対する無差別テロの最終段階に入っていると分析した（第1段階──軍・警察等政府機

関、第2段階——ジャーナリスト、大学教授等、第3段階——学校、公園等公共施設)。ゼルアール大統領は、テロがいかに活発に見えようとも、最早それはアルジェリアの安定には影響せず、経済の根幹を揺るがすものでもないと述べた。複数政党制の二院制議会は機能し始めており、ウヤヒヤ首相は治安情勢に関する2回の特別会合で6時間にわたり野党の集中砲火を浴び、その模様はテレビで実況中継された。住民虐殺テロへの政府の関与という言われなき嫌疑も晴れた。各国から議会ミッションが相次ぎ、政府要人の来訪も多い。インデック米国務省中東担当次官補もマグレブ3国歴訪の一環としてクリントン親書をもって訪問した。

国民は新しい風が吹き始めたことを肌で感じとりつつある。新生アルジェリアへの春の訪れももうそんなに先のことではないと感じさせる今日この頃である。

(1998年3月20日　記)

(中東調査会　MENIK INFORMATION 1998年3月号所収)

(逃げるときに性能のいいことが必須)であった。"イスラム国家樹立"という錦の御旗のもと、金を集めるのは容易であり(自ら進んで寄付をする者も少なくなかった)、また、その金で彼らの家族が潤い、彼らの中から犠牲者が出た場合にはその家族に年金的な金が払われた。

　彼らはその格好のよさの故に、その地域の青少年のあこがれの的でもあり、誰でもが簡単にメンバーになれた訳ではないとされる。

　アフガン帰りといい、所詮は"道を誤った"気の毒な若者たちであるが、このような若者を万単位で生み出したことはアルジェリアの悲劇であった(もっとも、テロリストの全てが若者であるわけではなく、例えば、最近「テロリスト2名投降、そのうちの1名は、45歳、既婚、子供6人の父親、もう1名は36歳、既婚、子供5名の父親」という記事があった)。

(注3)　この法律は全文41条からなる。公布の日から6ヵ月を投降期限とし、その間に投降してきた者(改悟者)を罪の程度に応じ①訴追免除、②保護監察下に置く、③軽減された刑罰を課す、に3分類し、彼らの早期社会復帰を図ることを目的とする(但し、殺人や強姦の罪を犯した者は対象外)。その根底には、"貧困や無知の故に道を誤った若者を正道に戻す"との考え方がある。この法律はFISとの和解を企図するものではなく、ましてやFISの再合法化への道を開くものでもない(邦字紙を含め欧米紙のほとんどはそのように解説したが)。アルジェリア社会の暴力化は、アルジェリアの政治的・経済的・社会的・文化的・歴史的環境の所産であり、国と社会全体が責を負うべしとの考えから、国がこれら若者を寛大に処し、テロの犠牲者に対しては彼らを許すことを求めるものである。従って本法律はFISとは無関係、もしくはFIS云々を遙かに越える次元のものである。

(1999年9月5日　脱稿)
(日本アラブ協会　季刊『アラブ』1999年秋季9月号所収)

謝　意

　私がアルジェリア在勤中に書いたものをこのような形で一冊の本に仕上げることができたのは多くの方々のご協力のお陰である。

　最初に挙げるべきはスリム・デバガ前駐日大使である。同大使はアルジェリアの独立に伴いFLN東京事務所が大使館に格上げされた際、1964年6月、若き一等書記官として東京に赴任、大使館開設を行い、初代アブデルマリク・ベンハビレス大使のもと1969年10月まで在勤された。その後、1992年1月から今度は大使として在勤、通算11年を日本で過ごし、大使になる前の4年間はアジア局長をされていたのでその時期も入れると実に15年間日本との関係に関わってこられた。同大使がアルジェリア大使として発令を受けた私に重要な原典資料を提供してくれたことは「前書きに代えて」に記したが、これらの資料を通して、私はアルジェリアで起こっていることを現地の雰囲気を感じ取りながら跡づけることができたと思っている。同時に情勢分析を行うにあたっては、新聞報道やその解説、あるいは研究書よりもまずは第一次の原典資料に当たることの重要性を改めて認識し、在勤中もこの姿勢を貫いたつもりである。

　同大使は5年8ヵ月に及んだ任期を終え、1997年9月帰国、今は引退されているが、アルジェで私どもは頻繁に会い、私が書いたものを本にまとめるにあたり、貴重なコメントと大きな励ましを得たことを感謝の念を込めて記しておきたい。

　外務省先輩の山本学大使には、折に触れ厳しいご批判をいただいた。「外交官は往々にして任国の時の体制寄りの判断をしがちであるので心すべし」というのがそのポイントであった。この点は私も常に注意したつもりである。「前書きに代えて」に書いたように、体制側の情報、例えば、官報とも言うべき政府系の『エル・ムジャーヒド』紙は欠かせぬ情報源であり、それはそれで重視したが、その他の新聞に報じられる情報もよくフォローしたし、何よりも私がコンタクトを持っていた人達の中にはいわゆる反体制政党人も多く、全体として情報源に大きな欠落はなかったと思っている（私が会う機会

を持たなかったのは、欧米や日本の新聞で"イスラム武装勢力"と呼ばれるテロリスト・グループだけであったと言っても過言ではない)。

次いで大使館現地スタッフ、大使館勤務今年で20年目の政務班ジャーウィダ・マヒュート女史に厚く礼を言わなければならない。彼女は特に古い資料探しで大いに力になってくれた。一度こんなことがあった。1990年6月に行われた初の複数政党制に基づく地方選挙の結果を『エル・ムジャーヒド』紙はどう報じたかを見ようと思い(選挙の前日までFLNはFISに勝つと報じ続けてきた。結果はFLNの想像を絶する大敗であったのだが、その事実をこの新聞がどう報じたかは絶対にチェックする必要があった)、大使館に残されていた同紙ファイルの中から選挙翌日のものを探してもらったが、散逸していてどうしても見つからない。そこでエル・ムジャーヒド社から借り受けることにし、90年6月の同紙のファイルを借り出して来てもらった。ところが選挙結果が出ているはずの6月13日の分だけものの見事に抜き取られていることが判明。国立図書館に当たろうとしたが、そのためには煩雑な手続きが必要なことがわかり、次に彼女が見つけてくれたのがCentre d'Etudes Catholiquesというアルジェリア関係の資料を収集しているペール・ブラン修道会の研究所であり、無理を言って門外不出の原則を破って同紙を借りてきてもらった。彼女から受けたこのような身近な献身的な協力なしには一連のアルジェリア・ノートを書き上げることはできず、従ってこの本も日の目を見ることはなかったであろう。

荻原宏章氏にも厚くお礼を申し上げる。同氏は、フランスのPonts et Chausséesを卒業後、1977年アルジェリア国土整備開発公庫に専門家として入り、その後1985年から2000年1月の定年退職まで日本大使館に勤務、今はパリに住んでおられる。同氏には、細かい事実関係のチェックや原典資料集めに並々ならぬお骨折りをいただいた。

年表については、本書は1988年以降の危機の10年に関するものであるので、その部分に重点を置くこととし、マヒュート女史に原案を作ってもらい、大使館泰松昌樹書記官に日本語訳を頼んで作成した。ただ、アルジェリア近代史のスタート時点——フランスによる1830年のアルジェリア占領——から独立戦争を経て独立達成、ベンベラ、ブーメディエン、そしてシャドリ時代についても、少なくとも重要な出来事については年表が必要と考え、独立の時点までは、

宮治一雄恵泉女子大学教授著、『世界の現代史17　アフリカ現代史Ⅴ　北アフリカ』(山川出版社、1994年) 巻末の年表を同教授のお許しを得て使わせていただき、また、独立以降についてはBenjamin Stora『L'Histoire de l'Algérie depuis l'indépendance』, Editions La Découverte, 1995, Paris にある年表から取捨選択して、泰松書記官の協力を得て作成した。なお、宮治教授の『北アフリカ』は日本で数少ないアルジェリアを含むマグレブ諸国についての包括的歴史書であり、アルジェリア・ノートの各稿を書くにあたりしばしば参照させていただいたことを謝意とともに併せ記しておきたい。

また、写真については、APS（国営アルジェリア通信社）のナセル・メハル社長、『Liberté』紙のアブルース編集長、『La Nouvelle République』紙のジャククーン社長のご厚意により集めることができ、彼らの許可を得て掲載することができた。また、アブデルマリク・ベンハビレス氏からも貴重な写真を貸していただいた。これらの方々に厚くお礼申し上げる。

最後に、文芸社の皆様に御礼申しあげる。私が持ち込んだ長い原稿を短時日のうちに克明に読み、「本作品では、長く苦しい植民地独立闘争を闘い、独立を勝ち取った後の混乱と模索の過程が明らかにされているともいえる。独立後の長きにわたるFLN体制の宿弊が、革命勢力の台頭としてイスラム原理主義を一挙に噴出させたのだ」と指摘、「ここには、広い意味での"脱植民地（ポスト・コロニアル）"の一実例がまざまざと現前している」と、私自身、余り明確には意識していなかったところをずばり喝破したのは出版企画の内館朋生氏であった。

原稿はその後、編集部局に廻り、校正、仏文校正、グラフィック表紙作成のデザイナーの方々を含めた編集チームの皆様には、私の細かい、また、繰り返しの注文をいつも快く聞いていただいた。この本は、これらの方々と私との手作りの共同作業の産物である。

2001.12.10

　　　　　　　冬枯れの梢輝くパリの宿

　　　　　　　　　　　　　　　渡辺　伸

補　記

ビンラーデン・グループと
アルジェリアのイスラム原理主義

　この本は、9月11日の同時多発テロには全く触れていないし、また、ビンラーデンについても触れていないに等しい。時節柄、これらの問題に触れるべきであったかもしれない。しかし、ビンラーデン捕物帖は未だ進行中であり、また、アフガニスタンを乗っ取らんばかりのビンラーデン・テロ王国がどのようにして出来上がっていったのか、これは従来のイスラム原理主義研究の枠をはるかに超える今後の解明に待つべき問題であり、軽々に論じることは避けるべきであろうと考える。

　ここでは、ビンラーデン・グループとアルジェリアのイスラム原理主義との関係（接点、非接点）について、本文中の記載と一部重複するが、今後の研究の一つの取り掛かり口として、最小限のことを箇条書き的に記しておくにとどめたい。

1．アルカーイダの戦闘部隊であり、かつ、ターリバン兵士のかなりの部分を占めていたアラブ義勇兵（アフガン・アラブ）に相当数のアルジェリア人がいることは確実である。私がアルジェリア在勤中に得た情報として、アルジェリアからは約4000人の若者がサウディアラビア経由でアフガニスタンに渡ったとされる。ソ連軍の撤退後、そのうちの約3500人は、直接、あるいは、ボスニア等での戦闘に参加してアルジェリアに帰国した。

2．アルジェリアからのアフガン戦士は、所詮は、職無き若者や、もしかしたら無頼の徒ともいうべき若者達であり、聖戦の大義名分は大事であったではあろうが、"一旗あげてくる"という金稼ぎ感覚もあったに違いない。彼らは、アフガニスタンでサウディアラビアの金で養われ、CIAやISI（パキスタン軍諜報部）から高度テロ

技術、爆弾製造技術等を学んだ破壊と殺しが生活の糧、もはや普通の生活に戻れるはずがない。彼らの大部分は、アルジェリアでも最も過激かつ残虐行為で知られる原理主義テロ・グループGIA（武装イスラム・グループ）に入った。

3．アフガニスタンに残った者の内、50名はターリバンの設立に参加したことが確認されている。残りの大部分は、その後ターリバン戦闘員となり、あるいは、より重要なアルカーイダのメンバー・戦闘員になったと推測される。

4．1980年代央、当時の在パキスタン・アルジェリア大使は、シャドリ大統領に対し、「アルジェリアの若者がこのような形でアフガニスタンに渡ることは、アルジェリアに跳ね返ってくること必至、将来に禍根を残す、この流れを止める必要がある」と意見を具申したが、シャドリの聞くところとはならず、同大使は左遷されたという逸話がある（アフガニスタンに渡った義勇兵が特に多かったのは、サウディアラビア、エジプト、アルジェリアの3ヵ国と見られるが、サウディアラビア、エジプトにアルジェリア同様、きわめて深刻な形で跳ね返ってきたことは、いまさら指摘するに及ばない）。

5．アルジェリアのイスラム原理主義について一つの特徴的なこと、それは「アルジェリア・ナショナリズムの原理主義版」と形容するのが最も適当であるが、国際性の欠如、具体的には、アラブ世界におけるイスラム原理主義運動が必ずよって立つパレスティナ問題への無関心、また、これと関連しての反米思想の欠落である。

確かに、「ソ連軍との聖戦」のためにアフガニスタンに行くことは、国際的関心からくる政治的行動ではあったが、ビンラーデンやアイマン・ザワーヒリのごときアルジェリア人の思想的指導者は現地にもアルジェリア本国にも現れなかった。

むしろ、アルジェリア原理主義は、アルジェリアにイスラム原理主義政権を樹立するため、米（及び西側諸国）を国内現体制に対する圧力として使うことを意図し、この点、ビンラーデン、アルカーイダの思想とは両極端の関係にある（現に、これら諸国政府、特に、マスメディアは、過激派に対する武力制圧では危機は解決されない、過

激派を含めた原理主義グループとの対話が必要としてアルジェリア政府に圧力をかけ続け、それに応じない政府が責め立てられてきた)。

6．なお、アルジェリアはエジプトと並んで、「テロにはもはや国境はない、これを押さえるためには強力な国際協力網(ロンドン等特に欧米におけるイスラム過激運動家の取り締まり、資金の洗浄・運用・移転の監視、テロ情報交換の活発化等)が必須」と、かねてより訴えてきたが、これらの声が聞かれることはなかった。
　9月11日の事件直後に、米の音頭で、国際テロに関連するとされる銀行口座が国際規模で凍結されたが、このような措置がかくも迅速に取れるのであれば、何故、もっと前にそれがなされなかったのか、不思議である。

(2001年12月10日　記)

アルジェリア史年表（1830年以降）

＜独立前＞

1830年	6月14日	フランス軍アルジェ東方シディ・フレージュに上陸（征服開始）
1832年	11月	アミール・アブデルカーデルによる抵抗運動開始
1847年	12月	アブデルカーデル降伏
【1881年	5月	フランス・テュニジア、バルドー条約（フランスの保護領となる）】
	8月	アルジェリア行政の本国統合
【1912年	3月	フランス・モロッコ、フェズ条約（フランスの保護領となる）】
1926年	3月	「北アフリカの星」パリで結成（メサリ・ハッジ）
1931年	5月	「アルジェリア・ウラマー協会」設立
1937年	3月	メサリ・ハッジ、「アルジェリア人民党（PPA）」結成
1942年	11月	連合国軍（アイゼンハワー司令官）上陸
1943年	6月	自由フランス政府（ド・ゴール派）、アルジェに本拠をおく
1954年	11月1日	民族解放戦線（FLN）による武装蜂起。独立戦争へ
1958年	9月19日	アルジェリア共和国臨時政府（GPRA）カイロに設立

＜独立後～1988年まで＞

1962年	3月18日	エヴィアン協定署名（翌日から停戦）
	7月1日	アルジェリアの独立に関する国民投票
	7月3日	アルジェリア独立
	9月9日	ブーメディエン大佐率いる国家人民軍

		（APN）アルジェ入城
	9月20日	制憲議会議員選挙
1963年	9月 8日	国民投票により憲法採択
1964年	4月16日	第1回FLN党大会にてアルジェ憲章採択
1965年	6月19日	ブーメディエンによるベンベラ打倒クーデタ、革命評議会設置
1971年	2月24日	パイプライン、天然ガス並びにELF及びCFPの国有化
1974年	4月	国連にてブーメディエン大統領による「新国際経済秩序」の提唱
1976年	2月27日	ポリサリオ戦線によるRASD独立宣言
	11月19日	国民投票による憲法改正（第1次改正）
	12月10日	大統領選挙、ブーメディエン大統領就任
1977年	2月25日	人民議会選挙
1978年	12月27日	ブーメディエン大統領死去
1979年	2月 7日	シャドリ大佐大統領就任
1980年	4月20日	ベルベルの春騒擾事件
	10月30日	ベンベラの自宅監禁措置解除
1984年	1月12日	シャドリ大統領再選（95.3％得票）

＜危機の10年＞

1988年	10月4〜5日	国内複数の都市で暴動が発生（10月暴動）
	10月5〜12日	戒厳令布告
	10月20日	メサディーアFLN書記長の解任
	11月 3日	国民投票による憲法改正（第2次改正）
	11月 9日	ブラヒミに代わりメルバーハ首相就任
	12月22日	シャドリ大統領三選
1989年	2月23日	国民投票による憲法改正（第3次改正）
	3月 3日	軍幹部のFLN中央委員会よりの辞職（軍とFLNの分離）
	7月 5日	政党法公布
	8月22日	イスラム救世戦線（FIS）認可
	9月 9日	ハムルーシュ首相就任
1990年	6月12日	地方選挙にてFISが大勝（1541市町村議会中

		853、48県議会中32で過半数獲得)
	10月30日	ベルハーデム人民議会議長就任
	12月26日	アラビア語公用語化法の国民議会での採択
1991年	5月25日	FISによる無期限政治ストライキ
	6月 1日	戒厳令施行、人民議会選挙の6月27日への延期
	6月 5日	ハムルーシュ首相退任、ゴザリ首相就任
	6月14日	FISによるストライキ終了
	6月30日	FIS指導者アッバーシ・マダニ及びアリ・ベンハッジらの逮捕
	9月29日	戒厳令解除
	12月26日	人民議会選挙第1次投票でFISが大勝
1992年	1月 4日	人民議会解散
	1月11日	シャドリ大統領辞任、国家安全最高評議会(HCS)設置
	1月14日	HCSにより国家最高委員会(HCE)設置(1993年12月まで大統領職を代行)
	1月16日	ブーディアフHCE議長就任
	2月 2日	非常事態宣言（期限1年）
	3月 4日	行政命令によるFIS解散（非合法化）
	3月29日	FISが過半を占める市町村議会及び県議会の解散
	6月29日	ブーディアフHCE議長暗殺
	7月 2日	アリ・カーフィHCE議長就任
	7月 4日	アラビア語公用語化法の大統領令による施行延期
	7月 9日	アブデルサラーム首相就任（ゴザリ首相退任）
	7月15日	FIS指導者アッバーシ・マダニ及びアリ・ベンハッジに対する懲役12年判決
	9月30日	（対テロ）特別法廷の設置
1993年	7月10日	ゼルアール国防相就任（ナッザール国防相退任）
	8月21日	レダ・マーレク（HCE委員）首相就任

	10月14日	国民対話委員会の設置
1994年	1月30日	HCE解散、ゼルーアル国家主席就任(国防相兼任)
	4月11日	シフィ首相就任
	5月18日	暫定国民評議会（CNT）設置
	11月21日	Sant' Egidio 会議（於ローマ）
1995年	1月13日	第2回 Sant' Egidio 会議（於ローマ）
	11月16日	大統領選挙、ゼルアール大統領就任（得票率61.34％）
	12月31日	ウヤヒヤ首相就任
1996年	11月28日	国民投票による憲法改正（第4次改正）
1997年	2月11日	RND結成
	5月18日	暫定国民評議会（CNT）の任期終了
	6月 5日	国民議会（APN）選挙
	6月10日	ウヤヒヤ首相辞任
	6月25日	第2次ウヤヒヤ内閣
	7月15日	アッバーシ・マダニの条件付き釈放、10月23日の地方議会選挙開催の決定
	9月24日	AISのテロ活動停止（10月1日から）の発表
	12月27日	国民評議会（CN）の成立（二院制議会制度の構築完了）
1998年	9月11日	ゼルアール大統領の辞任及び繰り上げ大統領選挙発表
	12月	ハムダーニ首相就任
	12月16日	ブーテフリカの大統領選挙出馬発表
1999年	1月16日	大統領選挙監視独立委員会発足
	4月14日	6大統領候補者の大統領選挙辞退
	4月15日	ブーテフリカ大統領選出
	7月 6日	両院による国民和解法可決（7月13日施行）
	7月12日	OAUサミット開催
	8月28日	司法改革国家委員会発足
	9月16日	国民和解法に関する国民投票（98.63％の支持）
	10月20日	司法改革委員会設置

	12月23日	ベンビトール首相就任
2000年	5月13日	教育改革委員会設置
	8月27日	ベンビトール首相辞任
	8月29日	ベンフリス首相就任
	11月26日	国家機構改革委員会設置
	12月16日	国民評議会議員選挙(半数改選)

LA FIN DE LA CRISE ALGERIENNE : UNE REEVALUATION

AVANT-PROPOS
TABLE DES MATIERES

CHAPITRE PRELIMINAIRE:

(1) Le Palais d' "El-Hamra" à Alger (la résidence de l'Ambassadeur du Japon) (essai écrit pour le bulletin du Ministère des Affaires Etrangères du Japon en février 1997)

(2) Le retour de M. BOUTEFLIKA comme président de la République (essai écrit pour le bulletin du Ministère des Affaires Etrangères du Japon en janvier 2000)

I. - SYNTHESE DE LA CRISE ALGERIENNE : SA RE-EVALUATION

1. Origines de la crise et son contexte dans l'histoire moderne de l'Algérie
2. Le déroulement de la crise (son commencement, son approfondissement et sa fin)
3. Les problématiques des rapports des média internationaux
4. Conclusion

II. - LE DEVELOPPEMENT HISTORIQUE DES 10 ANNEES DE LA CRISE ALGERIENNE

1. Octobre 1988-janvier 1992 (le commencement de la crise)
   (1)-Les émeutes d'octobre
   (2)-La naissance du FIS et sa victoire aux élections municipales
   (3)-A la veille de la révolution islamique
   (4)-La victoire du FIS aux élections législatives et l'arrêt du processus électoral
2. Janvier 1992-octobre 1995 (l'approfondissement de la crise)
   (1)-Le commencement de l'époque du terrorisme
   (2)-L'avènement du Chef de l'Etat ZEROUAL et sa tentative de dialogue avec le FIS

3. Novembre 1995-mars 1999 (le processus démocratique)
    (1)-La prise de fonction du Président ZEROUAL et le référendum constitutionnel
    (2)-Le problème de la démocratie dans les pays en voie de développement
    (3)-Vers les élections législatives
    (4)-Vers les élections législatives (suite)
    (5)-L'instauration de l'Assemblée Populaire Nationale
    (6)-Les élections locales (A.P.W. - A.P.C.)
    (7)-L'établissement du Conseil de la Nation
    (8)-La question de l'arabisation et de la langue berbère
4. Avril 1999 (la sortie de la crise)
    (1)-L'élection présidentielle et l'avènement du Président BOUTEFLIKA
    (2)-La fin de la crise algérienne

CHRONOLOGIE

REMERCIEMENTS

著者プロフィール

渡辺 伸 (わたなべ しん)

1940年生まれ。
1963年東京大学教養学部教養学科国際関係論卒業。
1964年外務省入省。アラビストとして、フランス(語学研修)、レバノン、エジプト、クウェイト、サウディアラビアの中東各国及びニューヨーク(国連代表部)等に勤務。1992年7月～1996年4月・駐アラブ首長国連邦大使、1996年8月～2001年3月・駐アルジェリア大使を歴任。
2001年6月外務省退官。
日揮㈱顧問。
「日本－アルジェリア センター」を主宰 (http://www.japan-algeria-center.jp/インターネットを通ずる両国関係促進)。

アルジェリア危機の10年——その終焉と再評価——

2002年1月20日　初版第1刷発行

著　者	渡辺 伸	
発行者	瓜谷 綱延	
発行所	株式会社 文芸社	
	〒112-0004　東京都文京区後楽2-23-12	
	電話　03-3814-1177（代表）	
	03-3814-2455（営業）	
	振替　00190-8-728265	
印刷所	東洋経済印刷 株式会社	

© Shin Watanabe 2002 Printed in Japan
乱丁・落丁本はお取り替えいたします。
ISBN4-8355-3092-6 C0095